그리스 로마 신화
인물사전

신화는 우리에게
인간이해의 **열쇠**를 던진다

그리스 로마 신화 인물사전 1 ㄱㄴㄷ

박규호 · 성현숙 · 이민수 · 김형민 지음

한국인문고전연구소

차례

ㄴ

ㄷ

일러두기

1. 본문의 인명 및 지명은 그리스어와 라틴어를 혼용하여 쓰고 있으나 원전을 살리되, 통용되는 명칭은 그대로 사용하였다.
2. 본문의 서명書名은 『 』, 음악 미술 등의 작품명은 〈 〉로 표기한다.
3. 본문의 그림 설명은 작품 제목, 종류, 작가 이름, 제작 시기, 보관처출처, 기타 설명 순이다.

ㄱ

가니메데스 Ganymedes

요약

그리스 신화에 나오는 트로이의 왕자이다.

제우스의 사랑을 받은 '필멸의 인간들 중 가장 아름다운 남자'로, 올림포스로 유괴되어 신들의 연회에서 술 따르는 일을 맡았다.

가니메데스
미켈란젤로(Michelangelo Buonarroti), 1532년
윈저성 컬렉션

기본정보

구분	신의 반열에 오른 인간
상징	미소년, 동성애
외국어 표기	그리스어: Γανυμήδης
어원	빛나는 기쁨
로마 신화	카타미투스(Catamitus)
별칭	가니메드(Ganymede)
별, 별자리	물병자리, 독수리자리
관련 동식물	독수리

인물관계

트로이 왕가의 조상 트로스왕과 강의 신(河神) 스카만드로스의 딸 칼리로에 사이에서 난 아들로 일로스, 아사라코스 등과 형제지간이다.

또 다른 이야기에 따르면 라오메돈의 아들이며 프리아모스와 형제지간이라고 한다.

신화이야기

가니메데스의 납치

가니메데스는 소년 시절에 트로이의 이다 산에서 아버지의 양떼를 돌보다 그 아름다운 미모에 반한 제우스에 의해 올림포스로 유괴되었다. 호메로스에 따르면 가니메데스는 "필멸의 인간들 중 가장 아름다

제우스에게 신주를 따르는 가니메데스
아티카 적색상 도기, 기원전 480년경, 메트로폴리탄 미술관

운 남자"라고 했다. 제우스는 이때 독수리로 변신해서 가니메데스를 납치했다.(혹은 독수리를 보내서 납치해 오게 했다고도 한다.)

올림포스로 올라가 신의 반열에 오른 가니메데스는 그때까지 젊음의 여신 헤베가 해왔던 신들의 연회에서 술 따르는 일을 맡게 된다.

가니메데스와 독수리
로마 시대 조각, 170년경 , 프라도 미술관

또 다른 이야기에 따르면 가니메데스의 납치는 아프로디테에 의해 오직 인간과만 사랑에 빠지도록 저주받은 새벽의 여신 에오스의 소행이라고도 하고, 크레타 섬에서는 미노스왕이 한 짓이라고 말한다.

신들에게 술을 따르는 가니메데스는 술병을 든 모습으로 하늘의 별자리(물병자리)가 되었는데 그 옆에는 가니메데스를 납치한 독수리도 함께 별자리(독수리자리)가 되어 있다.

트로이의 신마

트로스왕이 사랑하는 막내아들 가니메데스를 잃고 실의에 빠져 있자 제우스가 헤르메스를 그에게 보내 아들이 올림포스에서 영광을 누리며 잘 지내고 있다는 소식을 전했다. 그리고 납치를 보상하는 뜻에서 불사의 신마(神馬) 두 마리와 헤파이스토스가 만든 황금 포도나무를 선사했다. 이때부터 트로이의 준마들은 이 두 마리 말의 혈통을 이어받은 명마로 손꼽혔다.

가니메데스
코레지오(Correggio), 1531년
빈 미술사박물관

후에 트로스왕의 손자 라오메돈왕이 포세이돈이 보낸 괴수를 물리치고 딸을 구해준 헤라클레스에게 이 신마를 선물하겠다고 약속하고는 그 약속을 지키지 않아 분노한 헤라클레스의 손에 목숨을 잃게 된다.

신화해설

동성애

플라톤은 대화편 『노모이』에서 제우스와 가니메데스의 신화가 크레타 사람들이 지어낸 이야기라고 하면서 그곳 사람들 사이에 만연해 있던 남성들 간의 동성애를 제우스를 모범으로 내세워 합리화하려는 것이라고 주장했다.

실제로 이 신화는 고대 그리스와 로마에서 큰 인기를 모았는데 그 이유는 성인 남성과 소년 간의 사랑(ephebophilia, 소년성애증)이 이 신

독수리에 납치된 가니메데스
렘브란트(Rembrandt), 1635년
드레스덴 국립미술관

화를 통해 종교적인 정당성을 얻는다고 생각했기 때문이다.

크세노폰은 신화에 대한 이런 해석에 동의하지 않았다. 그는 가니메데스의 어원을 "지성을 만끽하는 기쁨"으로 해석하면서 제우스가 소년의 육체가 아닌 정신을 사랑한 것이라고 주장했다.

로마 시대에는 석관(石棺)에 가니메데스의 조각을 새겨 넣는 것이 유행하였는데 이때 로마인들은 가니메데스를 인간의 영혼이 지상을 초월하여 승화되는 것에 대한 상징으로 보았다.

목성의 위성

목성은 태양계에서 가장 큰 행성으로 영어식 이름은 주피터, 즉 제우스다. 가니메데스는 목성의 주위를 도는 4대 위성 중 하나의 이름이다. 갈릴레이가 발견했다고 해서 갈릴레이 위성군으로도 불리는 이들 4대 위성의 이름은 이오, 에우로페, 가니메데스, 칼리스토다. 모두 그리스 신화에서 제우스의 사랑을 받은 인물들이다.

가니메데스의 납치
페테르 파울 루벤스(Peter Paul Rubens), 1611년, 프라도 미술관

관련 작품

가니메데스의 신화는 고대부터 현재에 이르기까지 많은 예술가들이 즐겨 다루는 소재가 되었다. 특히 근대의 예술가들은 가니메데스 신화에 담긴 에로틱한 의미에 영감을 받아 많은 작품을 남겼다.

미술에서는 미켈란젤로, 코레지오, 루벤스, 렘브란트, 모로, 토르발트센 등 수많은 대가들이 이 소재를 다루었고, 문학에서는 괴테와 횔덜린의 시를 꼽을 수 있다. 슈베르트는 괴테의 시에 곡을 붙여 가곡 〈가니메드〉를 작곡하였다.

가니메데스와 독수리
토르발트센(Bertel Thorvaldsen), 1817년
코펜하겐 토르발트센 미술관

가이아 Gaia

요약

그리스 신화에 등장하는 '대지'의 의인화된 여신이다.

'만물의 어머니'이자 '신들의 어머니'이며 '창조의 어머니 신'으로 혈연관계 없이 태초부터 독립적으로 존재한 신으로 간주된다.

로마 신화에 나오는 땅의 여신 '테루스' 또는 '테라'와 동일시된다.

기본정보

구분	태초의 신
상징	모든 생명체의 어머니로서의 '대지', '땅', '지구'
외국어 표기	그리스어: Γαῖα
어원	'어머니' 또는 '산모'란 의미의 인도게르만어 단어에서 유래. '가이아'의 또 다른 명칭으로 '게(γῆ. Ge)'가 있는데 의미는 '땅', '대지', '지구'이다.
로마 신화	테라(Terra), 텔루스(Tellus)
가족관계	아이테르의 딸, 헤메라의 딸

인물관계

헤시오도스의 『신들의 계보』에 따르면 가이아는 '카오스'와 더불어 혈연관계 없이 태초부터 존재한 신이다. 한편 히기누스의 『이야기』 서문에 의하면 가이아는 혈연관계에 의해 태어난 존재로 빛의 의인화된 신 아이테르와 낮의 의인화된 신 헤메라 사이에서 태어난 딸이다.

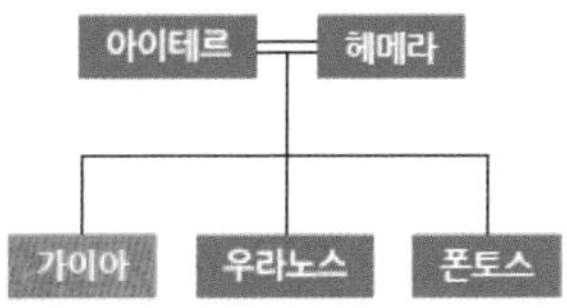

신화이야기

개요

그리스 신화에 나오는 '대지'의 의인화된 여신으로 '만물의 어머니' 이자 '신들의 어머니'이며 '창조의 어머니 신'이다. 대지의 여신 가이아의 또 다른 명칭으로 '게(γῆ. Ge)'가 있다. 이 명칭의 어원적 의미는 '땅', '대지', '지구'이다. 이름의 어원적 의미에서 추측할 수 있듯이 가이아는 모든 생명체의 모태인 대지를 상징한다.

가이아의 탄생과 관련하여 가장 대표적인 두 가지 설명이 있다. 『신들의 계보』에 따르면 가이아는 '카오스'와 더불어 혈연관계 없이 태초부터 존재한 신이다. 한편 『이야기』 서문에 의하면 가이아는 혈연관계에 의해 태어난 존재로 빛의 의인화된 신 아이테르와 낮의 의인화된 신 헤메라 사이에서 태어난 딸이다.

가이아는 그리스 신화에 등장하는 영생불멸의 신들의 계보 형성에 결정적인 기여를 한 모신(母神)으로 '창조의 어머니 신'이란 명칭에 걸맞게 많은 자식들을 낳는다. 가이아의 자식들은 크게 세 부류, 즉 처녀 생식에 의해 태어난 자식들과 남신(男神)과 맺은 관계의 결실로 태어난 자식들과 미지의 파트너와의 관계에 의해 태어난 자식들로 분류할 수 있다.

특히 가이아가 처녀 생식을 통해 낳은 자식들은 엄격한 의미에서의 신이라기보다는 자연의 의인화된 신, 즉 자연을 구성하는 기본 요소로 파악할 수 있다.

가이아는 로마 신화에 나오는 땅의 여신 테루스(Tellus) 또는 테라(Terra)와 동일시된다.

가이아의 탄생

그리스 신화에서 대지의 여신 가이아는 천지창조의 앞부분을 장식하는 등장인물이다. 만물의 어머니 가이아의 탄생과 관련하여 가장 대표적인 두 가지 설명이 있다. 그중 오늘날 더 일반적으로 받아들여지고 있는 설명은 『신들의 계보』에 나온다.

이 전승문헌에 따르면 혈연관계 없이 태초에 탄생한 존재는 카오스, 가이아, 에로스이다. 이때 가이아는 카오스보다는 나중에 에로스보다는 먼저 태어난다.

> "태초에 존재한 것은 카오스이고 그 다음에 넓은 젖가슴을 가진 가이아가 태어난다. 가이아는 눈 덮인 올림포스 산과 넓은 길이 나 있는 대지의 가장 깊은 곳인 칠흑같이 어두운 타르타로스에 거처하는 영생불멸(永生不滅)의 신들에게 영원토록 안전한 장소이다. 그 다음에 에로스가 태어난다. 에로스는 영생불멸의 신들 중 가장 잘생긴 신이다. 그래서 에로스는 모든 신들과 모든 인간들의 사지를 무기력하게 마비시키고 그들의 머릿속에 있는 이성과 현명한 생각을 압도한다."

『이야기』 서문에 의하면 가이아는 혈연관계에 의해 태어난 존재로 빛의 의인화된 신 아이테르와 낮의 의인화된 신 헤메라 사이에서 태어난 딸이다. 이에 따르면 가이아는 하늘의 의인화된 신 우라노스와 바다의 의인화된 신 폰토스과 남매지간이다.

"아이테르와 헤메라 사이에서 땅(가이아), 하늘(우라노스), 바다(폰토스)가 태어난다."

가이아의 자식들

가이아는 그리스 신화에 등장하는 주요 신들의 계보 형성에 결정적인 기여를 한다. 가이아에게서 태어난 자식들은 크게 세 부류로 나눌 수 있다. 첫 번째, 가이아가 일종의 처녀 생식을 통해 홀로 낳은 자식들이 있다. 두 번째, 가이아가 우라노스, 폰토스, 포세이돈, 제우스 등 남성 불사신들과 관계를 맺고 낳은 자식들이 있다. 세 번째, 가이아의 남성적 파트너가 애매모호한 자식들이 있다.

(1) 처녀 생식을 통해 태어난 자식들

『신들의 계보』에 따르면 가이아는 남성과 관계를 하지 않고 홀로 하늘의 신 우라노스, 산들의 의인화된 신 우레아 그리고 바다의 신 폰토스를 낳는다. 그에 반해 『이야기』 서문에 따르면 가이아, 우라노스, 폰토스는 아이테르와 헤메라 사이에서 태어난 남매이다.

『이야기』 서문에 따른 폰토스의 탄생은 독자들의 혼란을 가져오는데 폰토스가 아이테르와 헤메라의 자식으로 가이아와 남매지간으로 설명되는 한편, 아이테르와 가이아의 자식으로도 설명되기 때문이다.

(2) 영생불멸의 신들과의 사랑으로 태어난 자식들

① 우라노스와 관계에서 태어난 자식들

『신들의 계보』에 따르면 가이아는 자신의 아들이자 첫 번째 남편인 하늘의 신 우라노스와 사이에서 모두 열여덟 명의 자식을 낳는데 그 중 아들이 열두 명이고 딸이 여섯 명이다.

열두 명의 아들은 이마 한가운데에 둥근 눈 하나만 가진 삼형제 키클로페스, 머리 50개와 팔 100개가 달린 거인 삼형제 헤카톤케이레스와 티타네스로 불리는 여섯 명의 남신이다.

키클로페스 삼형제는 브론테스, 스테로페스, 아르게스이며, 헤카톤케이레스는 코토스, 브리아레오스, 기에스이다. 티타네스는 오케아노스, 코이오스, 크레이오스, 히페리온, 이아페토스, 크로노스이다.

한편 여섯 명의 딸은 티타니데스로 불리는 여신이다. 티타니데스는 테티스, 포이베, 테이아, 레아, 테미스, 므네모시네이다.

가이아

적화식 아테네 암포라, 기원전 5세기경
베를린 고대박물관
: 거인들과 신들의 전쟁인 기간토마키아에서 거인들이 전쟁에 져 목숨을 잃게 되자, 가이아가 거인 아들들의 목숨을 구하기 위해 신들에게 간청하는 모습을 형상화한 작품의 일부분이다.
가이아는 배가 불뚝 나오고, 짧은 구수머리와 왕관을 쓴 중년 부인의 모습으로 묘사된다.

『신들의 계보』와 아폴로도로스의 『비블리오테케』의 기술 내용은 가이아와 우라노스 사이에서 태어난 자식들의 수와 관련하여 차이를 보이지 않으나 낳은 순서와 관련해서는 차이를 보인다.

『신들의 계보』에 따르면 가이아는 자신의 아들 우라노스와 사이에서 열두 명의 티탄 신족을 가장 먼저 낳았고 그 다음에 외눈박이 삼형제 키클로페스를 낳았다. 그 다음에 헤카톤케이레스 삼형제를 낳는다.

한편 『비블리오테케』에 따르면 가이아와 우라노스 사이에서 헤카톤케이레스 삼형제가 가장 먼저 태어나고 그 다음에 키클로페스 삼형제가, 그 다음에 열두 명의 티탄 신족이 태어난다.

② 폰토스와 관계에서 태어난 자식들

『신들의 계보』에 따르면 가이아는 자신의 아들이자 두 번째 남편인 바다의 신 폰토스와 사이에서 세 명의 아들과 두 명의 딸을 낳는다. 이 자식들은 모두 아버지의 유전자를 받은 바다의 신들이다. 아들은 '바다의 노인'으로 불리는 네레우스, 타우마스와 포르키스이고 딸은 '바다의 괴물'로 불리는 케토와 에우리비아이다. 타우마스는 이리스와 하르피이아이의 아버지이다. 포르키스는 여동생 케토와 정을 통해 포르키데스와 고르고네스 등과 같은 괴물을 낳는다. 에우리비아는 티탄 12신 중 한 명인 크레이오스와 결혼하여 아스트라이오스, 팔라스, 페르세스를 낳는다.

③ 그 외 다양한 남성 파트너와 사이에서 태어난 자식들

제우스가 크로노스와 공공연히 싸움을 벌이기 시작했을 때 가이아는 제우스에게 티탄들과 동맹을 맺어야 승리할 수 있다고 말했다. 그래서 제우스는 타르타로스에 갇힌 그들을 해방시켜 주었고 그들은 제우스에게 자신들의 무기인 벼락, 천둥, 번개를 주었다. 제우스는 이들 무기를 이용하여 크로노스를 왕위에서 몰아냈다.

그렇지만 가이아는 제우스에게 완전히 동조하지 않았다. 그녀는 자기 자식들인 헤카톤케이레스의 패배에 기분이 상한 나머지 타르타로스(하계의 심연을 의인화한 신)와 결합하여 엄청난 힘을 지닌 괴물 티폰을 낳았다. 티폰은 신들과의 전쟁을 선포했고 그들을 오랫동안 꼼짝 못하게 했다. 타르타로스와 사이에서 가이아는 또 다른 자식 에키드나를 낳았는데 이 또한 괴물이었다.

『신들의 계보』에서는 가이아가 친아들이자 티탄족의 한 명인 오케아노스와 결합하여 트리프톨레모스를 낳았다고 기록하고 있다. 또한 헤라클레스의 적수였던 거인 안타이오스는 가이아와 바다의 신 포세이돈과 사이에서 태어난 아들로 여겨졌다.

일반적으로 신화학자들은 모든 괴물을 대지의 아들로 간주했다. 카립디스, 하르피이아이, 피톤, 아이에테스의 나라에서 황금 양털을 지키는 용 그리고 베르길리우스가 『여론』을 의인화한 파마도 그녀의 자식으로 여겨졌다.

우주의 어머니이자 신들의 어머니

가이아(대지)는 지칠 줄 모르는 생산력 덕분에 점차 우주의 어머니이자 신들의 어머니가 되었다. 그리스인들이 신들을 '인간화'함에 따라 대지는 데메테르 혹은 키벨레와 같은 여신으로 구현되었으며 이들의 신화는 좀더 인간에 가깝고 한층 더 상상력에 호소하게 되었다.

반면 대지를 우주 생성의 기본 요소로 보는 생각은 신화의 영역을 떠나 철학의 영역으로 들어가게 된다.

가이아는 수많은 신탁을 계시한 것으로도 알려졌는데, 피에르 그리말에 의하면 그녀는 운명의 비밀들을 쥐고 있었으며 그녀의 신탁은 아폴론의 신탁들보다 훨씬 더 오래되고 확실한 것들이었다고 한다.

갈라테이아 Galatea

요약

그리스 신화에 등장하는 바다의 님페이다.

우윳빛 살결의 아름다운 갈라테이아는 외눈박이 거인 폴리페모스의 사랑을 받았지만 그녀가 좋아한 남자는 젊고 아름다운 아키스였다. 이를 질투한 폴리페모스가 커다란 바위를 던져 아키스를 죽인다.

전설의 조각가 피그말리온은 자신이 만들어 놓고 사랑에 빠져 버린 여인상에 갈라테이아란 이름을 붙여 주었다.

기본정보

구분	님페
상징	아름다움, 생의 기쁨
외국어 표기	그리스어: Γαλατεία
어원	유백(乳白)색의 여인
별칭	갈라테아(Galatea)
관련 동물	돌고래
가족관계	네레우스의 딸, 도리스의 딸, 폴리페모스의 아내

인물관계

갈라테이아는 해신 네레우스와 오케아니데스(오케아노스의 딸)인 님페 도리스 사이에서 태어난 50명(혹은 100명)의 네레이데스(네레우스의 딸) 중 한 명이다.

외눈박이 키클로페스족 폴리페모스와 사이에서 세 아들 갈라테스, 켈토스, 일리리오스를 낳았다.

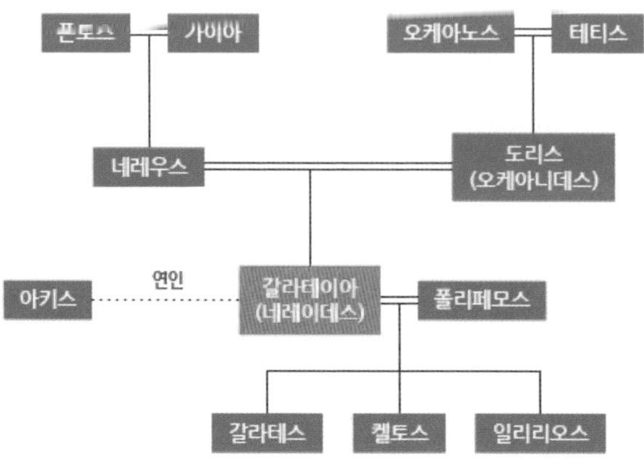

신화이야기

폴리페모스와 갈라테이아

우윳빛 살결의 갈라테이아는 해신 네레우스의 딸들 50명(혹은 100명)의 아름다운 네레이데스 중에서도 가장 아름다운 처녀이다. 그녀는 시칠리아의 해변에서 살았는데 그 섬에 살고 있는 폴리페모스의 사랑을 받았다.

폴리페모스와 갈라테이아
폼페이 벽화, 1세기, 나폴리 국립고고학박물관

외눈박이 거인족 키클로페스의 하나인 폴리페모스는 온몸이 털로 뒤덮인 데다 멧돼지 어금니로 만든 무기로 사람을 때려죽여서 잡아먹는 야만족이었지만 갈라테이아에 대한 사랑만은 매우 깊었다. 자신의 사랑을 받아주지 않

갈라테이아
귀스타브 모로(Gustave Moreau), 1880년, 파리 오르세 미술관

는 갈라테이아를 향한 마음을 주체하기 힘들 때면 폴리페모스는 해변에 앉아 피리를 불며 애타는 심정을 달래곤 했다.

폴리페모스는 호메로스의 『오디세이아』에 등장하는 유명한 키클롭스와 동일인인데 아직 오디세우스에 의해 눈을 잃기 전이었다. 키티아

출신의 고대 시인 필로크세노스는 두 신화를 결합하여 재미있는 합창시(디티람보스)를 썼다. 시의 내용은 이렇다.

폴리페모스의 동굴에 갇힌 오디세우스는 그가 갈라테이아에 대한 사랑에 애태우고 있는 것을 알고 한 가지 꾀를 낸다. 오디세우스는 폴리페모스에게 자신은 뛰어난 마법사이므로 콧대 높은 갈라테이아를 욕정에 몸이 달아오른 요부로 변하게 하는 것쯤은 식은 죽 먹기라고 하면서, 그러면 그녀가 스스로 그의 품에 뛰어들테니 자신을 그녀에게 보내달라고 했다. 자신이 다녀오는 동안 옷도 깨끗한 것으로 갈아입고 수염도 다듬고 향수도 뿌리고 있으라면서 말이다. 하지만 폴리페모스는 오디세우스의 술수에 넘어가지 않았다.

갈라테이아
라파엘(Raphael), 1512년
빌라 파르네시나

폴리페모스는 간혹 갈라테이아의 마음을 얻기도 했던 것 같다. 그와 갈라테이아 사이에 갈라테스라는 이름의 아들이 태어났다고 한다. 다른 이야기에 따르면 폴리페모스와 갈라테이아 사이에 세 아들 갈라테스, 켈토스, 일리리오스가 태어났으며, 이들은 각각 갈라토이족, 켈토이족, 일리리오이족의 시조가 되었다고 한다.

아키스와 갈라테이아

오비디우스는 『변신이야기』에서 갈라테이아의 사랑을 듬뿍 받는 남성을 등장시켰다. 이제 막 "부드러운 턱에 보일 듯 말 듯 솜털이 나기 시작"한 열여섯 살의 아름다운 소년 아키스였다. 목신 판과 님페 시마이티스 사이에서 태어난 아키스는 여러모로 폴리페모스와 대비되는 상대로 그의 질투심을 불러일으키기에 충분했다.

"한데 그대(갈라테이아)는 왜 키클롭스는 거절하면서 아키스는 사랑하는 것이며 내 포옹보다도 아키스를 더 선호하는 것이오?
그자는 자기 자신에게 그리고 나로서는 원치 않는 일이지만
갈라테이아여, 그대에게도 마음에 들 테면 들라지.
하나 내게 기회가 주어진다면 그자는 내가 덩치가 큰 만큼 힘도 세다는 것을 느끼게 될 것이오. 나는 산 채로 그자의 내장을 꺼내고 그자의 사지를 찢어 들판과 그대의 파도 위에 흩어 버릴 것이오.
그렇게 그자는 그대와 살을 섞기를!
나는 불타고 있고 그대의 거절로 내 정염은 더 맹렬히 타오르고 있소." (『변신이야기』)

이렇게 질투심에 사로잡혀 해변을 거닐던 폴리페모스는 아키스의 가슴에 머리를 기대고 잠들어 있는 갈라테이아를 발견했다. 폴리페모스의 성난 목소리에 잠이 깬 갈라테이아는 놀라 달아났고 폴리페모스는 커다란 바위를 들어 올려 아키스를 향해서 던졌다. 바위는 그대로 아키스를 깔아뭉갰고 바위 밑으로 붉은 피가 흘러나왔다. 슬픔에 잠긴 갈라테이아는 연인의 피를 강물이 되어 흐르게 하였고 그 강을 아키스 강이라고 불렀다.

아키스와 갈라테이아
니콜라 푸생(Nicolas Poussin), 1629~1630년
아일랜드 국립미술관

피그말리온과 갈라테이아

'지상의 헤파이스토스'라고 불릴 정도로 뛰어난 조각가 피그말리온은 자신의 머릿속에 있는 여인의 모습을 상아로 만들었다. 그런데 이 여인상이 너무 아름다워서 그만 그녀와 사랑에 빠지고 말았다. 피그말리온은 사랑의 여신 아프로디테에게 자신의 사랑이 이루어질 수 있게 해달라고 매일같이 빌었고 여신은 그의 소망을 들어주었다. 조각상이 아름다운 인간 여인으로 변한 것이다. 피그말리온은 그녀에게 갈라테이아라는 이름을 지어주고 그녀와 결혼하였다. 두 사람의 결혼식에 아프로디테 여신도 참석하였다.

아키스와 갈라테이아
클로드 로랭(Claude Lorrain), 1657년, 드레스덴 알테 마이스터 회화관

신화해설

갈라테이아와 폴리페모스의 신화는 '미녀와 야수' 이야기의 원형이라고 할 수 있다. 털복숭이에다 커다란 이빨로 사람을 잡아먹는 외눈

박이 괴수 폴리페모스와 우윳빛 살결이 빛나는 아름다운 바다의 님페 갈라테이아. 하지만 또 한편으로 폴리페모스는 사랑에 애타는 마음을 피리의 선율로 달래는 감상적인 연인이다. 사랑하는 갈라테이아를 위해서라면 그렇게 좋아하는 인육도 기꺼이 포기한다.

신화에서 폴리페모스는 결국 질투심에 못 이겨 연적 아키스를 바위로 깔아뭉개 죽이는 인물로 나오지만 고대인들 중에는 이와 다른 결말을 원하는 이들도 있었던 모양이다. 그 덕에 폴리페모스는 갈라테이아와 사랑도 나누고 자식도 낳을 수 있었다.

음악작품

로레토 비토리, 〈갈라테이아〉, 음악극, 1639년

장 밥티스트 륄리, 〈아키스와 갈라테이아〉, 전원시(오페라), 1686년

게오르크 프리드리히 헨델, 〈아키스, 갈라테이아, 폴리페모스〉, 세레나타, 1708년

게오르크 프리드리히 헨델, 〈아키스와 갈라테이아〉, 합창곡, 1718년

갈린티아스 Galinthias

요약

그리스 신화에 나오는 헤라클레스의 어머니 알크메네의 몸종 혹은 놀이친구이다.

헤라의 명령으로 알크메네의 출산을 가로막던 출산의 여신과 운명의 여신들을 속이고 헤라클레스의 탄생을 도왔다. 하지만 여신들을 속인 벌로 족제비로 변하였다.

기본정보

구분	신화 속 여인
외국어 표기	그리스어: Γαλινθιάς, 혹은 Γαλανθίς
어원	족제비
별칭	갈란티스(Galanthis)
관련 상징	족제비
관련 신화	헤라클레스의 탄생

인물관계

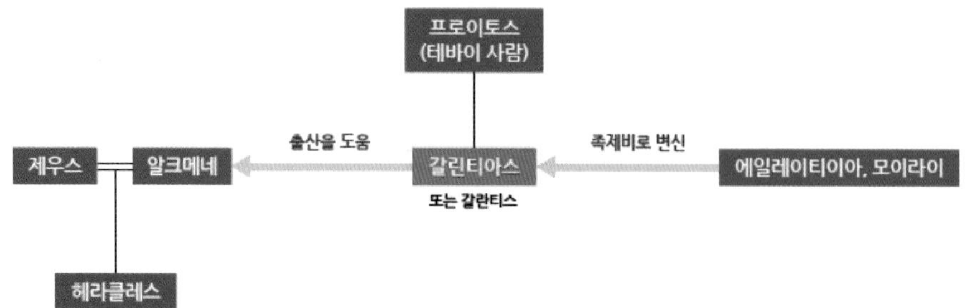

갈린티아스는 테바이 사람 프로이토스의 딸로 알크메네의 놀이동무였다고 알려졌지만 『변신이야기』에서는 몸종으로 나온다.

신화이야기

헤라클레스와 에우리스테우스

제우스는 알크메네의 남편 암피트리온의 모습으로 변신하고서 알크메네와 사랑을 나눈 뒤 그녀가 헤라클레스를 임신하자 기뻐하며 얼마 뒤에 태어날 페르세우스의 후손이 미케네의 통치자가 될 거라고 말한다. 헤라클레스의 어머니 알크메네가 페르세우스의 후손이었기 때문이다. 하지만 비슷한 시기에 페르세우스의 아들인 미케네 왕 스테넬로스의 아내도 아들 에우리스테우스를 임신하고 있었다.

헤라클레스의 탄생
장 자크 프랑수아 르 바르비에(Jean Jacques Francois Le Barbier), 1807년 파리에서 출간된 오비디우스 『변신이야기』에 수록된 삽화

알크메네를 질투한 헤라는 출산의 여신 에일레이티이아에게 지시하여 헤라클레스의 탄생은 늦추고 에우리스테우스는 일곱 달 만에 세상에 나오게 하였고, 그 덕분에 제우스가 예언한 미케네의 통치권은 에우리스테우스에게로 돌아갔다.

에우리스테우스는 나중에 미케네의 왕이 되어 헤라클레스에게 열두 가지의 힘든 과업을 부과한다. 헤라클레스는 헤라의 저주로 실성하여 자기 자식들을 죽인 뒤 그 죄를 씻기 위해 신탁의 지시에 따라 에우리스테우스의 노예가 되어 과업들을 수행해야 했다.

헤라클레스의 탄생을 도운 갈린티아스

알크메네가 헤라클레스를 낳으려 할 때 헤라는 출산의 여신 에일레이티이아뿐만 아니라 운명의 여신 모이라이 자매도 불러서 아예 출산을 막고 알크메네와 헤라클레스를 죽이려고 하였다. 에일레이티이아와 모이라이는 알크메네의 산실 문턱에서 두 팔로 무릎을 감싸고 양손을 깍지 낀 자세로 주술을 써서 아흐레(혹은 이레) 동안이나 밤낮으로 헤라클레스의 출산을 막고 있었다. 알크메네의 고통은 이루 말할 수가 없었다.

이를 곁에서 지켜보던 갈린티아스는 꾀를 내어 알크메네가 제우스의 도움으로 이미 아기를 출산했다고 소리치며 산실을 뛰쳐나왔다. 밖에 있던 에일레이티이아와 모이라이는 깜짝 놀라 화를 내며 벌떡 일어섰다. 출산과 생사를 관장하는 자신들의 권한이 무시되었다고 여겼던 것이다. 하지만 그 바람에 출산을 가로막고 있던 주술이 풀리면서 알크메네는 무사히 헤라클레스를 낳을 수 있었다.

사실을 알게 된 여신들은 분노하여 갈린티아스를 족제비로 만들고는 그녀가 입으로 자신들을 속였으므로 새끼를 입으로 낳게 하였다.(고대인들은 족제비가 귀로 임신하여 입으로 새끼를 낳는다고 여겼다.) 하지만 갈린티아스를 불쌍히 여긴 헤카테 여신이 그녀를 자신을 상징하는 신성한 동물로 삼았다.

어른이 된 헤라클레스는 자신의 탄생을 도운 갈린티아스에게 신전을 지어 봉헌하였다. 그 후로 테바이인들은 헤라클레스 축제 때 갈린티아스에게도 함께 제물을 바치는 전통을 오래도록 고수하였다.

게니우스 Genius

요약

로마 신화에 등장하는 남성의 수호신으로 출생과 죽음, 성격과 운명을 관장한다. 개인이 죽으면 그의 게니우스도 소멸한다.

남성의 수호신 게니우스에 대응하는 여성의 수호신은 유노였다. 게니우스는 그리스 신화에 등장하는 정령 다이몬(데몬)과 동일시된다.

기본정보

구분	전원의 신
상징	남성의 수호신, 사물에 내재하는 영적 본질
외국어 표기	복수형: 게니이(Genii)
어원	생산하다, 만들어내다
그리스 신화	다이몬(데몬)

신화이야기

남성의 수호신 게니우스

게니우스는 로마 신화에 등장하는 남성의 수호신이다. 게니우스는 각 개인 안에 내재하는 영적 존재로서 그들의 개인적 특성과 운명을 관장하고 출생과 생식 능력에도 관여한다. 개인이 죽으면 그의 게니우스도 소멸된다.

본래 게니우스는 후손들을 지켜주는 조상신이었는데 개인들의 삶을 보살펴주는 수호신으로 발전하였다. 로마인들은 자신의 게니우스에게 제물을 바치며 자신이 어려운 상황에 처했을 때 특별한 도움을 기대하였다. 게니우스의 축일은 당사자의 생일이었다.

사물에 내재하는 영적 본질로서의 게니우스

게니우스는 대상 안에 내재하는 일종의 작용력으로 이해되었으므로 비단 개인들뿐만 아니라 군대나 단체 같은 집단이나 도시, 시장, 극장 같은 장소에도 깃들어 있다고 믿었다. 심지어 로마의 게니우스나 로마 시민의 게니우스도 있었다.

알렉산더 대왕의 게니우스
엘리자베스 루이 비제 르 브룅(Elisabeth Louise Vigee Le Brun), 1814년
러시아 에르미타시 미술관

아이기스를 걸치고 풍요의 뿔을 든 로마 황제 도미티아누스의 게니우스
2세기경의 조각
로마 카피톨리노 박물관

로마인들은 자신의 게니우스나 다른 사람의 게니우스에 걸고 맹세하기를 즐겼는데 제정시대 황제의 게니우스는 특별한 힘을 지니고 있다고 여겼다. 황제의 게니우스는 황제 자신이 다른 인간들보다 우월한 것과 마찬가지로 다른 개인들의 게니우스보다 우월한 능력을 지니고 있었기 때문이다. 아우구스투스의 게니우스에 대한 숭배는 여기서 비롯되었다.

모든 존재의 게니우스를 구별하는 경향은 점점 더 심해져서 나중에는 신들에게도 각자의 게니우스가 있다고 믿었다. 그래서 사람들은 마르스의 게니우스나 유피테르의 게니우스에게 제물을 바치기도 했다.

게니우스의 형상

게니우스는 주로 강한 근육질의 상체를 드러내고 수염이 난 성인 남자의 모습으로 등장하지만 경우에 따라서는 날개가 달린 나체의 미소년이나 지혜로운 노인의 형상으로도 표현되었다. 대개 손에는 풍요의 뿔이나 제물이 담긴 접시를 들고 있다. 장소의 게니우스는 뱀의 형상으로 표현되기도 한다.

아가토다이몬(좋은 정령), 베수비오 산 주변 토지의 게니우스
폼페이 벽화, 1세기
나폴리 국립고고학박물관

남성의 수호신으로서의 게니우스에 대응하는 여성의 수호신은 유노(헤라)였다. 로마 신화의 게니우스는 그리스 신화의 다이몬과 동일시되기도 한다.

게리온 Geryon

요약

게리오네스 또는 게리오네우스라고도 하며 세 개의 머리와 세 개의 몸통을 가지고 있는 괴물이다.

게리온은 머나먼 서쪽 바다에 있는 에리테이아 섬에 살면서 멋진 소떼를 소유하고 있었다. 거인 에우리티온이 소몰이꾼이고 머리가 두 개 달린 괴물 개 오르트로스가 도둑을 지키고 있었다. 소떼를 훔친 헤라클레스의 뒤를 쫓다가 그에게 살해되었다.

기본정보

구분	괴물
외국어 표기	그리스어: Герион
별칭	게리오네스, 게리오네우스
관련 신화	헤라클레스, 오르트로스, 크리사오르
가족관계	크리사오르의 아들, 칼리로에의 아들, 에키드나의 남매

인물관계

메두사의 아들 크리사오르와 오케아노스의 딸 칼리로에 사이에 태어난 아들이다.

티폰과 결혼한 에키드나와는 남매지간이며 게리온의 개를 지키는 오르트로스는 누이 에키드나의 아들이다.

신화이야기

개요

세 개의 머리와 세 개의 몸통을 가지고 있는 괴물 게리온은 게리오네스 혹은 게리오네우스라고도 한다. 게리온은 『비블리오테케』에 다음과 같이 묘사되어 있다.

"게리온은 세 사람의 몸뚱이를 갖고 있었는데 그것들은 배 부분에서 하나로 합해졌다가 엉덩이와 넓적다리에서부터는 다시 셋으로 나뉘어졌다."

게리온은 머나먼 서쪽 바다에 떠 있는 에리페이아 섬에 살면서 많은 소떼를 소유하고 있다. 에리페이아는 '붉은 섬'이라는 의미를 갖고 있는데 이는 머나먼 서쪽에 있기 때문에 해가 져서 석양에 붉게 물든 섬을 뜻하는 것으로 추측된다. 이와 관련된 것인지 게리온이 소유하고 있는 소떼도 붉은 소들이다. 헤스페리데스의 아들인 거대한 에우리티온이 게리온의 붉은 소떼를 돌보고 머리가 두 개 달린 용맹스러운 괴물 개 오르트로스가 도둑을 지키고 있다. 게리온은 소떼를 훔쳐서 달아나는 헤라클레스의 뒤를 쫓다가 그의 화살을 맞고 죽는다.

게리온과 헤라클레스

제우스가 다른 여자, 즉 알크메네와 관계를 맺어 태어난 헤라클레스는 태어나기 전부터 헤라에게 증오의 대상이 된다. 헤라클레스가 태어나기 직전에 제우스는 곧 태어날 페르세우스의 후손이 미케나이를 다스리게 될 것이라 선언한다. 이에 헤라는 친딸인 출산의 여신을 부추겨 헤라클레스의 출산을 늦추고 에우리스테우스의 출산을 앞당기게 한다.

헤라클레스와 게리온
흑회색 암포라, 기원전 540년경, 루브르 박물관

이렇게 해서 제우스가 말한 예언의 혜택은 헤라클레스가 아니라 에우리스테우스가 누리게 된다. 권력은 있으나 그 권력을 유지할만한 힘과 자격이 없는 에우리스테우스는 칠삭둥이로 태어나 정신적으로나 육체적으로 허약한 상태에서 헤라클레스에 대한 증오와 시기심, 열등감과 공포심 속에서 평생을 살아간다.

헤라에게 평생 동안 증오의 대상이 된 헤라클레스는 헤라의 술수로 광기에 빠져 자식들을 죽이게 된다. 그 죄에 대한 벌로 나약한 에우리스테우스에 복종하면서 그가 시키는 열두 개의 과업을 수행해야 하는데 그 과업들 중 하나가 바로 게리온의 소떼를 훔쳐오는 것이다. 소떼를 훔치는 것은 결코 쉬운 일이 아니었다. 괴물 게리온뿐만 아니라 거대한 소몰이꾼 에우리티온, 머리가 두 개 달린 파수견 오르트로스, 만만치 않은 이 괴물 세 마리를 상대해야 하는 것이다.

에리테이아 섬으로 가는 도중에 사막을 지나던 헤라클레스는 더위에 지쳐 독화살로 태양의 신 헬리오스를 협박한다. 헬리오스는 헤라클레스의 용기에 감탄하여 그에게 자신이 바다를 건널 때 사용하는 황금 잔 모양의 배를 빌려준다. 에리테이아 섬에 도착한 헤라클레스는 먼저 냄새를 맡고 달려온 오르트로스를 몽둥이로 때려죽이고 이어 뒤쫓아온 에우리티온도 몽둥이로 때려죽인다. 근처에서 하데스의 소몰이꾼 메노이티우스가 소들을 먹이고 있다가 이 장면을 목격하고는 게리온에게 소식을 전해주고 소식을 들은 게리온이 헤라클레스의 뒤를 쫓는다. 게리온은 소떼를 몰고 가던 헤라클레스와 안테무스 강가에서 접전을 벌이지만 결국 그의 화살에 맞아 죽는다. 이렇게 해서 세 괴물을 처치한 헤라클레스는 소떼를 몰고 미케나이로 돌아온다.

게리온의 맹견 오르트로스: 게리온의 누이 에키드나의 아들

게리온의 소떼를 지키는 개 오르트로스는 게리온의 누이 에키드나가 티폰과의 사이에 낳은 자식이다. 그리스 신화에서 가장 강하고 무서운 힘을 가지고 있는 티폰은 상반신은 인간이고 하반신은 뱀의 모습을 한 반인반수의 괴물이다. 상반신은 인간이지만 어깨와 팔에는 눈에서 불을 뿜어내는 100개의 뱀(혹은 용)의 머리가 솟아나 있고 하반신은 똬리를 튼 거대한 뱀의 모습을 하고 있으며 제우스가 무서워서 도망갈 정도로 무서운 힘을 가지고 있다. 제우스는 티폰과의 힘겹고 위험한 싸움에서 극적으로 승리했다.

게리온의 누이 에키드나는 반은 인간이고 반은 괴물이다. 『신들의 계보』에서 에키드나는 "몸의 반은 속눈썹을 깜빡이는 예쁜 볼을 가진 소녀이고 나머지 반쪽은 성스러운 대지의 깊은 곳에서 반짝거리며 닥치는 대로 먹어치우는 무시무시하고 거대한 뱀"으로 나타난다. 게리온의 누이인 속눈썹을 깜빡이는 이 소녀가 무서운 난폭자 티폰과 한 몸이 되어 여러 괴물들을 낳았다. 게리온의 맹견 오르트로스, 지하세계를 지키는 개 케르베로스, 레르나의 습지에 사는 물뱀 히드라, 사자와 양의 모습을 모두 가진 전설의 괴물 키마이라가 이들의 자식들이다.

공교롭게도 이 자식들은 오르트로스를 비롯하여 대부분 헤라클레스에 의해 처단되거나 박해를 받았다.

겔라노르 Gelanor

요약

신화에 등장하는 아르고스의 왕이다.

그는 리비아에서 건너온 다나오스에게 아르고스의 왕위를 주었다. 그 뒤로 아르고스는 다나오스의 자손들인 다나오이족의 땅이 되었다.

기본정보

구분	아르고스의 왕
외국어 표기	그리스어: Γελάνωρ
어원	웃는 자
가족관계	이나코스의 후손, 스테넬라스의 아들

인물관계

겔라노르는 아르고스의 시조인 강의 신(河神) 이나코스의 후손으로 오랜 세월 아르고스를 통치해 온 포르바스 가문의 마지막 왕이다.

겔라노르를 끝으로 아르고스의 왕위는 리비아에서 건너온 이오의 후손 다나오스에게 넘어갔다.

다나오스 일행의 아르고스 이주

겔라노르는 아르고스 왕국의 시조인 강의 신(河神) 이나코스의 후손으로 다나오스 일행이 아르고스로 왔을 때 그곳을 다스리던 왕이었다. 이집트 왕 벨로스의 아들로 리비아의 왕이던 다나오스가 고국을 떠나 아르고스로 건너오게 된 이야기는 다음과 같다.

다나오스와 아이깁토스는 이집트의 전설적인 왕 벨로스와 안키노에 사이에서 태어난 쌍둥이 형제인데 아버지의 유산을 놓고 서로 다투었다. 벨로스는 두 아들에게 각각 리비아와 아라비아를 물려주었지만 아이깁토스가 영토의 확장을 시도하면서 형제간에 갈등이 생겨났던 것이다. 아이깁토스는 문제를 해결하기 위해 다나오스에게 자신의 아들 50명을 다나오스의 딸 50명과 결혼시키자고 제안하였지만 다나오스는 이를 계략으로 받아들였다. 게다가 신탁도 그가 사위의 손에 죽게 될 것이라고 예언했다. 위협을 느낀 다나오스는 아테나 여신의 도움을 받아 50개의 노로 젓는 커다란 배를 만들어 딸들과 함께 아르고스로 도망쳤다. 아르고스는 다나오스의 조상인 이오가 황소로 변해 이집트로 오기 전에 살았던 곳이었기 때문이다.

왕위를 빼앗긴 겔라노르

겔라노르는 아르고스에 도착한 다나오스 일행을 환대하였다. 하지만 다나오스가 이오의 후손임을 내세워 왕권을 주장하면서 겔라노르와 다나오스 사이에 왕권을 둘러싼 갈등이 생겨났다. 겔라노르는 원래 이름이 펠라스고스였는데 왕권을 넘기라는 다나오스의 요구에 웃음을 터뜨려 '웃는 자'라는 뜻의 겔라노르라는 이름을 갖게 되었다고 한다.

겔라노르와 다나오스의 다툼은 갑자기 늑대 한 마리가 아르고스의 소떼를 습격하는 사건이 벌어지면서 끝이 났다. 늑대는 커다란 황소에게 덤벼들어 금세 숨을 끊어 놓았는데 이를 본 아르고스인들이 어디선가 나타나 소떼를 습격한 늑대가 외지에서 온 다나오스와 비슷하다고 여기고 이를 신의 계시로 해석하여 다나오스를 왕으로 추대하였다. 아르고스인들은 아폴론 신이 그 늑대를 보냈다고 믿었다. 나중에 다나오스는 감사의 뜻으로 '리케이오스 아폴론(늑대의 신 아폴론)'에게 신전을 지어 바쳤다.

또 다른 이야기에 의하면 겔라노르는 자진해서 권력을 넘겨주었다고도 한다. 겔라노르는 대대로 아르고스를 통치해 온 포르바스 가문의 마지막 왕이 되었다.

신화해설

겔라노르 신화는 다나이데스 신화의 일부로 이집트에서 건너온 이주 세력이 아르고스 지역의 고질적인 물 부족 문제를 급수 시설을 통해 해결하고 이곳에 정착하게 되는 과정을 보여준다.('다나오스' 참조) 실제로 일부 신화에서는 다나오스가 아르고스인들에게 우물 파는 법을 가르쳐 준 뒤 겔라노르를 제치고 왕위에 오를 수 있었다고 말한다. 이후 아르고스 왕국에서 겔라노르의 혈통은 끊어지고 다나오스의 딸 히페름네스트라와 이집트의 왕자 린케우스 사이에서 난 아들 아바스가 아르고스의 왕위를 이어가게 된다.

겔로 Gello, Gyllou, Gillo, Gylo

요약

그리스 신화에 등장하는 처녀 귀신으로 어린아이, 젊은 여자, 임신부를 주로 공격하였다.

그리스 신화의 라미아와 모르모, 로마 신화의 스트리게 같은 여성 괴물들과 닮은꼴이다.

기본정보

ㄱ

구분	악령
상징	원혼, 귀신들린 여자
외국어 표기	그리스어: Γελλώ
어원	원혼

신화이야기

개요

겔로는 고대의 여러 지역 신화에 등장하는 여성 악귀 혹은 원혼으로 임신과 출산을 방해하고 유산, 유아 사망 등을 일으키는 원흉으로 간주되었다.

비잔틴 시대에 들어 겔로는 어떤 개별적인 악귀나 원혼이 아니라 일종의 귀신이 들린 상태를 의미하였다. 그래서 임신한 여성의 순산이나 갓난아기의 무사한 성장을 위해 겔로를 쫓는 퇴마의식이 행해지기도 하였다. 이런 전통은 중세 기독교 세계에도 이어져 사람들은 성모 마리아나 수호성인에게 아기를 겔로에게서 구원해줄 것을 빌며 아기의 침대 위에 십자가를 걸어두곤 했다. 겔로를 쫓는 의식은 교회에 의해 종교의례로 만들어지기도 했다.

레스보스 섬의 처녀귀신

그리스 신화에서 겔로는 사포의 시에 처음 등장한다. 겔로는 레스보스 섬에 살던 처녀였는데 이른 나이에 억울한 죽음을 당해 원귀가 된다. 겔로는 어두운 밤 지하에서 나와서는 부모가 한 눈을 파는 사이에 아이들을 납치하여 피를 빨고 고기를 먹는다고 하였다. 자신의 원한 때문에 아이들에게 해를 입힌다는 점에서 겔로는 라미아나 모르모 같은 괴물들과 닮은꼴이다. 고대인들은 아이의 옷이나 물건이 없어지면 겔로가 훔쳐갔다고 생각하였다.

고르고네스 Gorgones

요약

그리스 신화에 등장하는 괴물 자매이다.

단수형 고르곤(혹은 고르고)으로 표기할 때는 대개 메두사를 지칭한다. 메두사는 영웅 페르세우스에 의해 머리가 잘려 아테나 여신의 방패 아이기스의 중앙을 장식하게 된다.

기본정보

구분	괴물
상징	죽음, 소름끼치는 공포.
외국어 표기	그리스어: γοργόνες. 단수형: Γοργώ(고르고)
어원	끔찍한, 무시무시한
별칭	고르곤(Gorgon)
관련 동식물	뱀
관련 신화	페르세우스의 모험
가족관계	포르키스의 딸, 케토의 딸, 에키드나의 자매, 그라이아이의 자매

인물관계

고르고네스 자매는 바다의 신 포르키스와 케토 사이에서 태어난 자식으로 스테노, 에우리알레, 메두사 세 명이다. 이들 자매는 날 때부터 늙은 할머니였던 그라이아이와 상반신은 처녀의 몸이고 하반신은 뱀인 에키드나 등과도 자매간이다.

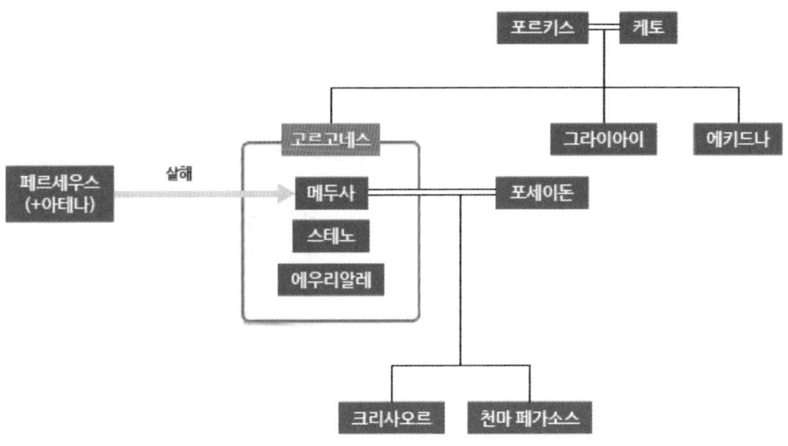

신화이야기

개요

고르고네스는 망자들의 나라가 가까이 있는 머나먼 서쪽 오케아노스 강 근처에 사는 괴물 자매로, 머리카락은 뱀이고 입에는 멧돼지의 어금니가 솟아 있고 몸은 용의 비늘로 덮였으며 등에는 황금 날개가 돋아나 있었다. 이들의 번뜩이는 눈은 너무나 강렬하여 누구든 그 시선을 받으면 돌로 굳어져버렸다. 고르고네스 자매는 모두 세 명으로 이름은 스테노, 에우리알레, 메두사이다.

고르곤
코르푸 섬 아르테미스 신전 박공의 조각
기원전 580년, 코르푸 고고학 박물관

고르고네스 자매 중에는 메두사가 가장 유명하며 단수형으로 고르곤(혹은 고르고)이라고 말할 때는 대개 메두사를 지칭한다. 하지만 메두사만 빼고 나머지 두 자매는 불사의 몸을 지녔다고 한다.

괴물로 변한 메두사

메두사는 고르고네스 자매 중 한 명으로 올림포스 이전 세대인 태초의 신들에 속하는데 날 때부터 추악한 외모를 지닌 괴물이었다. 그러나 시간이 흐르면서 그녀는 마법에 걸려 끔찍한 괴물로 변한 아름다운 처녀로 묘사되었다. 그에 따르면 메두사는 아름다운 처녀로 특히 빛나는 금발을 자랑으로 여겼다고 한다. 하지만 감히 아테나와 아름다움을 겨루려 하다가 여신의 노여움을 사서 아름다운 얼굴은 추하게 변하고 빛나는 금발은 쉭쉭 혓바닥을 날름거리는 뱀으로 변하고 말았다.

고르곤 메두사 마스크
고대 로마 석상, 서기 200년
로마 게르만 박물관

또 다른 이야기에 따르면 메두사는 아름다운 금발로 포세이돈을 유혹하여 아테나 신전에서 사랑을 나누었다가 아테나 여신의 분노를 사서 그런 흉측한 괴물이 되었다고 한다. 아테나는 포세이돈의 질녀이면서도 포세이돈과 몹시 결혼하고 싶어했는데 포세이돈이 아테나를 여자로서 좋아하지 않았다. 그런 포세이돈이 메두사와 보란듯이 정을 통하자 아테나가 메두사에 대해 더욱 분노했다는 것이다. 아테나 여신의 분노는 여기서 그치지 않고 페르세우스를 도와 메두사를 죽음에 이르게 한다.

페르세우스와 메두사

페르세우스는 어머니 다나에에게 흑심을 품고 있던 폴리덱테스왕의 계략에 빠져 공석에서 그에게 메두사의 목을 가져오겠다는 약속을 하고 말았다. 메두사는 알려진 바와 같이 누구든 그 모습을 쳐다보는 이를 돌로 변하게 만드는 무서운 괴물이었다. 하지만 페르세우스는 신

메두사
잔 베르니니(Gian Lorenzo Bernini), 1632년, 리전 아너 미술관

들의 도움으로 수많은 난관을 이겨내고 결국 메두사를 찾아내어 목을 베는 데 성공했다. 페르세우스는 아테나 여신이 준 방패를 이용하여 메두사를 직접 보지 않고 방패에 반사된 모습을 통해 그녀의 목을 벨 수 있었다.

메두사의 목에서 흘러나온 피에서는 삼두삼신(三頭三身)의 괴물 게리온의 아버지 크리사오르와 천마 페가소스가 태어났는데 이 둘은 메두사와 정을 통한 포세이돈의 자식들이었다.

아이기스의 중앙에 박힌 메두사의 머리

페르세우스는 메두사의 머리를 아테나 여신에게 바쳤고 여신은 그것을 자신의 방패 아이기스의 중앙에 박아 더욱 강력한 무기로 만들었다. 제우스의 번개를 능히 막아내고 폭풍도 일으키는 아이기스는 이제 쳐다보는 적들을 돌로 만들어버리는 능력까지 얻게 된 것이다.

사람을 죽이고 살리는 메두사의 피

메두사의 피에는 사람을 죽이고 살리는 마법의 힘도 있었다. 메두사의 왼쪽 혈관에서 흘러나온 피는 산 자를 죽이게 하는 맹독이었지만, 오른쪽 혈관에서 흘러나온 피는 죽은 자를 살리는 힘이 있어서 나중에 의술의 신 아스클레피오스에 의해 치료약으로 사용되었다.

메두사
카라바조(Carvaggio), 1598년
피렌체 우피치 미술관

고르디아스 Gordias

요약

그리스 신화에 등장하는 프리기아의 왕으로, 프리기아의 수도 고르디온의 건설자이다. 손에 닿는 것은 모두 황금으로 변했다는 전설적인 왕 미다스의 아버지이다.

'고르디아스의 매듭'은 고르디아스가 고르디온을 건설한 뒤 그의 수레를 묶어 둔 매듭을 말한다.

기본정보

구분	프리기아의 왕
외국어 표기	그리스어: **Γορδίας, Γόρδιος**
별칭	고르디오스(Gordius)
관련 상징	고르디아스의 매듭
가족관계	미다스의 아버지, 키벨레의 남편

인물관계

고르디아스는 브리게스 왕가의 후손으로 여사제, 혹은 키벨레 여신과 사이에서 미다스를 낳았다.

프리기아의 왕이 된 고르디아스

마케도니아의 가난한 농부 고르디아스는 브리게스 왕가의 후손이었다. 어느 날 고르디아스는 자신의 소달구지에 독수리가 내려앉는 것을 보고 나중에 자신이 왕이 될 징조라고 생각했다. 그는 텔미소스의 사바지오스 신탁에 이 일을 물어보고자 했는데 그가 소달구지를 몰고 텔미소스로 가는 동안에도 독수리는 그의 곁을 떠나지 않았다.

고르디아스가 텔미소스 성문 앞에 이르렀을 때 젊은 여사제가 한 명 나타나 사바지오스 신에게 제물을 바치라고 말하고는 자신도 함께 신전으로 가서 그가 올바른 제물을 바치는지 보겠다고 했다.(사바지오스는 프리기아 사람들이 섬기던 신으로 제우스의 아들이라고 한다.) 고르디아스는 그녀를 현명한 여인이라고 여겨 자신과 결혼하지 않겠느냐고 물었다. 그러자 여사제가 신전에 제물을 바치고 나서 결혼하겠다고 대답하고 함께 사바지오스 신전으로 갔다.

그 무렵 프리기아는 왕이 없어 혼란을 겪고 있었다. 프리기아 사람들은 언제 자신들에게 왕이 나타나게 되는지를 신탁에 물었다. 그러자 이제 곧 소달구지를 타고 신전으로 오는 사람이 왕이 될 것이라는 답이 돌아왔다. 이에 프리기아의 백성들은 고르디아스를 새 왕으로 삼았다.

고르디아스와 젊은 여사제 사이에서 태어난 아들이 바로 손에 닿는 것은 모두 황금으로 변하게 되었다는 전설의 왕 미다스이다.(하지만 또 다른 전승에 따르면 미다스왕은 고르디아스와 키벨레 여신 사이에서 태어난 아들이라고 한다.)

고르디아스의 매듭

프리기아의 왕이 된 고르디아스는 새 도시 고르디온을 건설하여 프

고르디아스의 매듭을 끊어버린 알렉산더
장 시몽 베르텔레미(Jean Simon Berthelemy), 1767년, 파리 국립고등미술학교

리기아의 수도로 삼았다. 그리고 그를 왕으로 만들어준 소달구지를 고르디온의 신전에 바쳤는데 이때 소달구지를 아주 복잡한 매듭으로 신전 앞에 묶어 두었다. 신탁은 이 매듭을 푸는 자가 아시아(소아시아)의 지배자가 될 것이라고 말했고 그 뒤로 수많은 사람들이 나서서 매듭을 풀어보려 했지만 모두 실패하였다.

'고르디아스의 매듭'이라고 불린 이 매듭을 마침내 푼 사람은 알렉산더 대왕이었다. 그는 매듭에 대한 신탁을 전해 듣자 단칼에 매듭을 잘라버렸고 신탁의 예언대로 아시아의 지배자가 되었다. 하지만 또 다른 이야기에 따르면 알렉산더 대왕이 매듭을 풀지 않고 끊어버린 탓에 그의 제국은 얼마 가지 못하고 잘려진 매듭처럼 갈기갈기 분열되었다고 한다.

고르디아스의 매듭은 콜럼부스의 달걀과 함께 언뜻 복잡해 보이는 문제를 뜻밖의 방식으로 간단히 해결하는 것을 이르는 말로 쓰인다.

그라이아이 Graeae

요약

태어날 때부터 백발노파였던 세 자매이다.

눈과 이가 하나 뿐이라 셋이서 번갈아가며 눈과 이를 사용했다.

페르세우스가 공동의 눈을 훔치자 어쩔 수 없이 친동생들인 고르고네스가 사는 곳을 알려주었다.

기본정보

구분	괴물
상징	백발
외국어 표기	그리스어: Γραῖαι
어원	하얀, 늙은 여자들, 할머니들,
관련 신화	메두사, 페르세우스
가족관계	포르키스의 딸, 케토의 딸, 고르고네스의 자매, 에키드나의 자매

ㄱ

인물관계

포르키스와 케토 사이에 태어난 세 딸로 고르고네스(고르고의 복수형)의 친언니들이다.

신화이야기

개요

그라이아이는 '늙은 여자들', '노파들'을 의미하며 태어날 때부터 백발을 한 노파였다. 헤시오도스의 『신들의 계보』에는 두 명의 이름만 언급되어 있지만 나중에 쓰여진 『비블리오테케』에는 세 명의 이름이 언급되어 있다. 『비블리오테케』에 언급하고 있는 세 자매의 이름은 데니오('무서운'이라는 의미), 엔니오('싸움을 좋아하는'), 펨프레도('깜짝 놀라게 하는')이다.

이 세 자매는 하나의 눈과 하나의 이만 가지고 있어 눈과 이를 번갈아 사용했다. 그라이아이는 머나먼 서쪽 아틀라스 산맥에 있는 동굴에서 살고 있었는데 그곳은 해도 달도 없는 깜깜한 곳이었다. 이들은 고르고네스(고르곤의 복수형)의 친언니들로, 이들의 임무는 고르고네스로 가는 길목을 지키는 것인데, 이 부분에서 그라이아이가 페르세우스 신화와 연결된다.

아름다운 다나에와 황금비로 변신한 제우스 사이에서 태어난 페르세우스는 고르곤의 목을 베어오라는 임무를 맡게 되었다. 고르고네스 세 자매는 얼굴이 흉측하고 머리카락 한 올 한 올이 실뱀으로 되어 있으며 멧돼지의 엄니가 나 있었다. 고르고네스의 눈은 워낙 번뜩거리고 강해서 이들의 눈을 바라보는 사람들은 그 자리에서 돌로 변해 버렸다. 세 자매 중 메두사만이 죽을 운명의 존재이고 나머지 둘은 불사신이었다. 불사신의 목을 베어 죽일 수는 없는 일이었다. 따라서 페르세우스의 임무는 메두사의 목을 베어오는 것이었다. 이 때문에 고르곤은 대개의 경우 메두사를 지칭하는 단어로 쓰이곤 한다.

고르고네스가 있는 곳은 오직 친언니들인 그라이아이만이 알고 있었다. 아테나 여신의 조언에 따라 페르세우스는 그라이아이가 살고 있는 동굴로 찾아가 하나 밖에 없는 눈을 훔쳤다. 이에 그라이아이는 어쩔 수 없이 동생 고르고네스 세 자매가 살고 있는 곳을 알려주었다. 페르세우스는 임무를 완수한 후 그라이아이의 눈을 돌려주지 않고 호수에 던졌다고 한다.

또 다른 이야기

『비블리오테케』는 앞의 내용과 다른 이야기를 전하고 있다. 페르세우스가 그라이아이를 찾아간 것은 메두사의 목을 베는 데 필요한 물건들을 갖고 있는 님페들이 사는 곳을 알기 위해서라고 한다. 메두사의 목을 베기 위해서는 날개 달린 샌들과 일종의 배낭인 키비시스 그리고 머리에 쓰면 남의 눈에 보이지 않게 되는 하데스의 모자가 필요한데 페르세우스는 이 물건들을 갖고 있는 님페들을 찾아야 했다. 그런데 그라이아이만이 이 님페들이 사는 곳을 알고 있었다.

페르세우스는 그라이아이의 하나밖에 없는 눈과 이를 훔쳐 님페들이 있는 곳을 알려달라고 위협했다. 『비블리오테케』는 다음과 같이 전한다.

> "포르키스의 딸들이 길을 가르쳐 주자 페르세우스는 그들에게 눈과 이를 돌려주고 요정들을 찾아가 자기가 필요로 하는 것을 얻었다."

이처럼 『비블리오테케』는 앞에서 전하는 내용과는 달리 페르세우스가 비밀을 알려준 그라이아이에게 눈과 이를 돌려주었다고 전한다.

그리페스 Grypes

요약

사자의 몸통에 독수리의 날개와 부리를 지닌 상상의 괴물이다.

지중해 연안에서 중앙아시아까지 여러 민족의 신화에 등장하며, 주로 신들의 보물이나 황금을 지키는 파수꾼 역할을 하였다.

그리페스
마르코 대성당의 석상

기본정보

구분	괴물
상징	황금의 수호자
외국어 표기	그리스어: γρύπες. 단수: γρῦψ(그립스), Griffin(그리핀, 영어), Griffon(그리폰, 프랑스어), Greif(그라이프, 독일어)
어원	굽은 부리
로마 신화	그리푸스(Gryphus)

신화이야기

개요

육상동물의 왕인 사자와 새들의 왕인 독수리의 특징을 모두 지닌 그리페스는 모든 피조물의 으뜸인 존재로서 신이나 제왕의 권력을 상징하였다.

그리페스에 관한 신화는 지중해 연안에서부터 중앙아시아에 이르기까지 폭넓게 퍼져 있는데 대체로 기원전 3천년 경에 이집트에서 시작되어 서아시아와 그리스 등지로 전파된 것으로 보인다.

그리스 신화의 그리페스

그리스 신화에서 그리페스는 예리한 통찰력과 앞날을 내다보는 능력을 지닌 아폴론의 성스러운 동물로 여겨졌다. 그리페스는 인도의 산악 또는 스키티아의 사막에 살면서 금광을 발견하고 이를 약탈자들로부터 지키는 일을 했으며 정신의 보물인 지식의 수호자이기도 했다.

그리페스는 또한 디오니소스가 기르는 동물로 그의 술항아리를 지키는 파수꾼이었다는 이야기도 있다.

그리페스는 말 대신 신들의 전차를 끌고 하늘을 날아다니기도 했는데 복수의 여신 네메시스의 전차를 끌 때는 몸통과 날개가 모두 검은 색으로 표현되었다.

기독교 시대의 그리페스

그리페스는 구약에 나오는 천사 케루빔의 형상에도 영향을 준 것으로 보인다. 케루빔은 사자와 독수리, 소와 사람이 합쳐진 모습을 하고 있으며 아담과 이브가 죄를 짓고 에덴동산에서 쫓겨날 때 불칼을 들고 이들이 돌아오는 길을 막았다고 한다.

중세와 르네상스 시대에 그리페스는 장식용 문양이나 조각으로 사용되기도 했다.

그리페스 두상
그리스 청동상, 기원전 7세기
올림피아 고고학박물관

그리페스는 그림동화집에도 나온다. 그림동화 『그라이프 새』에서 그리페스는 무엇이든 모르는 것이 없는 존재이지만 기독교인을 잡아먹는 무시무시한 괴물 새로 등장한다. 주인공 한스는 공주와 결혼하기 위해 그리페스의 꽁지깃털을 한 개 뽑아서 왕에게 가져가야 했다.

그리페스 문양이 들어간 중세시대 태피스트리
1450년경 바젤에서 제작, 베를린 공예박물관

글라우케 Glauce

요약

그리스 신화에 나오는 코린토스 왕국의 공주이다.

이아손은 글라우케 공주와 결혼하기 위해 아내 메데이아를 버리고, 이에 메데이아는 복수하기로 마음먹는다. 글라우케는 메데이아가 결혼선물로 보낸 웨딩드레스를 입고 불길에 휩싸여 죽는다.

기본정보

구분	공주
상징	샘, 우물
외국어 표기	그리스어: Γλαυκή
어원	청회색, 푸른 물빛
별칭	크레우사
관련 신화	메데이아, 이아손, 크레온, 글라우케의 샘

인물관계

코린토스 왕국의 크레온왕의 딸이다. 하이몬, 할아버지와 이름이 같은 메노이케우스, 메가라와 남매 사이이다. 하이몬은 안티고네와 결혼했고 메가라는 헤라클레스와 결혼했다.

크레온왕의 아버지 메노이케우스는 씨 뿌려 나온자들 '스파르토이'의 한 사람인 에키온의 후손이다.

신화이야기

개요

글라우케는 코린토스 왕국의 왕 크레온의 딸로 크레우사라는 별칭을 갖고 있다. 글라우케는 그리스 신화에서 비중이 크지 않은 인물로 메데이아 및 이아손의 전설 속에 주변적인 인물로 등장한다.

이아손에 대한 사랑 때문에 아버지와 조국을 배반하고 동생까지 끔찍하게 죽인 메데이아는, 이아손과 함께 이올코스로 와서 이아손의 아버지 아이손을 회춘시켜주고 아이손의 왕위를 찬탈한 아이손의 의붓형 펠리아스에게 처참하게 복수한다. 이아손은 메데이아가 이올코스에서 행한 잔인한 복수 때문에 고향에서 쫓겨나 코린토스로 망명

한다. 이아손과 메데이아는 코린토스의 왕 크레온의 환대 속에 자식들을 낳고 행복한 삶을 누린다.

그러나 시간이 지나면서 사람들은 마법의 힘을 가진 이방인 메데이아를 꺼리게 된다. 이러한 상황 속에서 아들이 없던 크레온왕은 이아손을 자신의 딸 글라우케와 결혼시켜 왕위를 물려주고 싶어하고, 섬뜩한 느낌을 주는 메데이아에게 싫증이 난 이아손은 왕의 제안을 수락한다. 그리고는 메데이아에게 자신이 공주와 결혼하는 것은 공주를 원해서가 아니라 이방인 마녀인 그녀를 구하고 자식들에게 왕가의 피가 흐르는 형제자매를 만들어주어 안전한 울타리가 되도록 하기 위함이라고 변명한다.(에우리피데스의 『메데이아』)

메데이아
프레드릭 샌디스(Frederick Sandys),
1866~1868년
영국 버밍엄 미술관

한편 메데이아가 공주에게 치유할 수 없는 재앙을 가져오리라고 예감한 크레온왕은 자신의 계획에 장애물이 될 메데이아와 그녀의 자식들에게 추방령을 내리고, 이아손은 글라우케와의 결혼에 마음이 들떠 메데이아와 자식들은 안중에도 없다. 이아손을 위해서라면 어떤 끔찍한 일도 마다하지 않았던 메데이아는 이아손의 마음이 자신에게서 떠난 것을 확인하고 처절한 복수를 결심한다.

메데이아는 크레온왕의 제안을 받아들이는 척 하면서 아이들을 위해서 하루만 머물게 해달라고 간청한다. 크레온왕으로부터 하루의 기한을 얻은 메데이아는 그 하루동안 이아손에 대한 복수를 감행하기로 결심하고 크레온왕과 글라우케 공주 그리고 남편 이아손을 죽일 계획을 세운다.

메데이아는 글라우케에게 할아버지인 태양신 헬리오스가 자손들에게 준 값진 장신구와 함께 '이 세상에서 가장 아름답다고 자신할 수 있는' 그러나 독이 묻은 웨딩드레스를 결혼 축하선물로 보낸다. 아무것도 모르는 순진한 글라우케는 신랑의 전처가 보낸 선물을 보고 기뻐하며 웨딩드레스를 입어본다. 옷을 입는 순간 글라우케는 옷에 묻은 독이 몸에 퍼지면서 온 몸에 불이 붙었고, 결국 불길에 싸여 숨을 거두고 딸을 구하고자 한 크레온도 불에 타 죽는다.

나중에 코린토스 지역에 내려오는 전설에 의하면 글라우케는 연기를 견디다 못해 우물에 몸을 던졌다고 한다. 이후로 그 우물은 글라우케 샘이라고 불린다. 글라우케는 그리스어로 푸른 물빛을 가리키는 단어이다.

또 다른 글라우케

크레온왕의 딸 외에도 신화에는 여러 명의 글라우케가 존재한다. 살라미스 왕 키크레우스의 딸로 텔라몬의 첫 번째 아내 이름도 글라우케이다. 텔라몬은 칼리돈의 멧돼지 사냥에 참가하고 아르고호의 모험에도 참가했으며 헤라클레스와 함께 트로이를 공격하기도 했다.

글라우코스 Glaucus, 미노스의 아들

요약

그리스 신화에 등장하는 크레타의 왕 미노스의 아들이다.

어릴 때 커다란 꿀항아리에 빠져 죽었다가 예언자 폴리에이도스에 의해 다시 살아났다. 폴리에이도스는 뱀이 약초로 죽은 뱀을 살리는 것을 보고 그와 똑같은 방법으로 죽은 아이를 되살려냈다.

기본정보

구분	왕자
상징	소생
외국어 표기	그리스어: Γλαῦκος
어원	빛나는, 반짝이는, 초록빛
관련 상징	뱀

인물관계

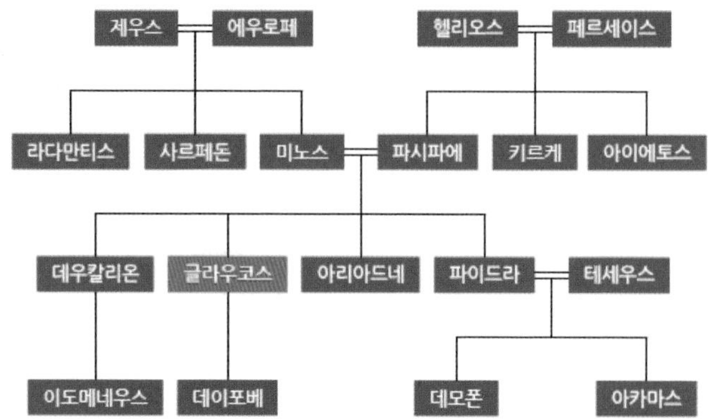

글라우코스는 크레타 왕 미노스와 태양신 헬리오스의 딸 파시파에 사이에서 태어난 아들로 데우칼리온, 아리아드네, 파이드라 등과 남매간이다.

베르길리우스의 『아이네이스』에 따르면 글라우코스에게는 아폴론과 아르테미스의 여사제가 된 데이포베라는 딸이 있었다고 한다.

신화이야기

글라우코스의 죽음

글라우코스는 어린 시절 쥐를 쫓으며 놀다가 술 창고 안에 있는 커다란 꿀항아리에 빠지는 바람에 죽고 말았다. 미노스왕은 어린 아들 글라우코스가 보이지 않자 사람들을 시켜 찾아보게 하였지만 아무도 아이를 발견하지 못했다. 애가 탄 왕은 신탁에 아이의 행방을 물었고 신탁은 곧 신기한 동물이 태어날 터인데 그 기이함을 가장 적절한 비유로 설명할 수 있는 사람이 아이를 되찾아 줄 것이라고 말했다.

색깔이 변하는 송아지의 비유

과연 얼마 후 외양간에서 송아지 한 마리가 태어났는데 이 송아지의 색깔이 하루가 지나는 동안 흰색에서 빨간색으로 그리고 다시 검은색으로 바뀌는 것이었다. 이렇게 바뀌는 송아지의 색깔에 대한 적절한 비유를 찾아낸 자는 때마침 크레타 섬에 들렀던 아르고스의 예언자 폴리에이도스였다.

폴리에이도스는 송아지의 변색을 익어가는 뽕나무 열매에 비유하였다. 뽕나무 열매는 처음에는 흰색이지만 차츰 붉어지다가 다 익으면 검은색으로 변한다는 것이다. 미노스왕은 폴리에이도스가 신탁이 말한 사람임을 깨닫고 그에게 사라진 아들을 찾아오라고 명하였다.

무덤에 갇힌 폴리에이도스와 글라우코스
백색 도기에 묘사된 그림, 기원전 460~450년, 영국 박물관

벌떼의 공격을 받는 올빼미

폴리에이도스가 미노스왕의 드넓은 궁전 안을 돌아다니며 아이를 찾던 중 포도주 창고 입구에서 올빼미 한 마리가 벌떼의 공격을 받고 있는 것을 보았다.(올빼미는 그리스어로 글라우코스다.) 이에 폴리에이도스는 창고 안으로 들어가 꿀항아리 안에서 글라우코스의 시체를 발견하였다.

되살아난 뱀과 아이

아들의 시체를 본 미노스왕은 폴리에이도스에게 아들을 되살려야 한다고 말하고는 그를 죽은 아이와 함께 창고에 가두었다. 폴리에이도스가 어찌할 바를 모르고 앉아 있는데 뱀 한 마리가 시체 곁으로 다가오는 것이 보였다. 폴리에이도스는 뱀이 시체를 훼손할까봐 두려워 죽여 버렸다. 그랬더니 잠시 후 또 다른 뱀 한 마리가 입에 풀을 물고 나타나 그것을 죽은 뱀의 코에 대고 문질렀다. 그러자 죽은 뱀이 몸을 꿈틀거리는가 싶더니 이내 되살아나는 것이었다. 폴리에이도스는 뱀이 물고 있던 풀을 가져다가 죽은 아이의 코에 대고 문질렀고, 아이는 뱀과 마찬가지로 다시 살아났다.

침을 뱉어 예언력을 잃은 글라우코스

미노스왕의 요구는 거기서 그치지 않았다. 그는 폴리에이도스에게 이번에는 그의 예언 능력을 아들 글라우코스에게 가르쳐주라고 명하였다. 폴리에이도스는 왕이 시키는대로 글라우코스에게 예언술을 가르쳐주었다. 마침내 크레타를 떠나 고향 아르고스로 돌아갈 수 있게 된 폴리에이도스는 배에 오르기 전에 글라우코스에게 자신의 입에 대고 침을 뱉으라고 말했다. 글라우코스는 영문을 알 수 없었지만 스승이 시키는대로 하였다. 하지만 이로써 글라우코스는 예언 능력을 잃고 말았다. 폴리에이도스가 다시 거두어갔던 것이다.

또 다른 이야기에 따르면 크레타 섬에 들렀다 미노스왕의 아들 글라우코스를 소생시킨 사람은 예언자 폴리에이도스가 아니라 의술의 신 아스클레피오스라고 한다.

글라우코스 Glaucus, 바다의 신

요약

그리스 신화에 등장하는 바다의 신이다.

원래 보이오티아의 어부였는데 외딴 섬에서 자라는 신비한 풀을 뜯어 먹고 물고기의 하체를 지닌 불사의 몸이 되었다.

그는 님페 스킬라를 사랑하였는데 이를 질투한 마녀 키르케가 스킬라를 바다 괴물로 만들어버렸다.

기본정보

구분	바다의 신
상징	고요하고 푸른 바다
외국어 표기	그리스어: Γλαῦκος
어원	빛나는, 반짝이는, 초록빛
가족관계	포세이돈의 아들

인물관계

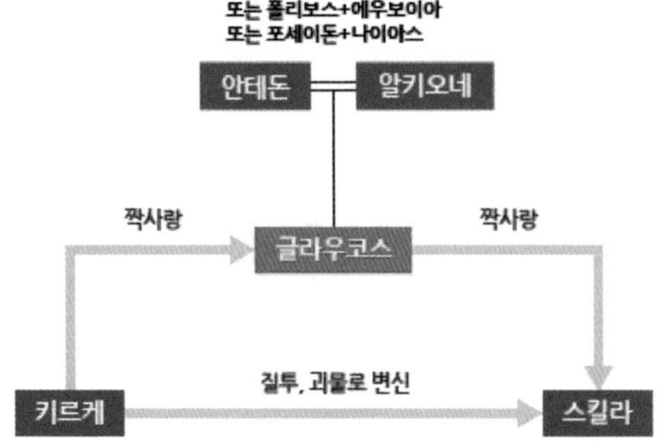

글라우코스는 안테돈과 알키오네, 또는 폴리보스와 에우보이아, 또는 포세이돈과 물의 님페 나이아스 사이에서 태어난 아들이라고 한다. 글라우코스는 스킬라를 사랑하였으나 키르케의 방해로 뜻을 이루지 못하였다.

신화이야기

해신이 된 글라우코스

오비디우스의 『변신이야기』에 따르면 글라우코스는 보이오티아 지방의 도시 아테돈에 사는 어부였다. 그는 태어나면서부터 신은 아니었다. 어느 날 그가 물고기를 잡으러 바다로 나갔다가 알 수 없는 섬에 도착했는데 그곳은 불사의 효능을 지닌 약초들이 자라는 곳이었다.

글라우코스가 바다에서 잡은 물고기들을 섬의 풀밭 위에 내려놓았는데 잠시 후 물고기들이 생기를 되찾아 마치 물 속을 헤엄치듯 풀밭을 헤치고 바다로 나아갔다. 이를 본 글라우코스가 자신도 그 풀들을 뜯어먹어 보았다. 그러자 갑자기 어깨가 넓어지면서 하체에 물고기의 힘찬 꼬리와 지느러미가 생겨나더니 얼굴이 청동의 녹과 같은 푸른빛의 수염으로 뒤덮였다. 글라우코스는 곧 물고기들을 따라 바다로 뛰어들었고 오케아노스와 테티스는 그를 바다의 신으로 만들어주었다.

바다의 신이 된 글라우코스는 예언의 능력도 지니게 되었다. 그는 주로 델로스 섬에 머물면서 신탁을 내렸는데 한때 아폴론보다도 더 추앙받았다고 한다. 글라우코스는 조난당한 선원들을 돕는 수호신으로서 그리스의 많은 섬들과 해안 도시에서 숭배되었다. 그는 고요하고 푸른 바다를 상징하였다.

글라우코스와 스킬라

글라우코스는 어느 날 바닷가에서 물놀이를 하고 있는 아름다운 님페 스킬라를 보고 첫눈에 반하여 사랑을 고백하였지만 스킬라는 그의 마음을 받아주지 않았다. 하루하루 애를 태우던 글라우코스는 마녀 키르케에게 도움을 청했다. 스킬라의 마음을 자신에게로 돌려놓을 수 있는 마법의 약을 만들어달라고 부탁했던 것이다. 하지만 사랑에 빠진 글라우코스를 보자 키르케의 마음에 그를 향한 사랑이 생겨났다. 키르케는 그에게 그러지 말고 자신과 사랑을 나누자고 했지만 스킬라를 향한 글라우코스의 마음은 변하지 않았다.

글라우코스와 스킬라
바르톨로메우스 슈프랑거(Bartholomeus Spranger), 1582년, 빈 미술사 박물관

불같은 질투심에 사로잡힌 키르케는 스킬라에게 분노를 쏟아냈다. 그녀는 스킬라가 항상 물놀이를 하는 곳에 독풀의 즙을 풀고 주문을 외었다. 여느 때처럼 헤엄을 치고 나오던 스킬라는 자신의 아랫도리가 끔찍한 괴물로 변한 것을 보고 소스라치게 놀랐다. 개의 형상을 한 머리가 여섯 개나 뱀처럼 길게 솟아나 저마다 삼중의 이빨을 드러낸 채 울부짖고 있었던 것이다. 스킬라는 곧 그 모습으로 바위에 뿌리가 박힌 듯 꼼짝을 할 수 없게 되었다.

바다 괴물이 된 스킬라는 메시나 해협의 동굴에 틀어박혀 근처를 지나는 선원들을 잡아먹고 살았다. 오디세우스도 트로이 전쟁을 끝내고 귀향하는 길에 이곳을 지나다 스킬라에게 많은 부하를 잃었다.

글라우코스 Glaucus, 벨레로폰의 손자

요약

그리스 신화에 등장하는 리키아의 왕이다.

트로이 전쟁이 벌어졌을 때 사촌 사르페돈과 함께 리키아 병사들을 이끌고 트로이 편으로 참전하였다. 글라우코스는 예전에 서로 친분을 나누었던 선조들의 예에 따라 적장 디오메데스와 트로이 성문 앞에서 서로 갑옷을 교환한 일화로 유명하다.

기본정보

구분	리키아의 왕
상징	손해 본 교환
외국어 표기	그리스어: Γλαῦκος
어원	빛나는, 반짝이는, 초록빛
관련 신화	트로이 전쟁
가족관계	히폴로코스의 아들

인물관계

글라우코스는 히폴로코스의 아들로 영웅 벨레로폰의 손자이다. 그와 이름이 같은 시시포스의 아들 글라우코스는 벨레로폰의 아버지로 그의 증조부가 된다.(하지만 벨레로폰의 실제 아버지는 포세이돈이라고 한다.) 그는 사촌 사르페돈과 함께 리키아의 병사들을 이끌고 트로이 전쟁에 참전하였다.

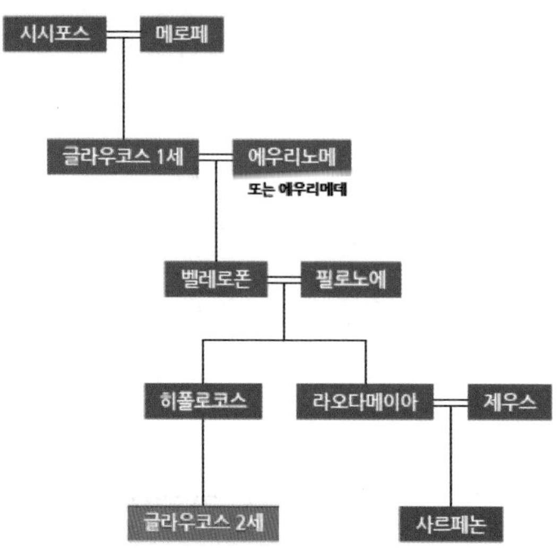

신화이야기

ㄱ

글라우코스와 디오메데스

호메로스의 『일리아스』에는 히폴로코스의 아들 글라우코스가 트로이 전쟁에서 적장 디오메데스와 전쟁에서 쓰는 무구(武具)를 교환하는 에피소드가 나온다. 두 영웅의 인연은 조부 벨레로폰과 오이네우스의 친분에 기인한다.

히폴로코스의 아버지이자 글라우코스의 조부 벨레로폰은 디오메데스의 조부 오이네우스의 집에서 스무날 동안 손님으로 머물며 극진한 대접을 받은 뒤 서로 선물을 교환하고 헤어진 일이 있었다. 이에 글라우코스와 디오메데스는 비록 적으로 전쟁터에서 만났지만 선조의 친분을 기념하여 자신들도 선물을 주고받았던 것이다.

과거에 벨레로폰은 환대에 대한 보답으로 황금 술잔을 주었고 오이네우스는 답례로 자주색 허리띠를 주었다. 트로이 성문 앞에서 만난 후손들도 서로 지니고 있던 무구를 교환하였는데 글라우코스의 무구는 금으로 된 것이었고, 디오메데스의 것은 청동으로 된 무구였다.

호메로스는 이 교환을 어리석은 짓이라고 평하였다. 글라우코스에게 너무 손해였기 때문이다.

글라우코스와 디오메데스
아티카 적색상도기, 기원전 420년
젤라 지역고고학 박물관

글라우코스의 죽음

글라우코스는 사촌 사르페돈이 죽자 적들에게 시체를 빼앗기지 않기 위해 사력을 다해 싸우다 큰 상처를 입었다. 하지만 그는 아폴론에게 기도를 올려 사촌의 시체를 찾아올 수 있게 해달라고 빌었다.

아폴론은 그가 사르페돈의 시체를 가지러 갈 수 있도록 그의 상처를 낫게 해주었다. 하지만 실제로 사르페돈의 시체를 구해낸 것은 아폴론이었다. 아폴론은 잠과 죽음의 신 힙노스와 타나토스를 시켜 사르페돈의 시체를 고향으로 나르게 하였다.

글라우코스는 영웅 아킬레우스가 파리스의 화살을 맞고 죽었을 때 그의 시체를 탈취해오려고 하다가 텔라몬의 아들 소(小)아이아스의 칼에 죽임을 당했다. 그러자 아폴론이 바람의 신에게 명하여 그의 시체를 고국인 리키아로 운반해주었다. 글라우코스의 무덤 아래로는 그의 이름을 딴 강이 흐른다.

또 다른 글라우코스

트로이 전쟁에 등장하는 글라우코스는 그밖에도 더 있다.

트로이 사람 안테노르와 테아노 사이에 태어난 여러 아들 중에도 글라우코스가 있다. 그는 파리스가 헬레네를 납치할 때 이를 도왔다가 아버지에게서 쫓겨났다. 트로이가 패망했을 때 그는 아버지 안테노르와 친분이 있는 오디세우스와 디오메데스 덕분에 목숨을 구했다고 한다.

그밖에 프리아모스왕의 아들 중에도 글라우코스가 있다.

글라우코스 Glaucus, 시시포스의 아들

요약

그리스 신화에 등장하는 시시포스의 아들이다.

펠리아스의 장례 경기에 참가했다가 패한 뒤 성질을 사납게 만들기 위해 인육을 먹여 키운 자신의 경주마들에 의해 잡아먹혔다.

기본정보

구분	왕
외국어 표기	그리스어: **Γλαῦκος**
어원	빛나는, 반짝이는, 초록빛
별칭	타락시포스(Taraxippos, 말을 두렵게 하는 자)
관련 상징	말, 전차
관련 신화	이스트미아 제전
가족관계	시시포스의 아들, 에우리노메의 남편, 벨레로폰의 아버지

인물관계

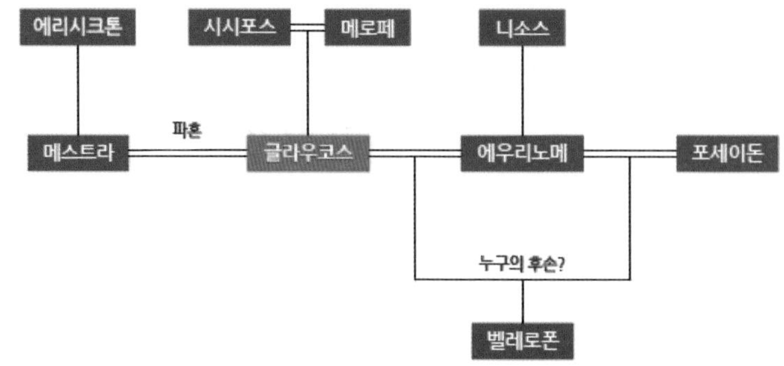

글라우코스는 코린토스 왕 시시포스와 플레이아데스 자매의 하나인 메로페 사이에서 태어난 아들이다. 메가라 왕 니소스의 딸 에우리노메(또는 에우리메데)와 결혼하여 영웅 벨레로폰을 낳았다. 하지만 실제로 벨레로폰은 포세이돈의 아들이라고 한다.

신화이야기

시시포스와 메로페

글라우코스는 에피라(훗날의 코린토스)의 왕 시시포스와 님페 메로페 사이에서 태어났다. 메로페는 아틀라스의 딸들인 플레이아데스 자매 중 유일하게 인간과 결혼하였다. 나중에 플레이아데스 자매가 모두 하늘의 별이 되었을 때(플레이아데스 성단) 유독 메로페의 별만이 다른 별들보다 빛이 약했는데 이것은 저 혼자만 인간과 결혼한 것을 수치스럽게 여겼기 때문이라고 한다.

결혼

시시포스는 아름다운 메스트라를 아들의 신붓감으로 데려오기 위해 그녀의 아버지 에리시크톤에게 많은 결혼 선물을 지불하였다.('에리시크톤' 참조) 글라우코스는 메스트라가 이미 여러 차례 구혼자들의 집에서 도망친 사실을 알고 있었기 때문에 결혼 첫날밤에 그녀를 사슬로 묶어 두었다. 하지만 그녀의 연인 포세이돈이 변신 능력을 준 덕분에 메스트라는 손쉽게 사슬에서 벗어나 다시 아버지 에리시크톤의 집으로 돌아갔다. 그러자 이 일로 시시포스와 에리시크톤 사이에 다툼이 벌어졌고 아테나 여신이 중재에 나서서 메스트라를 글라우코스에게로 다시 보냈다. 하지만 메스트라는 코린토스에 도착하기가 무섭게 다시 포세이돈에 의해 납치되었다.

영웅 벨레로폰의 탄생

글라우코스는 하는 수 없이 메스트라를 포기하고 메가라 왕 니소스의 딸 에우리노메(또는 에우리메데)와 결혼하고 아버지에 뒤이어 에피라이 왕이 되었다.

에우리노메는 얼마 뒤 그리스 신화의 유명한 영웅 벨레로폰을 낳았다. 하지만 벨레로폰은 글라우코스가 아니라 포세이돈의 아들이라는 이야기가 일반적이다. 제우스는 글라우코스가 절대로 인간의 아버지가 되는 행복을 누릴 수 없다고 선언한 적이 있었기 때문이다. 이는 제우스가 교활한 시시포스를 미워하여 그의 아들에게 저주를 내린 것이라고도 하고 글라우코스가 아프로디테 여신의 미움을 샀기 때문이라고도 한다.

호메로스는 『일리아스』에서 벨레로폰을 글라우코스의 아들이라고 말했다.

글라우코스의 죽음

글라우코스는 이올코스의 왕 아카스토스가 아버지 펠리아스를 기리기 위해서 개최한 장례 경기에 참석하였다. 여기서 그는 전차 경주에 참가했는데 전차를 끄는 암말들을 더욱 사납고 빠르게 만들기 위해 인육을 먹였을 뿐만 아니라 수컷과 교미도 시키지 않았다. 하지만 전차 경주에서 글라우코스는 이피클레스의 아들이자 헤라클레스의 조카인 이올라오스에게 패하고 말았다. 경주에서 진 글라우코스의 암말들은 흥분을 가라앉히지 못하고 날뛰다가 글라우코스를 갈기갈기 찢어 죽이고 그 고기를 먹었다.

글라우코스의 말들이 이렇게 난폭해진 것은 그가 경주를 위해 암말들의 교미를 막은 것에 대해 아프로디테 여신이 노했기 때문이라고도 하고 실수로 마법의 샘물을 먹인 탓이라고도 한다.

말들이 먹고 남은 글라우코스의 시신은 코린토스 지협에 묻혔다.

그 후로 글라우코스는 귀신이 되어 코린토스에서 이스트미아 제전이 열릴 때마다 출몰하여 경주마들을 놀라게 하였다. 사람들은 글라우코스의 귀신을 타락시포스(Taraxippos), 즉 '말을 두렵게 하는 자'라고 불렀다.

기간테스 Gigantes

요약

대지의 여신 가이아의 자식들로 거인족이다.

신의 자식들이지만 영생불멸의 신적 존재는 아니다. 상반신은 인간의 모습이나 하반신은 뱀의 형상을 지닌다. 단수형은 기가스(Gigas, 그리스어 **Γιγας**)이다.

기본정보

구분	거인
외국어 표기	그리스어: **Γιγαντες**, 단수형: 기가스(**Γιγας**)
어원	대지에서 태어난 자들
별칭	게게네이스(Gegeneis, **Γηγενεῖς**), 자이언츠(Giants)
관련 상징	거인
가족관계	가이아의 자식, 우라노스의 자식, 타르타로스의 자식

인물관계

헤시오도스의 『신들의 계보』에 따른 계보

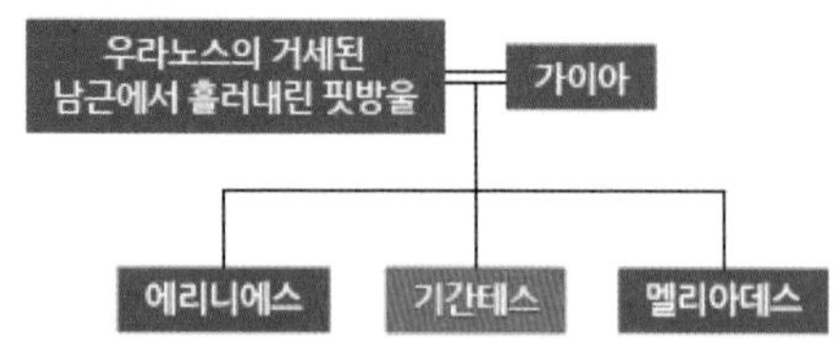

우라노스의 거세된 남근에서 흘러내린 핏방울이 대지, 즉 가이아에 스며들어 태어난다. 기간테스의 여자 형제들은 에리니에스와 멜리아데스이다.

히기누스의 『이야기』 서문에 따른 계보

어머니 가이아와 아버지 타르타로스 사이에서 태어난다

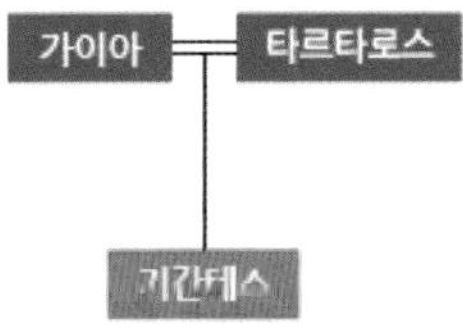

신화이야기

기간테스에 관한 전반적 기술

그리스 신화에 나오는 거인족이다. '대지'의 의인화된 여신으로 '만물의 어머니'이자 '신들의 어머니'이며 '창조의 어머니 신'인 가이아의 자식들인 기간테스는 신의 자식들이지만 영생불멸의 신적 존재는 아니다. 신과 인간이 협력하여 기간테스를 죽이려고 하면 그들은 죽음을 맞이할 수 있는 존재이다.

부상당한 기가스

4세기경, 카살레 빌라 로마나

: 1997년 유네스코 세계문화유산으로 지정된 '카살레 빌라 로마나'는 이탈리아 시칠리아에 소재한 로마 시대의 저택으로, 모자이크로 장식한 내부가 유명하다. 이 작품은 내부 장식 모자이크의 일부이다. 화살을 맞아 부상당한 기가스의 모습이 잘 묘사되어 있다.

거대한 몸집을 가지고 있는 그들은 엄청난 크기를 자랑하는 거인들의 총칭으로 복수형 '기간테스'란 이름이 사용된다. 이들 한 명 한 명을 따로 가리켜 부를 때는 기간테스의 단수형 '기가스'가 사용된다.

기간테스의 탄생과 관련하여 가장 대표적인 설명이 두 가지 있다.

『신들의 계보』에 따르면 기간테스는 크로노스가 아버지 우라노스를 거세할 때 잘린 남근에서 흘러내린 핏방울이 대지에 떨어져 태어난다. 한편 히기누스의 『이야기』의 서문에 의하면 기간테스는 어머니 가이아와 아버지 타르타로스 사이에서 태어난 자식들이다.

기가스의 모습
부조, 2세기경, 이스탄불 고고학박물관, 아프로디시아스, 터키에서 발굴
. 인간 모습의 상반신과 뱀 형상의 하반신

전승문헌에 따라 기간테스의 외모가 조금씩 다르게 묘사되기도 한다. 그러나 엄청난 힘을 지닌 거대한 체구의 존재로 무시무시한 외모를 지니고 있다는 점에는 의견의 일치를 보인다. 대부분의 전승문헌들은 기간테스가 인간 모습의 상반신과 뱀 형상의 하반신을 가진다고 기술한다.

그리스 신화에서 가장 중요한 신들의 전쟁은 가이아의 자식들인 기간테스와 올림포스 신들 사이에서 벌어진 기간토마키아, 즉 기간테스의 전쟁이다. 기간토마키아의 원인은 전승문헌에 따라 크게 두 가지로 나뉜다. 그중 하나는 손자 제우스에 대한 할머니 가이아의 분노이며 또 다른 하나는 코스모스의 통치권을 두고 기간테스와 올림포스 신들 사이의 경쟁이다.

기간토마키아에서 기간테스와 올림포스 신들 사이의 전쟁은 오랜 기간 지속되나 쉽게 우열을 가리지 못한다. 그 이유는 기간테스가 신들의 손에 의해서는 결코 죽지 않으며 신들이 인간의 도움을 받을 때에만 비로소 기간테스를 죽일 수 있다는 신탁이 내려졌기 때문이다. 그래서 제우스는 아테나를 헤라클레스에게 보내 그를 동맹자로 불러오게 하고, 기간테스는 제우스의 아들이자 필멸의 인간인 헤라클레스의 도움을 받은 올림포스 신들에 의해 최후를 맞이한다.

대지의 여신 가이아가 정확히 몇 명의 기간테스를 낳았는지는 불명확하다. 전승문헌에 따라 기간테스의 수에 차이가 크다.

기간테스의 탄생

기간테스는 대지의 여신 가이아의 자식들로 그리스 신화에서 가장 오래된 등장인물에 속한다. 엄청난 크기의 몸집을 가진 기간테스의 탄생과 관련하여 가장 대표적인 설명이 두 가지 있다. 그중 오늘날 더 일반적으로 받아들여지고 있는 설명은 헤시오도스가 쓴 『신들의 계보』에 나온다. 이 전승문헌에 따르면 기간테스는 크로노스가 아버지인 하늘의 신 우라노스를 거세할 때 잘린 남근에서 흘러나온 핏방울이 대지에 스며들면서 태어난다. 이때 기간테스뿐만 아니라 복수의 여신들인 에리니에스와 물푸레나무의 님페들인 멜리아데스도 태어난다. 따라서 기간테스는 에리니에스, 멜리아데스와 남매지간이다.

> "아들 크로노스가 매복처에서 튀어나와 왼손으로 아버지 우라노스의 남근을 붙잡는다. 그리고 그는 오른손에 쥐고 있던 길고 날카로운 거대한 낫으로 아버지의 남근을 재빨리 자른다. 크로노스는 잘린 우라노스의 남근을 등 뒤로 던진다. 그러나 우라노스의 잘린 남근이 크로노스의 손을 그냥 떠난 것은 아니다. 왜냐하면 가이아가 남근에서 뚝뚝 떨어지는 핏방울을 모두 받아들였기 때문이다. 그리고 계절이 바뀌자 가이아는 강력한 복수의 여신들 에리니에스, 번쩍이는 갑옷을 입고 손에는 긴 창을 든 거대한 기간테스와 멜리아데스라고 불리는 님페들을 낳아 끝없이 펼쳐진 대지 위로 올려 보낸다." (『신들의 계보』)

기간테스의 탄생과 관련하여 아폴로도로스의 『비블리오테케』의 기술 내용은 『신들의 계보』와 차이가 있다. 『비블리오테케』에 따르면 가이아는 제우스가 티탄 신족들을 타르타로스에 감금한 것에 분노하여 기간테스를 낳는다. 이때 아버지 역할을 한 우라노스의 이름이 언급될 뿐이다.

"가이아는 [제우스가] 티탄 신족에게 가한 처사에 화가 나 기간테스를 낳는다. 그들의 아버지는 우라노스이다." (『비블리오테케』)

한편 가이우스 율리우스 히기누스 『이야기』의 서문에 의하면 기간테스는 혈연관계에 의해 태어난 존재로 대지의 의인화된 신 가이아와 그녀의 아들 타르타로스 사이에서 태어난 자식들이다.

"테라[가이아]와 타르타로스 사이에서 기간테스가 태어난다."
(『이야기』, 서문)

기간테스의 외모

기간테스는 거대한 체구에 엄청난 힘을 지닌다. 그들의 상반신은 인간의 모습이고 하반신은 뱀의 형상이다. 다시 말해 그들의 두 다리는 비늘로 덮인 뱀이다. 한마디로 기간테스는 보는 것만으로도 무시무시한 존재이다.

"기간테스는 체구에 있어 비길만한 존재가 없을 정도로 크고, 힘에 있어 겨룰만한 존재가 없을 정도로 세다. 그들의 모습은 무시무시하다. 덥수룩한 털이 머리와 턱에서 길게 자라 아래로 내려오고, 발은 뱀의 비늘로 덮여있다." (『비블리오테케』)

파노폴리스 출신의 그리스 서사 시인 논노스는 『디오니소스 이야기』

에서 기간테스의 모습을 더 무시무시하게 묘사한다. 그에 따르면 기간테스의 머리털은 뱀으로 이루어져 있다.

한편 2세기경에 활동한 그리스의 여행가 파우사니아스는 『그리스 안내서』에서 기간테스의 외모에 대해 다른 견해를 피력한다. 그는 기간테스의 다리가 뱀으로 이루어졌다는 것은 말도 안 되는 이야기라고 한다.

기간테스와 올림포스 신들 사이에서 벌어진 전쟁, 기간토마키아

기간테스와 관련된 가장 유명한 이야기는 그들이 제우스를 중심으로 한 올림포스 신들과 한바탕 벌인 전쟁이야기이다. 기간테스가 올림포스 신들과 벌인 전쟁은 '기간토마키아'라고 불린다.

(1) 기간토마키아의 원인

전승문헌들에 따르면 기간토마키아가 일어나게 된 원인은 크게 두 가지이다. 그중 하나는 제우스에 대한 가이아의 분노에서 비롯된다. 이런 견해를 피력하는 대표적인 전승문헌은 『비블리오테케』이다. 또 다른 대표적인 견해에 따르면 기간토마키아가 코스모스의 지배권을 두고 기간테스와 올림포스 신들 사이에서 벌어진 경쟁에서 비롯된다. 이런 견해를 피력하는 대표적인 전승문헌은 고대 로마시대의 시인 푸블리우스 오비디우스 나소가 기원후 8년에 발표한 『변신이야기』이다.

『비블리오테케』는 기간토마키아가 대지의 여신 가이아와 그녀의 손자 제우스 사이에서의 갈등에서 비롯된다고 기술한다. 제우스는 아버지 크로노스를 중심으로 한 티탄 신족들과 전쟁에서 승리하여 진정한 코스모스의 지배자가 된다. 이때 가이아는 아들 크로노스의 만행을 응징하기 위해 제우스를 돕는다. 그러나 제우스는 코스모스에 대한 지배권을 더욱 공고히 다지기 위해 가이아의 자식들인 영생불멸의 티탄 신족을 타르타로스에 유폐시킨다. 이는 할머니 가이아의 뜻에 반하는 것이다. 그러자 가이아는 이번에는 손자 제우스에게 복수의 칼날을 겨눈다.

> "가이아는 [제우스가] 티탄 신족에게 가한 처사에 화가 나 기간테스를 낳는다. 그들의 아버지는 우라노스이다. 기간테스는 체구에 있어 비길만한 존재가 없을 정도로 크고 힘에 있어 겨룰만한 존재가 없을 정도로 세다. 그들의 모습은 무시무시하다. 덥수룩한 털이 머리와 턱에서 길게 자라 아래로 내려오고 발은 뱀의 비늘로 덮여 있다. 어떤 이들은 그들이 플레그라이에서 태어났다고 하고 또 다른 이들은 그들이 팔레네에서 태어났다고 한다. 그들은 하늘을 향해 바위와 불붙은 참나무를 던진다." (『비블리오테케』)

『변신이야기』에 따르면 기간토마키아는 코스모스의 통치권을 욕심낸 기간테스가 올림포스 신들에게 도전장을 내밀면서 비롯된다.

> "높디높은 하늘도 대지보다 더 안전한 장소가 더 이상 되지 못한다. 기간테스가 하늘의 통치권을 위협한다. 그들은 매우 높은 곳에 있는 별들에 이르기까지 산을 차곡차곡 쌓아 올린다. 그러자 전능한 제우스가 벼락을 던진다." (『변신이야기』)

(2) 기간토마키아의 경과

기간테스와 올림포스 신들 사이의 치열한 전쟁은 우열을 가리기 힘들 정도로 막상막하이다. 기간테스는 올림포스 신들이 있는 하늘을 향해 커다란 바위와 불붙은 나무를 던진다. 올림포스 신들은 기간테스를 맞이하여 용감하게 싸운다. 그러나 올림포스 신들만으로는 기간테스와의 전쟁에게 이길 수 없고 필멸의 존재인 인간의 도움을 받아야 기간테스를 물리칠 수 있다는 신탁이 있었다. 그래서 제우스는 인간의 몸에서 낳은 자신의 아들 헤라클레스의 도움을 받아 기간테스를 물리치려고 한다.

제우스의 계획을 알아차린 가이아는 기간테스의 목숨을 인간으로부터 구해줄 불사의 약초를 찾는다. 그러자 제우스는 태양의 신 헬리오스, 달의 여신 셀레네 그리고 새벽의 여신 에오스에게 자신이 불사의 약초를 찾을 때까지 모습을 드러내지 말라고 명령을 내린다. 온 세상을 암흑으로 드리운 뒤 제우스는 약초를 가이아보다 먼저 찾아내어 없애고 헤라클레스를 전쟁에 참여시킨다. 이를 기점으로 전쟁의 승리는 올림포스 신들 쪽으로 기운다.

아르테미스와 싸우는 기가스
부조, 바티칸 박물관
: 기가스의 모습(인간 모습의 상반신과 뱀 형상의 하반신)이 잘 묘사되었다. 레토 여신의 딸인 아르테미스(작품에는 완전한 모습이 나타나지 않음)가 왼쪽에 화살을 들고 있다.

"올림포스 신들에게 신탁이 주어진다. 그 신탁에 따르면 기간테스 중 그 누구도 신의 손에 의해서 죽지 않을 것이다. 그러나 신들이 죽음을 피할 수 없는 인간의 도움을 받는다면 비로소 기간테스를 끝장낼 수 있다는 것이다. 이런 신탁의 내용을 알게 된 가이아는 기간테스가 필멸의 인간에 의해 죽지 않게 할 약초를 찾아나선다. 그러나 제우스가 선수를 친다. 그는 새벽의 여신 에오스, 달의 여신 셀레네 그리고 해의 신 헬리오스에게 세상을 비추지 말도록 명령을 내린다. 그는 다른 누구보다 먼저 불사의 약초를 손에 넣는다. 그런 다음 그는 아테나를 헤라클레스에게 보내 그를 동맹자로 불러오게 한다." (『비블리오테케』)

(3) 기간토마키아에서 패배한 기간테스의 몰락

제우스를 중심으로 한 올림포스 신들은 죽음을 피할 수 없는 인간 영웅 헤라클레스를 동맹자로 얻어 기간테스와 결전을 치른다. 신탁이 내려졌듯이 기간테스는 올림포스 신들을 돕는 헤라클레스의 화살을 맞고 차례차례 죽음을 맞이한다.

기간테스의 수

가이아가 정확히 몇 명의 기간테스를 낳았는지 명확하지 않다. 전승 문헌에 따라 그 수가 대략 20~100명으로 그 차이가 심하다. 또한 로마 시대의 작가들은 기간테스와 티탄을 혼동하기도 한다.

『비블리오테케』에서 언급한 기가스로는 그라티온, 미마스, 아그리오스, 알키오네우스, 에우리토스, 에피알테스, 엥켈라도스, 클리티오스, 토온, 팔라스, 포르피리온, 폴리보테스, 히폴리토스 등이 있다.

기간테스의 몰락
줄리오 로마노(Giulio Romano), 1532~1534년
: 이탈리아 만토바에 있는 건축물 팔라초 델 테의 기간테스 홀에 그려진 천장화의 일부

기간토마키아 Gigantomachy

요약

그리스 신화에 나오는 거인족 기간테스와 제우스를 중심으로 한 올림포스 신들과의 싸움을 말한다.

기간테스는 복수형, 단수형은 기가스이다. 따라서 기간토마키아는 기간테스와의 싸움이라는 뜻이다.

기간테스는 올림포스의 신들을 습격하여 격렬한 싸움을 벌였으나 올림포스 신들은 헤라클레스의 도움을 받아 기간테스를 물리쳤다.

기본정보

구분	명칭
상징	거인, 자이언트
외국어 표기	그리스어: Γιγαντομαχία
어원	기간테스와 올림포스 신들과의 싸움 기간테스는 "땅에서 태어난"이라는 의미
관련 동식물	뱀

인물관계

우라노스가 크로노스에 의해 거세될 때 흘린 피가 대지에 떨어져 대지인 가이아의 몸에 떨어져 태어난 스물네 명의 거인들이 기간테스이다.

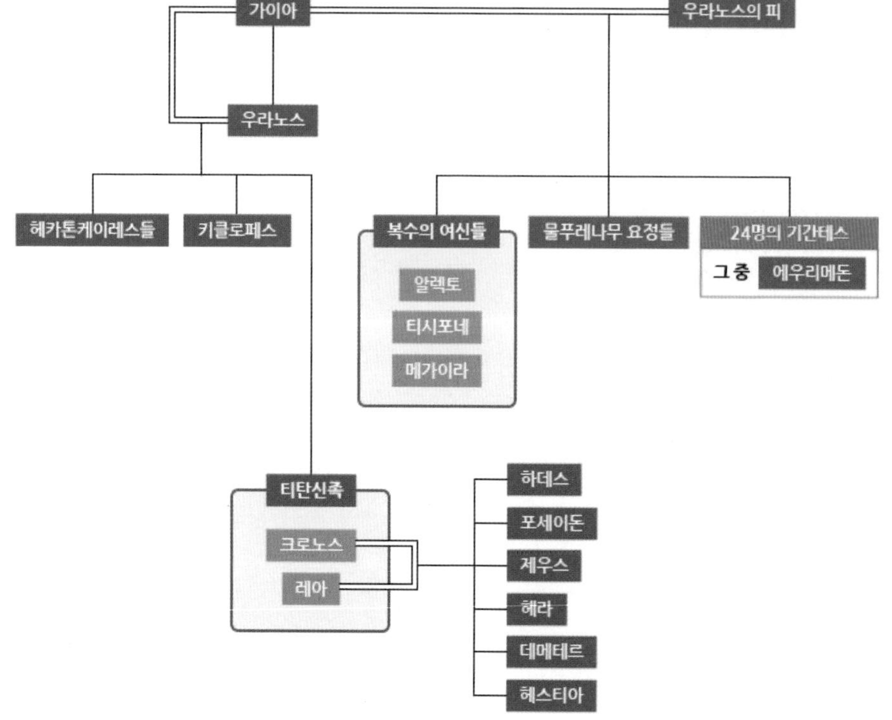

신화이야기

기간테스의 출생 이야기

『신들의 계보』에 의하면 기간테스는 우라노스가 크로노스에 의해 거세될 때 잘린 성기로부터 나온 피가 대지의 여신 가이아의 몸에 떨어져 태어난 스물네 명의 거인족이다. 기간테스는 상반신은 거대한 거인의 모습이고 하반신은 뱀의 모습을 한 반인반수이다.

제우스는 크로노스에 맞서 싸운 전쟁 티타노마키아(티탄들과의 전쟁)에서 크로노스를 비롯한 티탄 신족을 물리치고 신들과 인간들의 통치자가 되었다. 그리고는 티탄 신족을 땅 속 깊은 곳 타르타로스에 감금했다. 가이아는 이 전쟁에서 제우스를 지지했지만 자식들인 티탄들이 땅 속 깊은 곳에 감금되자 분노에 휩싸여 복수의 일념으로 기간테스를 낳는다.

앞에서 언급한 바와 같이 가이아가 기간테스를 수태한 시기는 아주 오래 전에 우라노스가 거세될 때이다. 그런데 기간테스를 낳은 시기는 티탄들이 타르타로스에 감금된 후에, 다시 말해서 기간테스를 임신하고 아주 오랜 시간이 지난 후이다.

기간테스의 출생에 대해 『비블리오테케』에서는 가이아가 "티탄 신족 때문에 격노하여 우라노스와의 사이에 기간테스를 낳았다"고 간략하게 전하고 있다. 이런 의미에서 비록 우라노스의 피에 의해 수태되기는 했지만 기간테스는 가이아의 자식임이 강조되고 있으며 기간테스의 어원 또한 "땅에서 태어난"이라는 의미를 갖고 있다.

전쟁의 과정과 결과

『신들의 계보』에는 기간토마키아 이전에 일어난 티타노마키아와 그 이후에 일어난 티폰과의 전쟁에 대해서 상세하게 기술되어 있다. 그런데 기간테스가 수태되는 과정에 대해서는 짧게 설명이 나오지만 기간토마키아에 대해서는 언급이 없다. 기간토마키아에 대해 기록하고 있는 대표적인 문헌은 『비블리오테케』이다.

가이아는 자신이 낳은 기간테스들을 부추겨 올림포스를 공격하게 했다. 기간테스는 커다란 바위와 불타는 나무를 던져 하늘을 공격했다. 이렇게 해서 기간테스와 올림포스 신들 사이에 격렬한 전쟁이 일어나면서 기간토마키아가 시작되었다.

번개로 무장한 제우스가 앞장서고 포세이돈과 헤파이스토스, 아폴론, 아테나 등이 전쟁에 임했고 승리의 여신 니케가 이들과 함께 했다. 그때 신들에게 신탁이 내렸는데 그 내용은 기간테스는 결코 신들에 의해서는 죽지 않는다는 것이다. 따라서 기간테스에게 승리하기 위해서는 '죽음을 면할 수 없는' 인간의 도움이 필요하다는 것이다.

기간테스의 추락
줄리오 로마노(Giulio Romano), 1532~1534년
: 이탈리아 만토바에 있는 건축물 팔라초 델 테의 기간테스 홀에 그려진 천장화의 일부

가이아는 신탁을 듣고 나서 기간테스가 인간에 의해 죽지 않도록 하기 위해 약초를 찾아나섰다. 그러나 제우스는 가이아가 약초를 발견하는 것을 막기 위해 태양의 신 헬리오스와 새벽의 여신 에오스, 달의 여신 셀레네에게 세상을 비추지 말라고 명령하고는 약초를 먼저 캐버렸다. 그리고는 아테나를 보내 '죽음을 면할 수 없는' 인간인 헤라클레스를 불러오게 했다.

헤라클레스는 기간테스와의 전쟁에서 혁혁한 공을 세웠다. 기간테스의 우두머리라고 할 수 있는 알키오네우스는 헤라클레스에 의해 죽었다. 그리고 알키오네우스와 함께 가장 뛰어난 기가스라고 묘사되어 있는 포르피리온도 헤라클레스의 화살을 맞고 죽었다. 『비블리오테케』에 의하면 포르피리온은 헤라클레스와 헤라를 공격하면서 그 와중에 헤라를 겁탈하려 했다고 한다. 이때 제우스가 벼락을 치고 헤라클레스는 화살을 쏘아 포르피리온을 죽였다. 그리고 전쟁에서 승리하여 아테나를 아내로 삼겠다고 호언장담한 엔켈라도스는 아테나가 던진 시칠리나 섬에 깔렸다.

이 전쟁에서 죽은 기간테스들에 대해서는 원전에 따라 조금씩 차이가 나는데 『비블리오테케』가 전하는 내용은 다음과 같다.

포르피리온 : 헤라클레스에게 죽음
알키오네우스 : 헤라클레스에게 죽음
미마스 : 헤파이스토스에게 죽음
폴리보테스 : 포세이돈에게 죽음
히폴리토스 : 헤르메스에게 죽음
에우리토스 : 디오니소스에게 죽음
그라티온 : 아르테미스에게 죽음
에피알테스 : 아폴론과 헤라클레스에게 죽음
아그리오스 : 운명의 여신들에게 죽음
토온 : 운명의 여신들에게 죽음
클리티오스 : 헤카테에게 죽음
엔켈라도스 : 아테나에게 죽음

이 외에 다른 기간테스들도 제우스의 벼락과 헤라클레스의 화살을 맞고 죽었다. 이렇게 티탄들과의 싸움에 이어 기간테스와의 싸움에서도 승리함으로써 제우스를 중심으로 하는 올림포스 신들은 확고한 세력을 구축해나갔다.

아테나와 팔라스

『비블리오테케』가 전하는 기간토마키아 부분에서 그 이름이 언급되지 않은 기간테스 중 한 명이 팔라스인데 그는 이 전쟁 중에 아테나에게 쫓기다 죽음을 당했다. 아테나는 팔라스의 가죽을 벗겨 자신의 아이기스(염소 가죽으로 만든 방패)에 붙였다고 한다. 아테나는 이러한 이유로 팔라스라는 별칭을 갖게 되었다고 한다.

무사이의 탄생

제우스는 기간토마키아에서 승리한 후 승리의 기쁨을 영원히 기억하고자 했다. 전쟁을 모두 기억하기 위해서는 고모뻘이 되는 기억의 여신 므네모시네가 필요했고 이에 제우스는 므네모시네 여신과 아흐레 동안 동침했다. 그 결과 예술과 학문의 여신들 무사이가 탄생했다.

ㄴ

나나 Nana

요약

그리스 신화에 등장하는 강의 신(河神) 산가리오스의 딸로 제우스의 후손 아그디스티스와 결합하여 아티스를 낳았다.

아티스는 대모지신 키벨레(혹은 남근이 거세된 뒤 여성으로 변한 아그디스티스)의 열렬한 사랑을 받았으나 프리기아의 왕녀와 결혼하려다 여신의 분노를 사게 되어 미쳐버린 상태에서 스스로 거세하고 죽어 전나무로 소생하였다.

기본정보

구분	님페
상징	생명의 죽음과 부활, 자연의 순환
외국어 표기	그리스어: **Νάνα**
관련 상징	편도나무 열매의 씨앗
가족관계	아티스의 어머니, 산가리오스의 딸

인물관계

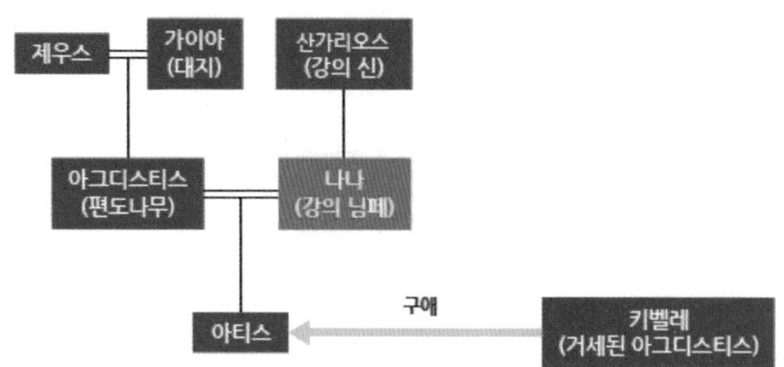

강의 님페 나나는 남녀 양성을 모두 지닌 아그디스티스의 거세된 남근에서 흐른 피가 땅에 떨어져 자라난 편도나무의 열매를 가슴에 품어 아티스를 낳았다. 아그디스티스는 제우스가 프리기아 지방에서 잠자는 사이에 흘러나온 정액이 땅에 스며들어 태어난 정령이다.

신화이야기

편도나무의 열매를 가슴에 품어 아티스를 낳은 나나

나나는 아티스에 관한 프리기아 지방의 전설에서 하신 산가리오스의 딸로 등장하는 강의 님페이다. 프리기아 전설에 따르면 나나는 편도나무 열매를 가슴에 품었다가 임신하여 아티스를 낳게 된다. 그런데 이 편도나무는 양성을 모두 지닌 정령(데몬)인 아그디스티스의 거세된 남근에서 흐른 피가 땅에 떨어져서 자라난 나무라고 한다.

아그디스티스는 제우스가 프리기아 지방에서 잠을 잘 때 흘러나온 정액이 땅에 스며들어 태어났는데 양성을 모두 지니고 있어 이를 두렵게 여긴 올림포스의 신들이 그의 남근을 잘라버렸던 것이다.

아그디스티스의 피를 받아 생겨난 편도나무는 빠르게 성장하여 금방 열매를 맺었다. 그러자 강의 신(河神) 산가리오스의 딸 나나가 열매 하나를 따서 가슴에 품었고 얼마 뒤 임신을 했다. 딸의 '발칙한 행동'에 분노한 산가리오스는 나나를 가두고 굶겨 죽이려 했다. 하지만 남근이 거세되고 여성이 되어 대모지신 키벨레라는 이름을 얻은 아그디스티스는 그녀에게 신들의 음식과 과일을 주면서 무사히 아티스를 낳을 수 있게 해주었다. 산가리오스는 나나가 낳은 외손자 아티스를 곧바로 들판에 내다버렸고 아티스는 숫염소와 양들의 보살핌을 받으며 자랐다.

아티스의 죽음

아티스는 아름다운 양치기 소년으로 성장했는데 거세를 당하여 여성이 된 아그디스티스가 그만 아티스에게 반하고 말았다.(신화학자들에 따르면 아그디스티스는 거세로 인해 남성성을 잃고 대모지신 키벨레가 되었다고 한다.) 하지만 아티스의 양부모는 그를 페시누스의 왕 미노스의 딸과 결혼시키려 했다. 그러자 질투심에 사로잡힌 아그디스티스(혹은 키벨레)가 아티스의 결혼식장에 나타나 그를 미치광이로 만들어버렸고 제정신이 아닌 아티스는 전나무 아래서 스스로 거세를 하고는 그 고통을 이기지 못해 죽고 말았다.(혹은 아티스가 죽어서 전나무로 소생했다고도 한다.) 아티스의 잘린 남근에서 흐른 피에서는 제비꽃이 피어나서 전나무 둘레를 둥그렇게 감쌌다고 한다.

아그디스티스는 자신의 행동을 후회하면서 제우스에게 아티스의 시신이 썩지 않게 해달라고 간청했다. 제우스는 아그디스티스의 청을 받아들여 아티스의 몸이 썩지 않게 하였고 머리카락이 계속 자라고 새끼손가락도 계속 움직일 수 있게 해주었다.

아티스의 신화는 대지에 씨앗이 뿌려져 거기서 생명이 자라나고 다시 죽어 씨앗이 되는 자연의 순환 과정을 상징하는 것으로 해석된다.

아티스가 키벨레에게 둘러싸여 있다

361~363년, 밀라노 고고학박물관

나르키소스 Narcissus

요약

나르키소스는 뛰어난 외모로 님페는 물론 뭇 청년들과 소녀들의 가슴을 설레게 하지만 정작 본인은 사랑을 경멸한다.

나르키소스를 연모하던 이들은 그도 자신들과 똑같은 짝사랑의 아픔을 겪게 해달라고 하늘에 기도하고, 복수의 여신 네메시스는 그들의 기도를 받아들여 나르키소스가 그 누구도 아닌 자기 자신을 사랑하게 한다. 결국 자신과의 이룰 수 없는 사랑으로 나르키소스는 숨을 거두고 그가 죽은 자리에 한 송이 꽃이 피어난다.

기본정보

구분	신화 속 인물
외국어 표기	그리스어: Νάρκισσος
별칭	나르시스(Narcissus)
관련 동식물	수선화
관련어	나르시시즘(narcissism)

인물관계

나르키소스는 강의 신 케피소스와 물의 님프 리리오페의 아들이다.

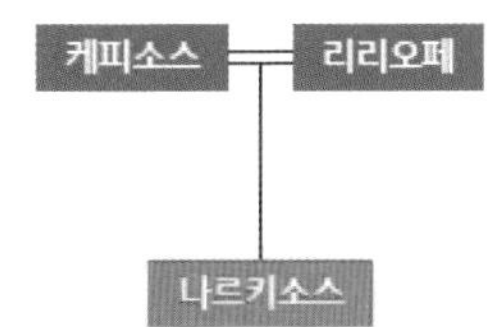

나르키소스
카라바조(Michelangelo Caravaggio), 1594~1596년, 로마 국립회화관

신화이야기

오비디우스 『변신이야기』 속의 나르키소스

강의 신 케피소스는 물의 님페 리리오페를 굽이치는 물결로 거세게 껴안았다. 그 후 그녀는 임신을 하고 나르키소스를 낳는다. 그녀는 엄마로서 아이가 오래 살 수 있을지 걱정되어 테바이 출신 맹인 예언자 테이레시아스를 찾아간다. 그는 나르키소스가 "자기 자신을 알지 못한다면" 오래 살 수 있을 것이라는 수수께끼 같은 예언을 한다.

나르키소스는 아름다운 미소년으로 훌륭하게 성장한다. 눈부시게 아름다운 열여섯 소년은 많은 청년과 소녀들의 애간장을 녹인다. 하지만 나르키소스의 강한 자존심은 누구의 사랑도 허락하지 않는다. 모두가 그를 갈망하나 아무도 그를 가지지 못한다. 그러던 중 숲의 님페 에코가 사냥하는 나르키소스의 모습을 보고 완전히 마음을 빼앗기고 만다. 에코는 나르키소스를 몰래 따라 다니며 애타는 마음을 주체하지 못한다. 에코는 몇 번이나 나르키소스에게 말을 걸고 싶었지만 그럴 수가 없었다. 제우스가 바람 피우는 현장을 잡으려는 헤라를 방해했기 때문이다. 에코의 수다를 듣다 제우스를 놓친 헤라가 화가 잔뜩 나 에코에게 치명적인 복수를 한다. 말하기 좋아하는 에코의 입을 막아버린 것이다. 그 이후로 에코는 누군가의 마지막 말 밖에 따라할 수 없게 되었다.('에코' 참조)

한편 나르키소스는 숲 속에서 친구들을 놓치고 큰 소리로 친구들을 찾는다. "거기 누구 있니?" 나르키소스에게 말을 걸 수 있는 기회를 간절히 기다리고 있던 에코가 그의 뒷말을 따라한다. "있니?" 나르키소스가 주위를 살피지만 아무도 없자 나르키소스가 다시 소리친다. "왜 나를 피하는 거야?" 에코가 그의 말을 다시 되풀이하자 나르키소스는 누군가 있다고 생각하고 "우리 보자."라고 소리친다. 에코는 더 이상 참을 수 없어서 숲 속에서 뛰어나와 나르키소스의 목을 힘껏 껴안는다. 나르키소스가 소스라치게 놀라며 에코의 손을 뿌리치고 "너 같은 것에 안기느니 차라리 죽는게 낫다."고 표독하게 쏘아붙인다. 에코는 모욕감을 참지 못하고 숲 속으로 도망친다. 사랑이 깊었던 만큼 실연의 고통도 깊었다. 그녀는 하루가 다르게 야위어 가다가 뼈만 남았다. 결국 몸도 사라지고 목소리만 남게 되었다. 에코의 뼈는 돌이 되었다고도 한다. 이후로 아무도 에코의 모습을 보지 못했으나 에코의 목소리는 들을 수 있었다.

이렇듯 나르키소스는 물의 님페와 숲의 님페 할 것 없이 많은 이들의 사랑을 잔인하게 거절한다. 이들 중 한 명이 그들이 당한 아픔만큼 나르키소스도 아프게 해달라고 하늘을 향해 기도한다. 복수의 여신 네메시스는 그 기도를 듣고 나르키소스를 기이한 사랑에 빠지게 하는데 결국 나르키소스는 테이레시아스의 예언처럼 자신을 알게 되고 천수를 누릴 수 없게 된다.

누구의 손길도 미치지 않은 깨끗한 숲 속에 맑은 샘이 있었다. 심지어 동물조차도 다녀간 적이 없고 나뭇잎조차도 이 샘 위에 떨어진 적이 없는 순수 그 자체인 곳이었다. 사냥을 하다 지친 나르키소스가 더위를 식히고자 이 샘으로 온다. 갈증을 느낀 나르키소스는 샘물에 몸을 숙였고 그 순간 물에 비친 형상을 보고 흠칫 놀란다. 그는 아름다운 자기 모습에 넋을 잃고 꼼짝하지 못한다. 조각 같은 자기 자신의 모습을 정신없이 바라보며 경탄한다. 나르키소스가 처음으로 사랑을 느낀 대상이 바로 자기 자신인 것이다. 그는 연인을 갈망하듯 자기 자신을 뜨겁게 열망한다. 물 속에 비친 자신에게 수없이 입을 맞추고 자기 자신을 껴안고자 두 손을 담그지만 그럴 때마다 물 속의 형상은

에코와 나르키소스
존 윌리엄 워터하우스(J. W. Waterhouse), 1903년, 리버풀 워커아트갤러리

흐려지고 만다. 그는 실체가 없는 대상을 사랑하며 자신을 피하는 거짓 실체에 비참함을 느낀다. 나르키소스는 눈물이 한 방울만 떨어져도 사라지는 자신의 형상에 애가 타고 자신의 그림자에게 제발 자신의 눈 앞에서 도망치지 말고 자신의 슬픈 망상을 보듬어 달라고 울부짖는다.

나르키소스는 자신을 받아주지 않는 사랑에 에코처럼 차츰 기력을 잃어갔고 그의 아름다운 외모도 생기를 잃었다. 이 모습을 보는 에코도 마음이 아팠다. 비록 나르키소스의 행동이 여전히 용서가 되지 않지만 그의 모습이 가여웠다. 에코는 가련한 나르키소스의 마지막 말을 받아주면서 그의 임종을 지킨다.

나르키소스는 죽은 후에도 물의 자식답게 스틱스 강에 비친 자신의 모습을 보고 있었다. 그의 누이인 물의 님페들이 머리털을 잘라 오빠에게 애도를 표했고 에코 역시 그들과 슬픔을 같이 했다. 누이들이 장례를 준비했는데 나르키소스의 시신은 어디에도 없었고 그가 죽은 자리에 중심부가 눈처럼 하얀 꽃잎에 둘러싸인 작고 노란 꽃을 볼 수 있었다.

또 다른 이야기

1) 오비디우스와 동시대 사람의 이야기

미소년 나르키소스는 보이오피아 지방의 테스페이아에서 살았다. 그는 사랑의 신과 그를 연모하는 사람들을 경멸했다. 그의 냉정한 태도에 그에게 사랑을 갈구하던 모든 이들은 결국 그를 포기하는데, 그러나 단 한 사람 아메이니아스라는 청년은 흔들림 없이 그에게 사랑을 바친다. 나르키소스는 아메이니아스의 완강한 사랑에도 전혀 미동도 하지 않고 급기야 그에게 단도를 보내고, 아메이니아스는 신에게 매정한 나르키소스에게 복수를 해줄 것을 청한 후 스스로 목숨을 끊는다.

그의 저주가 현실이 되어 나르키소스는 비현실적인 사랑에 빠지는

데 샘물에 비친 자신의 모습을 보고 한 눈에 반해 버린다. 결국 그는 자신과의 이룰 수 없는 사랑에 절망하여 자살한다.

2) 파우사니아스의 『그리스 안내』

나르키소스에게는 그와 똑같이 생긴 쌍둥이 누이가 있었다. 쌍둥이 남매는 아주 아름다웠다. 그들은 외모만 똑같은 것이 아니었다. 머리 모양도 똑같이 하고 옷도 똑같이 입고 다녔다. 남매는 함께 사냥을 다녔고 그러던 중 나르키소스가 누이를 사랑하게 된다. 누이가 죽자 그는 샘으로 가서 자기의 얼굴을 비추어 보며 물에 비친 영상이 자기 자신이 아닌 누이라고 생각하고 위안을 얻었다.

나우시카 Nausicaa

요약

오디세이아 일화에 등장하는 스케리아 섬에 사는 파이아케스족의 공주이다.

나우시카는 배가 난파하여 스케리아 섬으로 표류해 온 오디세우스를 정성껏 보살펴준다. 오디세우스에게 마음이 끌리는 것을 느끼지만 그가 가족이 있는 고향으로 돌아가는 것을 도와준다.

기본정보

구분	공주
상징	용기, 품위, 배려
외국어 표기	그리스어: Ναυσικάα
관련 신화 및 인물	오디세우스, 텔레마코스

인물관계

파이아케스인들의 왕 알키노오스의 딸이다. 어머니는 알키노오스의 조카 아레테이다. 이 둘 사이에 아들 다섯 명과 딸 나우시카가 태어났다.

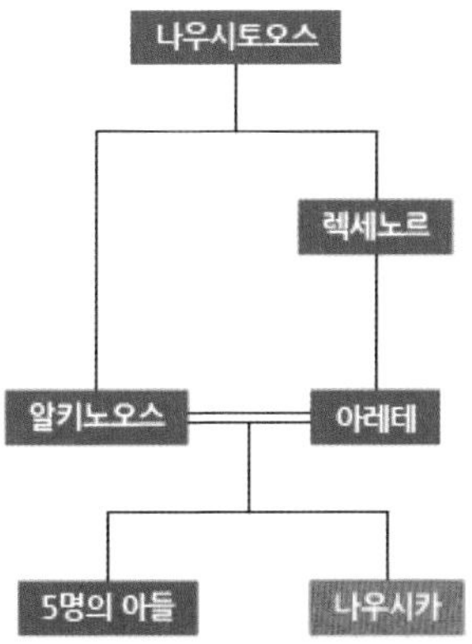

신화이야기

개요

나우시카는 스케리아 섬의 공주로 오디세우스 일화에 등장하는 아름다운 여인이다. 『오디세이아』 제6권은 나우시카가 오디세우스와 만나는 장면을 상세하게 묘사하고 있다.

어느 날 나우시카의 꿈에 아테나 여신이 그녀가 좋아하는 동갑내기 친구의 모습으로 나타나 바닷가로 빨래를 하러 가라는 계시를 내린다. 이에 나우시카는 시녀들과 함께 빨래를 하러 간다.

한편 오디세우스는 칼립소의 섬을 떠난 후 다시 배가 난파되어 한참을 표류하다 나우시카가 사는 스케리아 섬까지 오게 되고 섬에 도착하고 나서 지친 나머지 잠이 들어버린다. 빨래하러 온 공주와 시녀들이 빨래가 마르는 동안 공놀이를 하며 놀고 있는데 오디세우스가 그들이 노는 소리에 깨어난다. 그는 나뭇잎이 많이 달린 가지로 살짝 성기만 가리고 공주와 시녀들 앞에 나타난다. 시녀들은 나뭇잎으로 성기만 가린 채 벌거벗은 남자의 해괴한 모습을 보고는 놀라 달아난다. 그러나 나우시카 공주는 어려움에 처한 오디세우스를 침착하고 따뜻하게 맞이하고는 먹을 것과 마실 것을 마련해주고 옷가지 등 필요한 물품들을 제공해준다. 그리고는 아버지 알키노오스왕이 살고 있는 궁전으로 가는 길을 알려준다. 그런 다음 나우시카는 노새들이 끄는 마차를 타고 시녀들과 함께 궁으로 돌아온다.

나우시카는 이 첫 만남에서 오디세우스에게 끌림을 느끼게 되고 그 마음을 시녀들에게 드러내 보인다.

"저런 남자가 내 남편이라고 불리면서 이곳에 산다면 얼마나 좋을까! 그리고 그렇게 살면서 이곳에 계속하여 머물고자 한다면 얼마나 좋을까!"

나우시카의 아버지 알키노오스왕 또한 오디세우스를 기꺼이 사위로 삼고 싶어한다.

"그대같이 훌륭한 사람이 내가 생각하는 그대로 이곳에 머물면서 내 딸을 아내로 삼아 내 사위라고 불리면 얼마나 좋겠소! 그대가 스스로 머물고자 한다면 나는 그대에게 집과 재산을 내어줄 것이오."

그러나 오디세우스는 이미 결혼하여 고향 이타케에서 아내 페넬로페가 기다리고 있는 몸이었다. 오디세우스는 알키노오스왕의 궁전에서 환대를 받으며 지내다가 그의 배려로 무사히 이타케로 돌아간다.

일설에 의하면 나우시카는 후에 오디세우스의 아들 텔레마코스와 결혼하여 페르세폴리스라는 아들을 낳았다고 한다.

아름다움과 덕을 겸비한 나우시카

나우시카는 『오디세이아』에서 "신들로부터 아름다움을 선사받은 나우시카"로 언급되고 있으며 예쁜 소녀들 중에서도 단연 돋보이는 아름다운 소녀로 등장한다. 오디세우스는 당당한 체구의 나우시카를 처음 본 순간(물론 과장의 측면이 없지는 않지만) "위대한 제우스의 딸 아르테미스"라고 착각할 정도였다고 고백한다. 이처럼 외모가 아름다운 나우시카는 덕목까지도 갖춘 여인이다. 오디세우스와 처음 마주칠 때 시녀들은 혼비백산하여 달아나지만 나우시카는 의연한 자세로 오디세우스와 대면하여 필요한 도움을 제공해준다.

나우시카에게 파이아케스족의 나라에 온 사람들은 누구나 신들의 사랑을 받고 있는 사람들이며 제우스 신이 보낸 사람들이었다. 따라서 이들을 돕는 것은 당연한 일이다. 오디세우스의 경우에서 본 바와 같이 나우시카는 불행에 처한 인간을 도와주려는 따뜻한 마음과 타인에 대한 배려심을 소유한 여인으로 당황스런 상황에서도 용기와 품위를 잃지 않는 모습을 보여준다.

나우시카가 오디세우스와의 첫 만남에서 그에게 끌린 것은 사실이지만 『오디세이아』에는 그 후 그녀가 오디세우스를 남자로서 사랑하게 되는지에 대해서는 언급이 없다. 그럼에도 불구하고 나우시카의 사랑과 이룰 수 없는 사랑에 대한 고통은 후세 예술가들에게 예술적 영감을 불러일으키는 소재가 되어왔다. 아마도 나우시카의 덕성으로 보아 오디세우스에 대한 연모의 마음이 있다 하더라도 혹은 연모의 마음과는 상관없이 불행에 처한 오디세우스를 도와주었을 것이다.

『오디세이아』에서 아무런 대가도 없이 불행한 오디세우스를 따뜻한 배려심으로 보살펴주는 나우시카는 연인의 차원을 넘어서서 '생명을 낳아준' 어머니의 상으로 부각된다. 이는 나우시카가 오디세우스에게 전하는 작별인사에 잘 드러나 있다.

"편안히 가세요. 나의 손님! 고향 땅에 계시더라도 가끔씩 나를 생각해주세요. 그 어떤 사람보다도 내가 그대에게 생명을 주었습니다."

아름다움과 함께 용기와 품위, 배려심과 온화함 등 여러 가지 덕목을 지닌 나우시카는 『오디세이아』에서 바람직한 인간상과 이상적인 여성상을 보여주고 있다.

파이아케스족

『오디세이아』에 의하면 파이아케스족은 스케리아 섬에 살고 있는 전설상의 부족이다. 스케리아 섬은 파라다이스라 할 수 있을만큼 축복의 땅으로 묘사되어 있다. 『오디세이아』에 의하면 사람들이 길을 가다 신들을 만나면 신들이 모습을 숨기지 않을 정도로 파이아케스족은 신들과 가까운 친족으로서 신들의 피가 흐르는 사람들이다. 파이아케스족은 한 마디로 신들의 축복과 사랑을 받은 사람들로 묘사되어 있다.

나우플리오스 Nauplius, 클리토네오스의 아들

요약

그리스 신화에 등장하는 에우보이아의 왕이다.

바다의 항해자이자 노예상으로 유명하며, 트로이 전쟁에 참전했던 아들 팔라메데스의 억울한 죽음을 복수하기 위해 그리스 장수들의 아내를 유혹하여 부정을 저지르게 만들고 거짓 등대로 그리스 함대를 암초에 부딪쳐 침몰하게 하였다.

기본정보

구분	왕
상징	항해자, 노예상
외국어 표기	그리스어: Ναύπλιος
어원	항해자
관련 신화	헤라클레스의 모험, 트로이 전쟁
가족관계	클리메네의 남편, 팔라메데스의 아버지, 클리토네오스의 아들

인물관계

나우플리오스 1세는 포세이돈이 다나오스의 딸들 중 하나인 아미모네와 관계하여 낳은 아들이며 나우플리오스 2세는 그의 5대손이다. 나우플리오스의 가계는 나우플리오스 1세, 프로이토스, 레르노스, 나오볼로스, 클리토네오스, 나우플리오스 2세로 이어진다.

나우플리오스 2세는 크레타의 왕 카트레우스의 딸 클리메네와 결혼하여 팔라메데스, 오이악스, 나우시메돈 등 세 아들을 낳았다.

신화이야기

개요

그리스 신화에서 나우플리오스라는 이름으로 알려진 인물은 두 명이다.

한 사람은 포세이돈과 다나오스의 딸 아미모네 사이에서 태어난 아들로 아르고스 인근에 나우플리아 도시를 창건한 인물이다.

두 번째 나우플리오스는 트로이 전쟁의 영웅 팔라메데스의 아버지로서 아르고호 원정대에 참가하여 티피스에 이어 키잡이 노릇을 한 인물이다.

다나오스
포세이돈 = 아미모네
나우플리오스 1세
프로이토스
(...)
클리토네오스
나우플리오스 2세 = 클리메네
팔라메데스
오이악스
나우시메돈

전해지는 이야기에 따라 두 사람을 같은 인물로 보기도 하는데 이는 연대기상 불가능하므로 후대에는 나우플리오스 1세와 2세로 구분하여 후자를 전자의 5대손으로 설명한다. 두 사람 모두 바다를 무대로 활약한 항해자인데 여기서 거론되는 인물은 신화에서 훨씬 더 유명한 나우플리오스 2세이다.

노예상 나우플리오스

바다를 돌아다니며 노예를 사고팔았던 나우플리오스는 그리스 신화에서 왕들이 못마땅한 자식 특히 자신의 뜻을 어긴 딸을 자기 나

클리토네오스의 아들 나우플리오스
기욤 루이예(Guillaume Rouille)의 『위인 전기 모음』에 수록된 삽화, 1553년

라에서 추방시킬 때 도움을 받는 인물로 자주 등장한다.

아르카디아 테게아 시의 왕 알레오스는 딸 아우게가 자신의 뜻을 어기고 헤라클레스의 아들 텔레포스를 낳자 아이는 파르테논 산에 내다버리고 딸 아우게는 나우플리오스에게 부탁하여 항해 중에 바다에 빠뜨려 죽이라고 했다. 하지만 나우플리오스는 아우게를 죽이는 대신 미시아의 왕 테우트라스에게 노예로 팔았다.

미노스왕의 아들 카트레우스도 비슷한 이유로 자신의 두 딸 아에로페와 클리메네를 나우플리오스에게 맡겼다. 자식들 중 하나가 자신을 죽일 거라는 예언 때문에 알타이메네스와 아페모시네를 로도스 섬으로 쫓아내고 남은 두 자매 아에로페와 클리메네는 나우플리오스에게 노예로 팔아버렸던 것이다. 나우플리오스는 아에로페를 미케네의 왕 아트레우스에게 주고 클리메네는 자신의 아내로 삼았다. 나우플리오스와 클리메네 사이에서는 팔라메데스, 오이악스, 나우시메돈 등이 태어났다.

팔라메데스의 억울한 죽음

팔라메데스는 켄타우로스족의 현자 케이론에게 교육을 받아 현명하고 지략이 뛰어난 인물로 성장했다. 심지어 오디세우스보다도 더 지략이 뛰어나다는 평을 들을 정도였다. 하지만 트로이 전쟁에 그리스 연합군의 일원으로 참전한 팔라메데스는 군대를 모으는 과정에서 오디세우스에게 원한을 사는 바람에 때 이른 죽음을 맞게 된다.

팔라메데스는 오디세우스가 전쟁에 나가지 않으려고 미친 척 하며 당나귀와 황소를 한데 묶어 쟁기질을 하고 밭에 씨앗 대신 소금을 뿌리고 있을 때 갱기 앞에 어린 아들 텔레마코스를 놓아 오디세우스의 광기가 거짓임을 밝혀냈다. 이에 오디세우스는 하는 수 없이 트로이 원정에 참여하였지만 팔라메데스에게 큰 앙심을 품었다. 전쟁이 시작되자 오디세우스는 거짓 편지로 팔라메데스를 적과 내통한다고 모함하여 그리스 병사들의 돌에 맞아 죽게 하였다.

나우플리오스의 복수

아들을 잃은 나우플리오스는 남은 삶을 오로지 아들의 억울한 죽음을 복수하는 데 바쳤다. 그는 전쟁에 나간 영웅들의 아내를 차례로 꾀어 남편을 배반하고 간통을 하게 만들었다. 아가멤논의 아내 클리타임네스트라, 이도메네우스의 아내 메다, 디오메데스의 아내 아이기일레이아가 모두 그의 꾐에 넘어가 부정을 저질렀다. 그는 오디세우스의 아내 페넬로페도 유혹하였지만 그녀는 넘어가지 않았다.

나우플리오스는 또 그리스 함대가 전쟁에 승리하고 귀향할 때 에우보이아 남쪽 타파레우스 곶 부근의 암초에 큰 불을 피워 등대처럼 보이게 했다. 이를 보고 항구가 가까워졌다고 믿은 그리스 함대가 안심하고 불빛 쪽으로 배를 돌렸다가 암초에 부딪혀 모두 침몰하고 말았다. 오일레우스의 아들 소(小)아이아스도 이때 죽었다.

이 일로 나우플리오스는 나라에서 추방되어 카르키디케로 도망쳐야 했다. 그곳에서 그는 자신이 그리스 함대에 저지른 짓과 비슷한 방식으로 가짜 불에 속아 죽음을 맞았다고 한다. 하지만 또 다른 이야기에 의하면 남편을 배신하도록 며느리 페넬로페를 유혹하는 나우플리오스를 보고 오디세우스의 어머니 안티클레이아가 거짓으로 그의 또 다른 아들이 죽었다는 소식을 전하여 그로 하여금 슬픔을 이기지 못하고 자결하게 만들었다고 한다.

나이아데스 Naiades

요약

그리스 신화에 나오는 물의 님페이다.

나이아데스는 연못, 호수, 샘, 우물, 하천 등 전원의 담수에 깃든 물의 님페로 대양의 님페 오케아니데스, 바다 중에서 특히 지중해와 에게 해의 님페 네레이데스와 구별된다.

나무의 님페 드리아데스처럼 나이아데스도 자신들이 깃든 샘이나 연못이 말라버리면 죽고 만다.

기본정보

구분	님페
상징	담수
외국어 표기	그리스어: Ναϊάδες, 단수형: Ναϊάς(나이아스)
어원	흐르다
별칭	나이아스(Naiads)
관련 상징	시라쿠사의 샘 아레투사
가족관계	제우스의 딸

인물관계

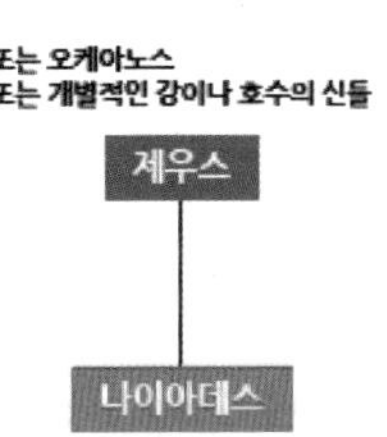

호메로스는 나이아데스를 제우스의 딸들이라고 하였고, 다른 이야기에서는 대양의 신 오케아노스의 일족으로 언급되기도 한

다. 하지만 대체로 나이아데스는 그녀들이 사는 강이나 호수의 신들이 낳은 딸로 간주된다.

신화이야기

개요

나이아데스는 연못, 호수, 샘, 우물, 하천 등 전원의 담수에 깃든 물의 님페로 아주 긴 수명을 받았지만 불사의 존재는 아니다. 나무의 님페 드리아데스가 나무의 신성을 의인화한 존재로 나무가 죽으면 그 나무에 깃든 드리아스도 죽듯이, 나이아데스도 물의 신성을 의인화한 존재로 연못이나 샘의 물이 마르면 함께 죽는다.

담수의 님페로서 나이아데스는 대양의 님페 오케아니데스, 바다 중에서 특히 지중해와 에게 해의 님페 네레이데스 등과 비교된다.

신성한 물의 수호자

나이아데스에게 병을 고치는 능력이 있다고 여겨져서 병자들은 나

나이아데스
존 윌리엄 워터하우스(J. W. Waterhouse), 1893년, 개인 소장

이아데스에게 바쳐진 연못의 물을 마시거나 목욕을 하기도 했다. 하지만 종종 목욕은 신성모독으로 여겨져서 함부로 물에 들어갔다가는 나이아데스의 분노를 사 오히려 몸에 병이 생기기도 한다. 로마의 네로 황제가 로마에서 가장 물이 좋다는 마르키아의 수로에서 목욕을 한 뒤 몸이 마비되고 열이 나는 증상으로 며칠을 고생하다 회복되었다고 하는데 사람들은 이를 신성한 물의 수호자인 나이아데스의 분노를 산 탓이라고 하였다.

시라쿠사의 샘이 된 아레투사

사냥의 여신 아르테미스의 시녀였던 아레투사가 어느 더운 여름 날 사냥을 마친 뒤 더위를 식히려 옷을 훌훌 벗어던지고 물로 뛰어들었다. 그러자 이를 본 강의 신 알페이오스가 욕망을 참지 못하고 아레투사에게로 접근했다. 아레투사가 놀라서 물 밖으로 도망쳤지만 알페이오스는 포기하지 않고 인간의 모습으로 변해서 엘리스까지 그녀를 쫓아왔다. 알페이오스의 추격을 도저히 뿌리칠 수 없었던 아레투사는 아르테미스 여신에게 도움을 청했고 여신은 아레투사를 구름으로 감쌌다. 하지만 알페이오스는 아레투사가 구름 속으로 사라진 곳을 떠나려 하지 않았고 아레투사는 구름 속에서 점점 물로 변해서 샘이 되었다. 그러자 알페이오스는 다시 강물의 신으로 모습을 바꾼 뒤 아레투사의 샘으로 들어가 그녀와 결합하려 하였다. 아르테미스 여신은 알페이오스가 아레투사를 범하지 못하도록 땅을 갈라주었고 아레투사는 그 틈으로 스며들어 지하수가 되어 시라투사까지 흘러가서 샘이 되었다. 지금도 엘리스와 시라쿠사에는 아레투사라는 똑같은 이름을 가진 샘이 있다.

노미아의 질투심에 희생된 다프니스

다프니스는 헤르메스와 숲의 님페 사이에서 태어난 아들인데 님페

다프니스에게 피리를 가르치는 판
기원전 100년경
나폴리 고고학박물관

들이 사는 월계수(다프네) 숲에서 태어났다고 하여 다프니스(월계수의 아이)라는 이름을 갖게 되었다. 님페들의 손에서 자란 다프니스는 목신 판으로부터 노래와 피리를 배워 아주 잘 불었다.

다프니스는 님페들의 사랑을 받았는데 특히 나이아데스의 하나인 노미아가 오로지 자신만을 사랑하도록 그에게 영원한 사랑을 맹세하게 하였다. 다프니스도 그녀의 사랑을 거절하지 않았다. 하지만 시칠리아의 한 왕녀가 그에게 반한 나머지 술에 취하게 한 다음 동침하였고 이를 안 노미아는 질투와 분노에 사로잡혀 다프니스의 눈을 멀게 했다. 장님이 된 다프니스는 자신의 운명을 한탄하며 노래를 지어 불렀는데 이것이 목가(牧歌)의 기원이라고 한다.

다프니스는 그렇게 노래를 부르며 돌아다니다 어느 날 바위에서 떨어져 그만 죽고 말았다. 다프니스가 추락한 곳에 있던 연못에는 그의 이름이 붙여졌고 사람들은 이곳에서 해마다 그를 기리는 제사를 지냈다.

힐라스를 납치한 나이아데스

헤라클레스는 아름다운 소년 힐라스를 총애하여 아르고호 원정대에 참여할 때 그를 데리고 갔다. 원정대가 미시아 해안을 지날 때 헤라클레스가 그만 실수로 노를 부러뜨려 이를 다시 만들기 위해 육지에 배를 댔다. 힐라스는 헤라클레스가 숲으로 나무를 베러 간 사이에 식사를 준비하기 위해 연못으로 물을 길러 갔는데 그의 미모에 반한 물의 님페들이 힐라스를 불사의 몸으로 만들어주겠다고 유혹하여 물

속으로 끌고 들어갔다.('힐라스' 참조)

힐라스가 사라진 것을 안 헤라클레스가 사방으로 찾아다녔지만 소용이 없었다. 아르고호 원정대는 더 시간을 지체할 수 없어서 헤라클레스를 남겨둔 채 다시 배를 출발시켰고 헤라클레스는 미시아인들이 힐라스를 납치해 갔다고 생각하여 인질을 잡아놓고 힐라스를 찾아올 것을 요구하였지만 힐라스는 끝내 돌아오지 않았다.

미시아에서는 이 사건을 기려 해마다 축제가 열렸는데 이때 미시아인들은 숲을 향해 힐라스의 이름을 세 번씩 외쳤다고 한다.

힐라스와 나이아데스

존 윌리엄 워터하우스(J. W. Waterhouse), 1896년, 맨체스터 미술관

네레우스 Nereus

요약

그리스 신화에 등장하는 바다의 신이다.

현명하고 온화한 성품을 지녀 '바다의 노인'이라 불리며 예언 능력과 변신 능력을 갖춘 신이다. 폰토스와 대지의 여신 가이아 사이에서 장남으로 태어났다. 오케아노스의 딸 도리스와 사이에서 50명(또는 50명 이상)의 네레이데스를 낳는다.

기본정보

구분	바다의 신
상징	바다, 바다의 노인
외국어 표기	그리스어: **Νηρευς**
어원	'물에 젖은 이'란 뜻을 지닌 그리스어 nêros에서 유래되었고 의미는 '물에 젖은 자'이다.
별칭	호메로스는 네레우스를 가리켜 게론 할리오스(Gerôn Halios, 그리스어: **Γερων Ἁλιος**)라고 부른다. 이는 '바다의 노인(Old Man of the Sea)'이란 의미이다.
가족관계	가이아의 아들, 폰토스의 아들, 네레이데스의 아버지, 도리스의 남편

인물관계

폰토스와 가이아 사이에서 태어난 아들이다.

남자 형제는 타우마스와 포르키스이며 여자 형제는 케토와 에우리비아이다. 오케아노스와 테티스 사이에서 태어난 도리스와 결혼하여 네레이데스(50명 또는 50명 이상)를 낳는다.

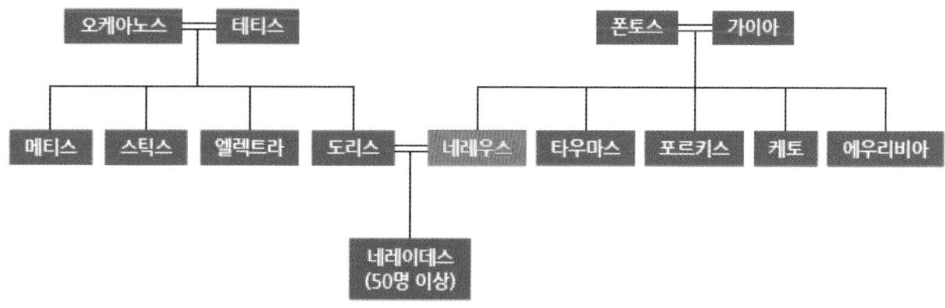

신화이야기

개요

네레우스는 그리스 신화에 등장하는 바다의 신이다. 그는 지혜롭고 현명하며 온화하고 거짓을 모르는 성품을 지녀 '바다의 노인'이라 불린다. 또한 그는 예언 능력과 자신의 모습을 자유자재로 변신시키는 능력을 가진다.

『신들의 계보』와 『비블리오테케』에 따르면 네레우스는 바다의 의인화된 신 폰토스와 대지의 의인화된 여신 가이아 사이에서 장남으로 태어난다. 그의 남동생은 타우마스와 포르키스이며 여동생은 케토와 에우리비아이다.

네레우스는 티탄 신족에 속하는 대양의 신 오케아노스와 바다의 여신 테티스 사이에서 태어난 도리스를 아내로 맞이하여 네레이데스를 낳는다.

네레우스와 헤라클레스의 원하지 않은 만남에 대한 이야기가 후세에 널리 알려져 있다. 헤라클레스는 에우리스테우스가 부여한 11번째 과업을 수행할 때 네레우스에게 도와줄 것을 강요한다. 네레우스는 헤스페리데스의 황금 사과가 어디에 있는지를 알고 있으나 헤라클레스에게 발설하려 하지 않는다. 그러자 헤라클레스가 끈질기게 네레우스를 붙잡고 놓아주지 않는다. 네레우스가 온갖 변신술을 동원하여 헤라클레스의 손아귀로부터 도망치려고 했으나 모든 것이 허사로 돌아간다. 그래서 네레우스에게는 그 장소를 알려주는 것 이외에 어떤 선택의 여지가 없게 된다.

이 이야기는 많은 예술작품으로 형상화되었다. 바다의 신 네레우스는 예술작품에서 다른 바다의 신들과는 달리 항상 키톤(고대 그리스·로마 시대에 착용했던 의복의 일종으로, 한 장의 장방형 천을 둘로 접어 몸에 감아 입는다)을 입고 등장한다.

페르가몬 대제단

기원전 2세기초, 베를린 페르가몬 박물관

: 기간토마키아에서 네레우스(맨 왼쪽), 도리스(왼쪽에서 두 번째) 그리고 오케아노스(왼쪽에서 세 번째)가 기간테스를 상대로 싸우는 모습이다

네레우스의 부모와 형제자매

『신들의 계보』와 『비블리오테케』에 따르면 네레우스의 아버지는 그

리스 신화의 제 1세대 신에 속하는 바다의 신 폰토스이고 어머니는 그리스 신화의 태초의 신에 속하는 대지의 신 가이아이다. 아버지 폰토스는 어머니 가이아가 사랑의 결실 없이 홀로 낳은 아들이자 그녀의 두 번째 남편이다. 가이아의 첫 번째 남편은 그녀의 아들이며 하늘의 신인 우라노스이다.

폰토스와 가이아 사이에서 '바다의 노인'으로 불리는 네레우스, 무지개의 여신 이리스와 전승문헌에 따라 2~4명으로 기록된 하르피이아이를 낳은 타우마스, '바다의 괴물'로 불리는 케토, 포르키스, 에우리비아가 태어난다. 포르키스는 여동생 케토와 정을 통해 포르키데스와 고르고네스 등과 같은 괴물을 낳는다. 에우리비아는 티탄 12신 중 한 명인 크리오스와 결혼하여 아스트라이오스, 팔라스, 페르세스를 낳는다.

> "폰토스와 가이아 사이에서 포르키스, 타우마스, 네레우스, 에우리비아와 케토가 태어난다." (아폴로도로스, 『비블리오테케』)

> "폰토스는 전혀 거짓을 모르는 진실한 네레우스를 맏아들로 낳는다. 네레우스는 '바다의 노인'이라고도 불리는데 그 이유는 그가 진실하고 친절하며 정의를 저버리지 않고 한쪽에 치우지지 않으며 온화한 성품을 지니고 있기 때문이다. 폰토스는 가이아와 계속 사랑을 나누어 강력한 타우마스와 용감한 포르키스, 아름다운 뺨을 가진 케토와 가슴속에 철광석과 같은 마음을 품고 있는 에우리비아를 낳는다." (헤시오도스, 『신들의 계보』)

『신들의 계보』는 네레우스가 '바다의 노인'으로 불리는 이유에 대해 자세히 적고 있다. 그의 성품은 온화하고 친절하며 정직하고 정의롭고 공평하다.

한편 『일리아스』에서는 네레우스란 이름이 직접 사용되지 않고 그를 가리키는 말로 '바다의 노인'(게론 할리오스, Gerôn Halios)이란 명칭이 사용된다. 아킬레우스는 자신의 친한 친구 파트로클로스가 헥토르에게 살해를 당하자 복수를 결심한다. 네레우스의 딸이자 아킬레우스의 어머니 테티스는 아들의 결심을 바꿀 수 없다는 것을 알고 그를 위한 무구(武具)를 만들어 주기 위해 하늘에 있는 헤파이스토스를 찾아가려고 한다.

> "테티스는 아들 아킬레우스로부터 몸을 돌려 그녀의 바다의 자매들 쪽으로 몸을 향한다. 그녀는 자매들 사이에서 말한다.
> '너희들은 이제 깊은 바다의 넓은 품 속으로 뛰어들어라. 그리고 우리 아버지의 집에 가서 바다의 노인을 방문해라. 그리고 그에게 모든 자초지종을 이야기해라. 나는 솜씨 좋기로 타의추종을 불허하는 장인(匠人) 헤파이스토스의 집이 있는 높은 올림포스로 갈 것이다. 그가 내 아들을 위해 번쩍번쩍 빛이 나는 영광스러운 무구를 만들어줄는지 모르지만.'
> 테티스가 이렇게 말하자 그녀의 자매들은 곧바로 바다의 파도 속으로 뛰어든다. 그리고 은족(銀足)의 여신 테티스는 사랑하는 아들에게 영광스러운 무구를 가져다주기 위해 올림포스로 올라간다." (호메로스, 『일리아스』)

네레우스의 자식들, 네레이데스

티탄 신족에 속하는 대양의 신 오케아노스는 자신의 누이이며 바다의 여신인 테티스(아킬레우스 어머니 테티스와 동명이인)에게서 딸 도리스를 낳는다. 이렇게 태어난 도리스가 네레우스의 아내가 된다. 네레우스와 도리스 사이에서 네레이데스가 태어난다. 이들은 아버지 네레우스와 함께 해저, 특히 에게 해의 밑에서 산다. 『신들의 계보』와 『이야기』 서문에 따르면 네레이데스는 네레우스의 딸인 50명의 님페들이다.

"불모의 바다에서 수많은 아름다운 여신들이 태어난다. 네레우스와 오케아노스의 딸로 아름다운 머리카락을 자랑하는 도리스 사이에서 매우 아름다운 여신들이 태어난다. [⋯] 그들은 나무랄 데 없이 완벽한 네레우스의 딸들이다. 그들은 모두 50명이다. 그들의 행동 하나하나도 나무랄 데 없이 완벽하다." (『신들의 계보』)

"네레우스와 도리스 사이에서 50명의 네레이데스가 태어난다."

(히기누스, 『이야기』)

네레이데스의 이름과 수에 관련하여 전승문헌들에 따라 차이가 있다. 오늘날 일반적으로 신화학자들이 받아들이고 있는 네레이데스의

헤라클레스와 네레우스

보에티아에서 발견된 목이 좁은 흑색 도기 그림, 기원전 590~580년, 루브르 박물관

수는 50~100명 사이이다.

네레우스와 헤라클레스

전승문헌에 따르면 네레우스는 헤라클레스와의 만남을 원하지 않은 듯하다. 바다의 신 네레우스와 인간 영웅 헤라클레스의 만남은 에우리스테우스가 헤라클레스에게 부과한 11번째 과업의 수행과정에서 이루어진다. 그 과업은 헤스페리데스의 황금사과를 가져오는 것이다.

황금사과의 유래는 이렇다. 제우스와 헤라가 결혼할 때 가이아가 제우스에게 황금사과를 결혼선물로 주는데 그것을 정원에 심어 황금사과나무로 자랐다. 제우스는 황금사과나무와 나무의 결실인 황금사과를 약탈로부터 지키도록 티폰과 에키드나 사이에서 태어난 불사의 용과 밤의 요정 헤스페리데스에게 명한다.

네레우스는 헤스페리데스가 지키는 황금사과가 어디에 있는지를 알고 있으나 발설하지 않으려고 한다. 헤라클레스는 네레우스가 그 장소를 알려줄 때까지 그를 붙잡고 놓아주지 않는다. 네레우스는 자신의 변신 능력을 한껏 발휘하여 헤라클레스에게서 벗어나려고 하나 모든 것이 허사로 끝난다. 결국 그는 헤라클레스에게 헤스페리데스의 황금사과가 있는 장소를 털어놓는다.

네레이데스 Nereides

요약

그리스 신화에 나오는 바다의 님페들이다.

해신 네레우스와 도리스 사이에서 태어난 딸들로 50명에서 100명에 이르며 바다의 수많은 물결들을 의인화한 존재들로 여겨진다.

포세이돈의 아내가 된 암피트리테, 외눈박이 거인 폴리페모스의 사랑을 받은 갈라테이아, 영웅 아킬레우스를 낳은 테티스 등이 유명하다.

기본정보

구분	님페
상징	바다, 바다의 물결
외국어 표기	그리스어: Νηρηΐδες. 단수형: 네레이스(Νηρηΐς)
어원	네레우스의 딸들
별칭	네레이스(Nereids)
관련 신화	안드로메다, 암피트리테, 갈라테이아
가족관계	네레우스의 딸, 도리스의 딸, 네리테스의 남매

인물관계

네레이데스는 바다의 노인이라 불리는 바다의 신(海神) 네레우스와 오케아노스의 딸 도리스가 결혼하여 낳은 50명의 딸들이다. 네레우스와 도리스 사이에서는 아들 네리테스도 태어났다. 네레이데스 중 암피트리테는 포세이돈과 결혼하여 트리톤을 낳았고, 테티스는 펠레우스와 결혼하여 영웅 아킬레우스를 낳았다.

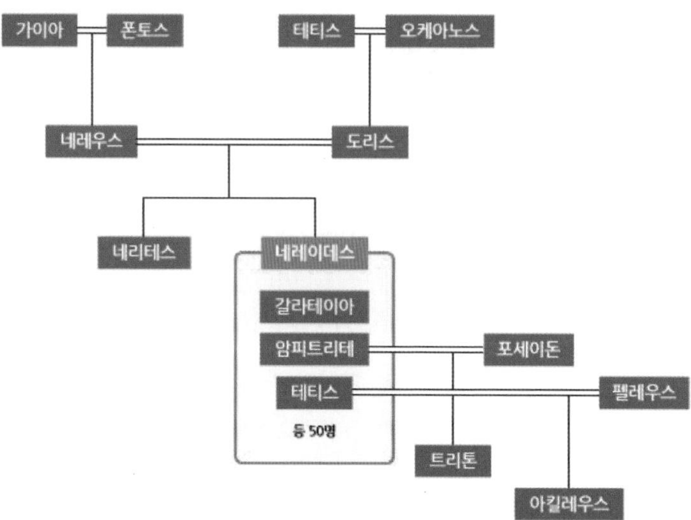

신화이야기

네레우스와 도리스 사이에서 태어난 네레이데스는 50명 혹은 100명에 이르는 바다의 님페들인데 신화학자들은 바다의 수많은 물결을 의인화한 존재로 이들을 해석하였다.

바다 폭풍 속 님페들의 동굴
에드워드 포인터(Edward Poynter), 1903년, 개인 소장

네레이데스의 명단은 호메로스의 『일리아스』, 헤시오도스의 『신들의 계보』, 아폴로도로스의 『비블리오테케』, 히기누스의 『이야기』 등 네 가지 문헌에서 전해지는데 각각 그 수와 이름이 조금씩 다르다.

호메로스의 경우 네레이데스의 이름이 단순히 바다의 특징을 가리킬 뿐이지만(글라우케 = '푸른 빛'), 헤시오도스는 네레이데스의 이름에 사람들이 바다에 원하는 특성을 부여하고 있다.(에

포세이돈과 네레이데스
프리드리히 에른스트 볼프람(Friedrich Ernst Wolfrom), 1920년 이전

우도라 = '좋은 시혜자')

네레이데스는 바다 속 깊은 곳에 있는 아버지 네레우스의 궁전에 살면서 돌고래를 타고 다니거나 파도가 이는 바다를 긴 머릿결을 너울거리며 헤엄쳐 다닌다고 한다.

네레이데스는 모두 빼어난 미모를 지닌 것으로 정평이 났는데 에티오피아의 왕비 카시오페이아는 자기 딸 안드로메다의 미모가 네레이데스를 모두 합친 것보다 더 아름답다고 뽐내다가 포세이돈의 진노를 산 적이 있다. 포세이돈이 네레이데스 중 하나인 암피트리테의 남편이었기 때문인데, 그 바람에 안드로메다는 포세이돈이 보낸 바다괴물에게 제물로 바쳐지는 신세가 되어야 했다.

네레이데스는 신화에서 주연보다는 주로 조연이나 관객으로 등장한다. 가령 그들은 아킬레우스가 죽었을 때 그의 어머니 테티스(그녀도 네레이데스의 한 명이다)와 함께 눈물을 흘려주거나 헤라클레스가 황금사과가 있는 헤스페리데스의 정원을 찾아갈 때 가는 길을 알려주는 등의 역할을 하였다.

네레이데스 중에는 포세이돈의 아내가 된 암피트리테, 외눈박이 거인 폴리페모스와 미소년 아키스의 사랑을 받은 갈라테이아, 펠레우스와 결혼하여 트로이 전쟁의 영웅 아킬레우스를 낳은 테티스 등이 특히 유명하다.

안드로메다를 사슬에 묶는 네레이데스
테오도르 샤세리오(Theodore Chasseriau), 1840년
루브르 박물관

네리테스 Nerites

요약

신들에 의해 조개로 변신한 미소년이다.

바다에서 태어난 아프로디테가 올림포스 산으로 가기 전에 바다에 있을 때 친구이자 연인이었던 인물이다. 아프로디테가 올림포스 산으로 올라가면서 날개를 주며 함께 가자고 청하지만 거절했고 이에 아프로디테는 네리테스를 조개로 변하게 한다.

기본정보

구분	신화 속 인물
상징	미소년, 조개
외국어 표기	그리스어: Νηριτης
어원	네레우스의 아들, 바다 달팽이
관련 상징	조개
관련 신화	아프로디테

인물관계

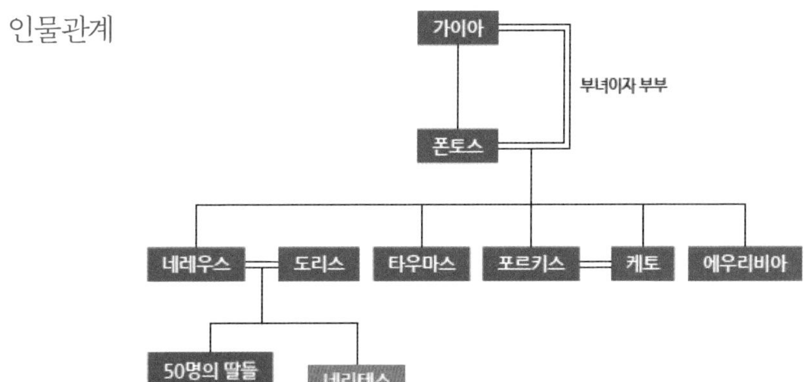

바다의 신 네레우스와 오케아노스의 딸 도리스 사이에 태어난 아들이다. 50명의 네레이데스와 남매 사이이다.

신화이야기

네레이데스는 신화 속에 자주 등장하지만 호메로스나 그 밖의 작가들이 쓴 문헌에 네레우스에게 아들이 있다는 기록은 없다. 로마 시대의 작가이자 교사인 아엘리안에 의하면 고대의 문헌 속에 네리테스에 관한 이야기가 전해지지 않지만 어부들의 이야기에는 네리테스가 숭배의 대상으로 등장한다고 한다. 그가 쓴 『동물 이야기』는 네리테스에 관해 두 개의 이야기를 전하고 있는데 그중 하나는 아프로디테와 관련이 있다.

네리테스는 아프로디테가 태어나자마자 사랑한 대상으로 여신의 첫사랑이라 할 수 있다. 바다에서 태어난 아프로디테는 바다에 사는 미소년 네리테스를 사랑하여 그와 함께 바다 속에서 행복한 나날을 보낸다. 아엘리안에 의하면 네리테스는 인간과 신을 통틀어 가장 아름답고 잘생긴 미남이었다고 한다. 그런데 아프로디테와 네리테스에게 이별의 시간이 온다. 신들의 아버지인 제우스가 아프로디테에게 올림포스로 올라와 올림포스 신들과 합류하라는 지시를 내린 것이다. 이에 아프로디테는 자신의 연인이자 놀이친구와 같이 가고 싶어서 그에게 날개를 주면서 같이 가자고 제안하지만 네리테스는 거절한다. 네리테스는 올림포스 산에서 신들과 함께 보내는 삶보다는 바다 속에서 부모님 그리고 누이들과 사는 삶이 더 좋았던 것이다. 그래서 아프로디테의 선물인 날개도 그에게는 별다른 의미가 없었던 듯하다.

사랑! 그것도 첫사랑을 거절당한 사랑의 여신 아프로디테는 분노하였고 네리테스는 분노한 아프로디테에 의해 조개로 변하게 된다. 아프로디테는 네리테스 대신 자신의 시종 및 수행원으로 역시 젊고 잘생긴 에로스를 선택하여 네리테스에게 주려던 날개를 그에게 준다.

네리테스에 관한 또 하나의 이야기는 포세이돈과 관련이 있다. 포세이돈이 네리테스를 사랑했는데 네리테스 또한 포세이돈의 사랑을 받아들여 그를 사랑하게 된다. 아엘리안은 이 둘의 사랑으로부터 "상호간의 사랑" 혹은 "응답받은 사랑"을 의인화한 신 안테로스가 생겼다고 전하고 있다.

포세이돈이 바다 속에서 빠른 속도로 전차를 몰 때면 어떤 바다 생물도 예를 들면 돌고래 등도 그 뒤를 따르지 못하고 뒤쳐졌는데 오로지 네리테스만이 포세이돈의 뒤를 쫓았다고 한다. 그런데 그 이유가 정확하게 언급되지 않지만 네리테스는 태양의 신 헬리오스에게 분노를 사 조개로 변했다고 한다. 이 이야기를 전하는 아엘리안은 아마도 헬리오스 또한 네리테스를 사랑하여 포세이돈과 라이벌 관계에 있었을 것이라 추측한다. 그리하여 거절당한 사랑에 상처를 입어 네리테스를 조개로 변하게 했을 것이라는 것이다. 어쨌든 아엘리안의 표현에 따르면 신들과 인간 중에서 가장 잘생긴 네리테스는 신들에 의해 조개로 변해버린 미소년이다.

네메시스 Nemesis

요약

그리스 신화에 나오는 복수의 여신이다.

선악의 구분 없이 분수를 넘어서는 모든 종류의 과도함을 응징한다는 점에서, 주로 친족 살해의 범죄자를 뒤쫓았던 복수의 여신 에리니에스 자매와 구별된다.

제우스의 구애를 피해 거위로 변하였다가 백조로 변신한 제우스에게 겁탈당한 뒤 알을 낳았는데 이 알에서 미녀 헬레네가 태어났다고 한다.

기본정보

구분	개념이 의인화된 신
상징	정당한 분노, 복수
외국어 표기	그리스어: Νέμεσις
어원	응분의 몫, 보복
관련 신화	헬레네의 탄생
가족관계	제우스의 아내, 헬레네의 어머니, 닉스의 딸

인물관계

네메시스는 밤의 여신 닉스와 어둠의 신 에레보스(혹은 오케아노스) 사이에서, 혹은 닉스 혼자에게서 태어난 딸이다. 『신들의 계보』에 따르면 모로스(숙명), 케레스(죽음, 파멸), 힙노스(잠), 타나토스(죽음), 모이라이(운명), 아파테(기만), 에리스(불화) 등 개념이 의인화된 여러 신들이 그녀의 형제들이다.

제우스와 사이에서 헬레네와 디오스쿠로이 형제를 낳았다. 일설에는 저승의 신 타르타로스와 사이에서 로도스 섬의 정령들인 텔키네스를 낳았다고도 한다.

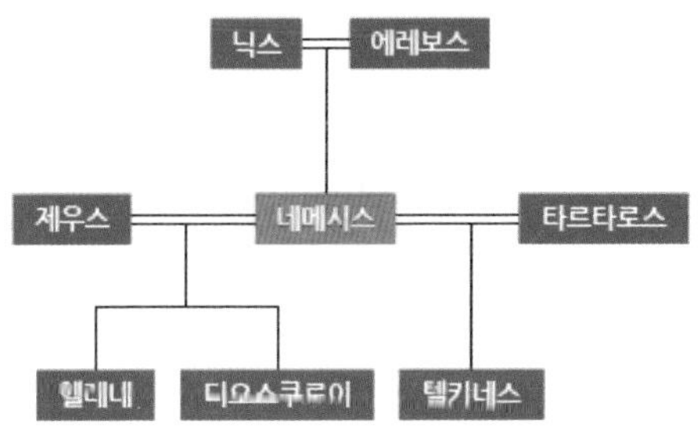

신화이야기

개요

네메시스는 그리스 신화에 나오는 복수의 여신으로 모든 '과도함' 즉 지나친 행동이나 오만(히브리스)을 벌한다. 그리스인들은 행복이 너무 과할 때도 네메시스의 보복을 받을 수 있다고 여겨 조심하였다. 다시 말해서 선에서나 악에서나 분수를 넘어서는 모든 것은 신들의 보복을 받는다고 생각하였다.

죄인을 뒤쫓는 정의의 여신 디케와 복수의 여신 네메시스
작자 미상

네메시스는 종종 수치심과 겸손이 의인화된 여신 아이도스와 짝을 이루어 등장한다.

그리스 신화에 나오는 또 다른 복수의 여신 에리니에스 자매가 질서의 수호자로서 이를 어지럽히는 범죄자들 특히 부모 살해나 형제 살해 등 신성한 혈족의 유대를 깨뜨리는 자들을 추궁하고 벌하였다면, 네메시스는 좀더 일반적으로 모든 지나친 행위를 벌하였다. 모든 종류의 과도함은 세상의 질서와 균형을 무너뜨릴 수 있기 때문에 마땅히 벌을 받아야 한다는 것이다.

하지만 네메시스는 단순히 보복 개념이 의인화된 신에 그치지 않고 제우스의 사랑을 받는 아리따운 여신으로도 신화에 등장한다.

네메시스와 제우스

네메시스는 제우스가 자신을 연모하여 쫓아오자 여러 가지 동물의 모습으로 변신하면서 그를 피했다. 네메시스는 물고기로 변신하여 도망치다 뭍에 이르자 다시 거위로 변신하였는데 이를 본 제우스가 재빨리 백조로 변신하여 기어코 네메시스를 범했다. 일설에는 아프로디테가 독수리로 변하여 백조로 변신한 제우스를 쫓는 체하며 네메시스가 변신한 거위 쪽으로 몰고 가서 제우스로 하여금 네메시스를 범하게 하였다고도 한다.

얼마 뒤 네메시스는 숲에서 알을 낳았고 목동들이 알을 발견하여 스파르타 왕 틴다레오스의 아내 레다에게 가져다주었다. 알에서는 훗날 트로이 전쟁의 원인이 되는 미녀 헬레네가 태어났다.

하지만 또 다른 이야기에 따르면 헬레네가 태어난 알은 레다가 호숫가에서 놀고 있을 때 백조로 변신한 제우스에게 유혹당하여 낳은 것이라고 한다.('레다' 참조)

람누스의 네메시스 여신상

아테네 인근 마라톤 들판에서 멀지 않은 곳에 있는 작은 도시 람누스에는 네메시스에게 바쳐진 성역이 있었다. 이곳에는 유명한 네메시스 여신상이 있었는데 이 신상은 아테네의 유명한 조각가 페이디아스가 페르시아인들이 가져온 대리석으로 만들었다고 한다. 파우사니아스에 따르면 페르시아인들은 아테네를 점령한 뒤 전승비를 세우려고 페르시아의 피리아 섬에서 대리석을 가져왔는데 곧이어 살라미스 해전에서 패한 뒤 방치하고 떠나버렸다고 한다. 그리하여 이 대리석은 승리를 과신하고 섣불리 위세를 자랑하고자 했던 페르시아인들의 오만에 대한 네메시스 여신의 응징을 상징하는 돌이 되었고 페이디아스에 의해 네메시스 여신상으로 조각되었다.

네메시스
이집트에서 출토된 로마 시대 대리석상, 2세기
루브르 박물관

네메아의 사자

요약

그리스 신화에 나오는 괴물 사자이다.

펠로폰네소스 지방의 네메아 골짜기에 사는 이 괴물 사자를 퇴치하는 것이 영웅 헤라클레스에게 부과된 12과업 중 첫 번째 과업이었다. 헤라클레스는 흔히 이 사자의 가죽을 몸에 걸치고 커다란 곤봉을 손에 든 모습으로 표현된다.

기본정보

구분	괴물
상징	용맹, 무력
외국어 표기	그리스어: Λιοντάρι της Νεμέας
별자리	사자자리
관련 신화	헤라클레스의 12과업
가족관계	티폰의 자식, 에키드나의 자식, 제우스의 자식, 셀레네의 자식

인물관계

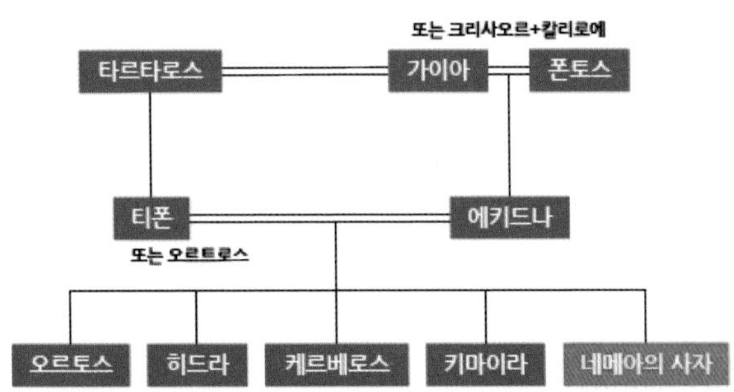

네메아의 사자는 거대한 괴물 티폰(혹은 오르트로스)과 에키드나 사이에서 태어난 자식으로 오르트로스, 케르베로스, 레르네의 히드라 등 그리스 신화의 무수한 괴물들과 형제지간이다.

다른 이야기에 따르면 네메아의 사자는 제우스와 달의 여신 셀레네 사이에서 태어난 자식이며 달에서 지상으로 떨어진 것을 헤라 여신이 네메아의 골짜기에 풀어놓았다고도 한다.

신화이야기

헤라클레스의 12과업

제우스와 알크메네 사이에서 태어난 헤라클레스는 그를 미워하는 헤라 여신의 저주로 광기에 사로잡혀 자기 자식들을 모조리 죽이게 된다. 델포이의 신탁은 그에게 죄를 씻으려면 미케네로 가서 에우리스테우스의 노예가 되어 그가 시키는 일들을 하라고 명하였다. 그렇지 않아도 헤라클레스의 엄청난 힘과 왕위 계승권을 두려워하던 에우리스테우스는 그에게 10가지의 몹시 어려운 과업을 부과했는데, 이는 결과적으로 헤라클레스를 그리스 최고의 영웅으로 만들어 신의 반열에 오르도록 해주었다.

헤라클레스와 네메아의 사자
불치에서 출토된 술항아리의 그림
기원전 520년경, 영국 박물관

에우리스테우스가 애당초 부과했던 10가지 과업은 그가 2가지 과업의 성과를 부정했기 때문에 12가지로 늘어나 '헤라클레스의 12과업'이라고 불린다. 네메아의 사자를 퇴치하는 것은 그 첫 번째 과업이다.

사자의 퇴치

네메아의 사자와 싸우는 헤라클레스
페테르 파울 루벤스(Peter Paul Rubens)
루마니아 국립미술관

네메아의 사자는 펠로폰네소스의 네메아 골짜기에서 그곳의 주민과 가축을 잡아먹으면서 나라를 황폐하게 만들고 있었다. 사자를 그곳에 풀어놓은 것은 헤라 여신이었다. 헤라클레스는 네메아의 사자를 잡아서 에우리스테우스왕에게 가져가야 했다. 그런데 이 사자의 가죽은 그 어떤 무기로도 뚫거나 상처를 입힐 수 없는 강력한 것이었다. 심지어 아폴론이 헤라클레스에게 준 활과 화살도 소용이 없었다. 헤라클레스는 하는 수 없이 올리브나무를 깎아 만든 곤봉을 들고 사자가 살고 있는 동굴로 찾아갔다.

동굴에는 출구가 두 개였는데 헤라클레스는 한 쪽 출구를 막아버리고 사자를 곤봉으로 위협하여 동굴 속으로 몰아넣은 다음 맨손으로 목을 졸라 죽였다. 사자가 죽자 헤라클레스는 가죽을 벗겨 몸에 두르고 머리는 투구로 삼았다. 그런데 사자의 가죽을 벗길 때 도무지 칼이 들어가지 않았다. 헤라클레스는 고심 끝에 사자 자신의 발톱을 이용해서 겨우 가죽을 벗길 수 있었다고 한다.

제우스는 아들의 업적을 기리기 위해 네메아의 사자를 하늘의 별자리로 만들었다.(사자자리)

네메아 제전의 창설

네메아의 사자를 잡으러 가는 길에 헤라클레스는 네메아 골짜기 근처에 사는 농부 몰로르코스의 집에서 하룻밤을 묵었다. 사자에게 아들을 잃은 농부는 헤라클레스를 극진하게 대접하였다. 그는 사자를 잡으러 가는 영웅을 위해 자신의 유일한 재산인 숫양을 바치겠다고 했다. 하지만 헤라클레스는 농부에게 의식을 한 달만 뒤로 미루라고 했다. 그때까지 자신이 돌아오지 않으면 사자에게 죽임을 당한 것이니 숫양을 자신의 추모 제물로 바치고 그 전에 돌아오면 그때는 숫양을 제우스에게 바치자고 하였다.

헤라클레스 모습을 한 코모두스 황제의 흉상
180~192년, 로마 카피톨리노 박물관

그런데 한 달이 다 되었는데도 헤라클레스가 돌아오지 않자 농부는 그가 죽었다고 여겨 영웅을 추모하는 제물로 숫양을 바칠 준비를 하였다. 농부가 모든 준비를 마치고 막 숫양을 잡으려고 할 때 사자의 가죽을 뒤집어쓴 헤라클레스가 나타났고 농부는 환희에 차서 양을 제우스에게 바쳤다. 헤라클레스는 농부가 숫양을 바친 장소에서 제우스를 기리는 경기인 네메아 제전을 창설했다.

청동 항아리에 숨은 에우리스테우스

헤라클레스는 사자의 시체를 미케네의 에우리스테우스왕에게로 가져갔다. 에우리스테우스는 헤라클레스가 정말로 사자를 때려잡아서 돌아온 것을 보고는 겁이 나서 청동으로 만든 커다란 항아리 속에 들어가 숨었다.

그 뒤로 에우리스테우스는 헤라클레스가 괴물을 퇴치하고 돌아올 때마다 마주치는 것이 두려워 그가 도시 안으로 들어오는 것을 금하고 과업의 성과물은 성문 앞에 두고 가도록 했다. 그리고 왕 자신은 헤라클레스가 돌아오면 청동 항아리 속에 들어가 나오지 않고 전령 코르페우스를 보내 성 밖에서 다음 과업을 전달하도록 했다.

네소스 Nessus

요약

그리스 신화에 등장하는 반인반마 켄타우로스족의 일원이다.

강물을 건네주겠다며 헤라클레스의 아내 데이아네이라를 납치하려다 헤라클레스의 화살에 맞아 죽었다. 하지만 헤라클레스 역시 나중에 네소스에 의해 죽음을 맞게 된다.

기본정보

구분	켄타우로스(반은 사람, 반은 동물)
상징	거짓, 사랑의 묘약
외국어 표기	그리스어: Νέσσος
관련 신화	헤라클레스의 모험
가족관계	익시온의 아들, 네펠레의 아들

인물관계

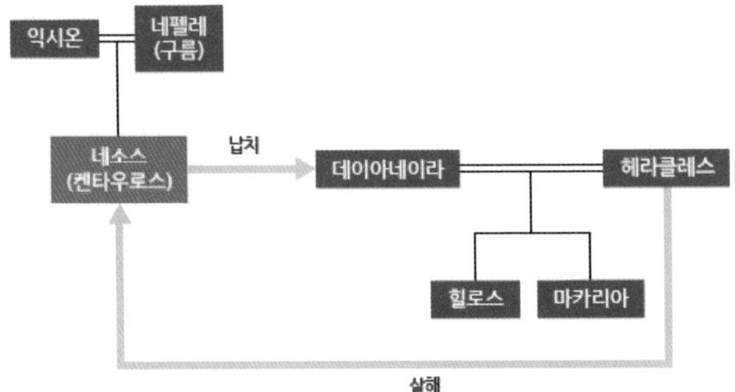

네소스는 다른 켄타우로스들과 마찬가지로 익시온과 구름을 인격화한 여신 네펠레 사이에서 태어난 아들이다.

신화이야기

데이아네이라를 납치한 네소스

헤라클레스는 칼리돈의 왕 오이네우스가 딸 데이아네이라의 신랑감을 뽑기 위해 개최한 레슬링 경기에서 강의 신 아켈로오스를 꺾어 왕의 사위가 되었다. 그는 칼리돈에서 장인 오이네우스왕이 테스프로티아인들과 벌인 전쟁을 돕기도 하고 아내에게서 아들 힐로스도 얻어 한동안 잘 살았지만, 뜻하지 않게 왕의 측근을 죽이게 되면서 칼리돈을 떠나야 했다.

헤라클레스는 데이아네이라와 아들을 데리고 트라키스로 향했다. 헤라클레스 일행이 에우에노스 강에 이르렀을 때 켄타우로스족인 네소스가 나타나 물살이 거세니 자신이 데이아네이라를 등에 태워 건네주겠다고 했다.(일설에 따르면 네소스는 에우에노스 강가에서 뱃사공으로 일하고 있었다고 한다.)

헤라클레스는 예전에 네소스와 불화가 있었지만 호의를 받아들여 아내를 그의 등에 태웠다. 하지만 강을 건넌 네소스가 데이아네이라를 겁탈하려고 했다. 이를 본 헤라클레스가 강 건너편에서 활을 쏘아 네소스를 맞혔다. 헤라클레스의 활에는 히드라의 독이 발라져 있었으므로 활에 맞은 네소스는 죽음을 피할 수 없었는데 네소스는 죽어가면서 데이아네이라에게 치명적인 거짓말을 한다.

그는 자기 죄를 뉘우치는 척하면서 자신의 피에는 식어버린 사랑을 되살리는 힘이 있으니 남편이 변심했을 때 자신의 피를 남편의 옷에 발라서 입히라는 말을 남기고 숨을 거두었다.

네소스를 때리는 헤라클레스
잠볼로냐(Giambologna), 1599년
피렌체 로지아 회랑
©Ricardo Andre Frantz@Wikimedia(CC BY-SA)

데이아네이라는 네소스의 말을 그대로 믿고 그의 피를 병에 담아 보관하였다.

또 다른 이야기에 따르면 네소스는 자신이 흘린 정액과 피를 섞으면 식어버린 사랑을 되돌릴 수 있는 '미약(媚藥)'이 만들어진다고 데이아네이라에게 거짓말을 하였다고 한다. 데이아네이라는 네소스의 말대로 네소스의 피와 정액을 병에 담아 그것을 사랑의 묘약으로 알고 간직하였다.

헤라클레스의 죽음

트라키스에 도착한 헤라클레스와 데이아네이라는 케익스왕의 환대를 받으며 한동안 행복한 나날을 보낸다. 하지만 데이아네이라의 행복은 남편이 오이칼리아로 쳐들어가서 아름다운 공주 이올레를 데려오면서 깨지고 말았다. 이올레는 헤라클레스가 데이아네이라와 결혼하기 전에 구혼했던 처녀였다. 헤라클레스는 결혼 조건이었던 활쏘기 시합에서 승리하였지만 이올레의 아버지 에우리토스왕이 딸을 내주지 않았다. 헤라클레스가 광기에 사로잡혀 전 부인 메가라와 자식들을 모두 죽인 것을 알고는 딸을 그에게 시집보내기를 거부했기 때문이다.

그러므로 헤라클레스가 이올레를 빼앗아온 것은 자신의 권리를 되찾기 위한 일이기도 했다. 하지만 남편의 사랑이 식었다고 생각한 데이아네이라는 보관해두었던 네소스의 피를 남편의 옷에 발랐다. 그러나 네소스의 피에는 헤라클레스의 화살에 묻어 있던 히드라의 맹독이 스며들어 있었다.

헤라클레스는 아내가 건네준 히드라의 독이 발라진 옷을 아무런 의심 없이 입었다. 옷이 살에 닿자 히드라의 독은 삽시간에 헤라클레스의 온몸에 퍼졌다. 헤라클레스는 깜짝 놀라며 옷을 벗으려 하였지만 옷은 이미 헤라클레스의 살 속으로 파고들어 벗어버릴 수가 없었다. 옷을 몸에서 강제로 떼어내려 하자 살이 뜯겨져 나갔다. 데이아네이라는 자신이 무슨 짓을 저질렀는지 깨닫고는 스스로 목숨을 끊었다.

장작더미에 누운 헤라클레스
루카 조르다노(Luca Giordano), 1700년
엘 에스코리알 산 로렌소 수도원

극심한 고통을 견딜 수가 없었던 헤라클레스는 오이타 산 위에 장작더미를 쌓고 그 위에 누운 뒤 부하들에게 불을 붙이라고 했다. 하지만 아무도 감히 헤라클레스가 누운 장작더미에 불을 붙이려 하지 않았다. 오직 필록테테스만이 나서서 헤라클레스의 지시를 따랐다. 헤라클레스는 감사의 표시로 그에게 자신의 활과 화살을 주고 나서 산 채로 불길에 휩싸였다. 이로써 헤라클레스는 이미 죽은 사람에 의해 목숨을 잃게 되리라는 신탁의 예언대로 죽음을 맞았다.

헤라클레스는 불길 속에서 올림포스로 승천하여 신의 반열에 들었다. 헤라클레스의 극심한 고통은 헤라 여신의 마음을 누그러뜨렸고 신이 된 헤라클레스는 헤라의 딸인 청춘의 여신 헤베와 결혼하였다.

네스토르 Nestor

유약

그리스 신화에서 주로 현명한 노인으로 등장하는 영웅이다.

필로스의 왕이자 트로이 원정에 참가한 그리스군의 최고령 장수로 노련하고 현명한 조언자 역할을 하였다.

기본정보

구분	영웅
상징	원숙한 노년
외국어 표기	그리스어: Νέστωρ
관련 신화	헤라클레스의 필로스 습격, 트로이 전쟁

인물관계

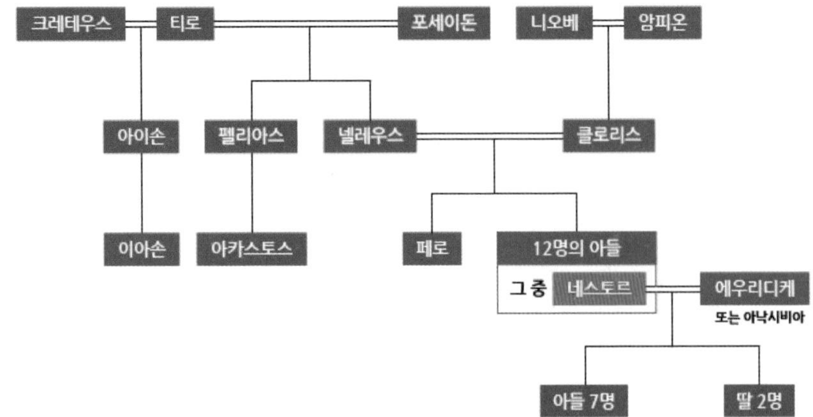

네스토르는 필로스의 왕 넬레우스가 암피온과 니오베의 딸 클로리스와 결혼하여 낳은 열두 명의 아들 중 막내이다. 네스토르는 에우리디케(혹은 아낙시비아)와 결혼하여 일곱 명의 아들 페르세우스, 스트라티코스, 아레토스, 에케프론, 페이시스트라토스, 안틸로코스, 트라시메데스와 두 명의 딸 페이시디케와 폴리카스테를 낳았다.

신화이야기

장수를 누린 네스토르

헤라클레스가 넬레우스가 다스리는 필로스를 공격했을 때 네스토르는 넬레우스의 아들 열두 형제 중 유일하게 살아남은 생존자다. 후에 필로스의 왕이 된 네스토르는 3세대가 넘는 오랜 세월을 살았는데 이는 니오베의 자식들을 몰살시켰던 것에 대한 아폴론의 보상이었다고 한다.

니오베는 수많은 아들딸을 거느린 자신이 아들 하나 딸 하나 밖에 없는 레토 여신보다 더 낫다고 뽐내다가 레토의 자식인 아폴론과 아르테미스의 손에 아들딸 한 명씩을 제외하고 자식들을 모두 잃고 말았다.('니오베' 참조) 이때 유일하게 살아남은 딸이 네스토르의 어머니 클로리스였다.

필로스 해변에서 포세이돈에게 제물을 바치는 네스토르와 그의 자식들
아티카 적색상도기, 기원전 400년~380년
스페인 국립고고학박물관

네스토르는 황금양털을 가져오기 위해 결성된 이아손의 아르고호 원정대 일원이었고 칼리돈의 멧돼지 사냥에도 참여했으며 반인반마의 켄타우로스족과 라피타이족 사이에 싸움이 벌어졌을 때도 그 피비린내 나는 현장에 있었다. 하지만 무엇보다 네스토르를 유명하게 만든 사건은 트로이 전쟁이었다. 트로이 전쟁에 참전했을 때 네스토르는 이미 100여 살에 이르는 고령의 장수였을 것으로 여겨진다.

"… 그(네스토르)는 신성한 필로스에서 이전에 자기와 함께 태어나고 자라난 인간의 두 세대가 이미 시들어가는 것을 보았고 지금은 세 번째 세대를 다스리고 있었다." (호메로스, 『오디세이아』)

트로이 원정

네스토르는 아들 안틸로코스, 트라시메데스와 함께 90척의 배에 필로스 병사들을 싣고 트로이 원정에 참여하였다. 호메로스는 『일리아스』에서 그를 그리스군에서 가장 나이가 많은 장수이자 책략가로서 모든 이로부터 존경받는 인물이라고 기술하였다. 그는 쓸데없이 장황하거나 불필요한 말에도 참을성 있게 귀를 기울이며 현명한 조언을 해줄 줄 아는 노인이자 여전히 용감한 장수였다.

그는 트로이의 맹장 멤논이 그리스군을 공격해왔을 때 목숨을 잃을 위험에 처하지만 아들 안틸로코스가 몸을 던져 멤논의 공격을 막아낸 덕분에 간신히 죽음을 면했다. 하지만 안틸로코스는 멤논의 창에 목숨을 잃었다. 아들의 죽음을 본 네스토르는 다시 멤논에게 일전을 청했다. 하지만 멤논이 늙은 자신과의 결투를 회피하자 네스토르는 아킬레우스에게 멤논과 상대해 줄 것을 청하여 아들의 죽음에 복수했다.('멤논' 참조)

네스토르는 트로이 전쟁이 끝난 뒤 무사히 고국으로 귀향한 몇 안 되는 그리스군 장수 중 한 명이다. 그가 필로스로 돌아왔을 때 그의 늙은 아내 에우리디케(혹은 아낙시비아)도 아직 살아 있었다. 그는 오디세우스의 아들 텔레마코스가 아버지의 소식을 몰라 애태우며 자신을 찾아왔을 때 그를 따뜻하게 맞아주고 스파르타의 메넬라오스왕을 찾아가 아버지의 소식을 물어보라고 조언해주기도 했다.

네스토르의 죽음에 관해서는 전해지는 이야기가 없다.

전차를 타고 네스토르의 궁을 떠나는 텔레마코스
헨리 하워드(Henry Howard), 19세기

원숙한 노년의 상징 네스토르

그리스 신화에서 네스토르는 노년의 원숙한 지혜, 달변, 신뢰감, 노련한 처세술을 겸비한 인물로 등장한다. 호메로스는 그를 "디오스" 즉 신과 같은 인물이자 "전사들의 보호자"로 일컬었다.

현대에도 학술 단체나 예술 분야에서 그리스 신화의 네스토르와 같은 역할을 하는 연장자에게 '네스토르'라는 칭호를 붙이곤 한다. 예를 들어 100세가 넘게 장수한 신학자이자 사회학자 오즈발트 폰 넬브로이닝은 "가톨릭 사회학의 네스토르"라고 불렸고 루마니아의 재즈 아티스트 조니 라두카누의 별명은 "루마니아 재즈의 네스토르"였다.

네오프톨레모스 Neoptolemus

요약

그리스 신화에 나오는 트로이 전쟁의 영웅으로 아킬레우스의 아들이다.

아킬레우스가 죽은 뒤 그리스군이 전쟁에서 승리하려면 반드시 네오프톨레모스가 필요하다는 신탁에 의해 트로이 전쟁에 참가한다.

기본정보

구분	영웅
상징	영웅의 후손
외국어 표기	그리스어: Νεοπτόλημος
어원	젊은 전사
별칭	피로스(Pyrrhos)
관련 신화	트로이 전쟁

인물관계

네오프톨레모스는 영웅 아킬레우스의 아들로 제우스의 직계 자손에 속한다. 네오프톨레모스는 헤르미오네, 라사나, 안드로마케 등 여인들과의 사이에서 많은 자녀를 낳았다.

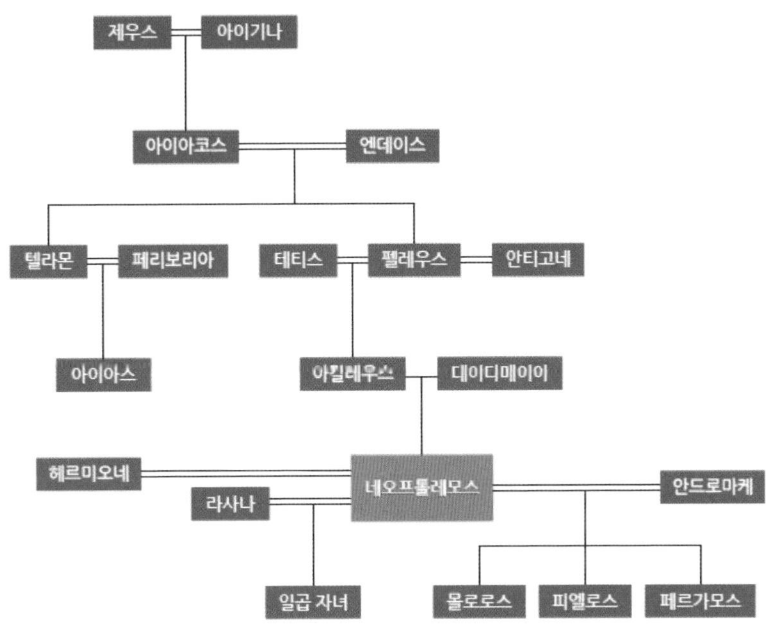

신화이야기

출생

프리아모스를 죽이는 네오프톨레모스
아티카 지방 암포라 항아리, 기원전 520~510년, 루브르 박물관

아킬레우스는 트로이 전쟁에 나가면 죽는다는 예언에 참전을 회피하려고 스키로스 왕 리코메데스의 궁정에 숨어들어 여장을 하고 지냈는데, 이때 리코메데스의 딸 데이다메이아를 임신시켜서 낳은 아들이 네오프톨레모스이다.

아킬레우스는 머리카락이 유난히 붉어서 이 시절에 피라(빨강머리 여자)라고 불렸다고 한다.

이 이름은 아들에게까지 전해져 네오프톨레모스의 또 다른 이름인 피로스(빨강머리 남자)가 된다. '젊은 전사' 네오프톨레모스는 아버지 못지않은 무예와 외모를 자랑하는 용사로 신화의 세계에 등장한다. 하지만 독자적으로 이름을 남겼다기보다는 아킬레우스의 아들로 주로 언급된다.

트로이 전쟁의 참전

네오프톨레모스는 스키로스에 있는 할아버지 리코메데스의 궁에서 자란다. 그러나 아킬레우스가 트로이에서 죽은 뒤 그리스군이 승리하려면 아킬레우스의 아들을 데려와야 한다는 예언자 헬레노스의 말에 따라 그리스 진영은 오디세우스, 디오메데스, 포이닉스를 사절단으로 파견하여 네오프톨레모스를 데려오게 한다. 이에 네오프톨레모스는 할아버지 리코메데스의 반대를 뿌리치고 사절단과 함께 트로이로 떠난다.

네오프톨레모스와 프리아모스
JC. 안드레(J. C. Andra), 1902년, 베를린

가는 길에 네오프톨레모스 일행은 렘노스 섬에 들러 헤라클레스의 활을 가지고 있는 필록테테스도 함께 데려간다. 필록테테스는 애당초 트로이 원정에 참가했으나 트로이로 가던 중 뱀에 물린 상처에서 나는 고약한 악취와 고통스런 신음소리 때문에 오디세우스의 제안에 따라 렘노스 섬에 버려지는 신세가 되었던 인물이다. 네오프톨레모스는 이로써 트로이를 멸망시키려면 헤라클레스의 활이 필요하다는 예언도 실현하게 된다.

트로이 전쟁에 참가한 '젊은 전사' 네오프톨레모스는 아킬레우스가 되살아난 듯 혁혁한 공을 세운다. 네오프톨레모스는 텔레포스의 아들 에오리필로스를 비롯한 수많은 트로이 장수들을 죽이고 영웅의 반열에 올랐다. 그의 이름은 목마 안에 숨어서 트로이 성에 잠입한 용사들 중에서도 발견된다. 하지만 트로이 성을 함락했을 때 헥토르의 어린 아들 아스티아낙스를 탑 꼭대기에서 떨어뜨려 죽이고 제우스의 제단 위에서 늙은 왕 프리아모스의 목을 자르는 등 다소 잔혹한 모습으로도 등장한다.

폴릭세네를 살해하는 피로스
피오 페디(Pio Fedi), 1860~1865년
피렌체 로지아 회랑

네오프톨레모스는 전리품으로 헥토르의 미망인 안드로마케를 차지하고 프리아모스의 딸 폴릭세네를 아버지의 무덤에 희생 제물로 바친 다음 귀향길에 오른다.

귀향

트로이를 떠난 이후 네오프톨레모스의 운명에 대해서는 여러 가지 이야기가 전해진다.

호메로스는 네오프톨레모스가 무사히 귀향한 뒤 메넬라오스의 딸 헤르미오네와 결혼하여 아버지 아킬레우스의 나라 프티아에서 살게 되었다고 전한다. 네오프톨레모스가 다른 그리스인들과 달리 귀향길의 재앙을 피하고 무사히 돌아갈 수 있었던 것은 할머니 테티스 덕분이다. 아킬레우스의 어머니인 바다의 여신 테티스가 귀향길의 참사를 예견하고 손자에게 트로이에 좀더 머물다 육로로 돌아서 가라고 충고한 것이다.

또 다른 이야기에 의하면 네오프톨레모스에게 육로로 돌아가도록 충고한 이는 예언자 헬레노스였다고 한다. 프리아모스왕의 아들이기도 한 헬레노스는 그리스군을 도와 트로이 멸망에 기여한 인물이다.

네오프톨레모스는 헬레노스의 충고대로 육로로 귀향하다 에페이로스에 정착하여 왕국을 건설하고 함께 따라온 헬레노스에게는 인근에 새로운 도시 부트로톤의 건설을 허락한다. 헬레노스는 네오프톨레모스가 죽은 뒤 그의 첩이 되었던 안드로마케와도 결혼한다.

네오프톨레모스가 프티아가 아니라 에페이로스에 정착하게 된 것은 제우스의 제단을 프리아모스왕의 피로 더럽힌 것에 아폴론이 진노하여 귀향을 막았기 때문이라고도 하고, 아킬레우스가 없는 동안 할아버지 펠레우스가 아카스토스에게 프티아 왕국을 빼앗겼기 때문이라고도 한다. 아무튼 에페이로스에서 네오프톨레모스는 헤라클레스의 손녀 라사나를 납치하여 그녀와의 사이에서 자식 일곱을 낳고 에페이로스인들의 선조가 되었다고 한다.

죽음

네오프톨레모스의 죽음에 대해서도 여러 가지 이야기가 전해진다. 아가멤논의 아들 오레스테스에게 살해되었다는 이야기가 있는가 하면, 델포이에 신탁을 구하러 갔을 때 성소(聖所)를 더럽혔기 때문에 델포이인들에게 살해당했다고도 하고, 아내 헤르미오네가 델포이인들을 선동하여 남편을 죽이게 했다는 이야기도 있다. 이런 이야기들의 배경은 다음과 같다.

메넬라오스와 헬레네 사이에서 태어난 딸 헤르미오네는 원래 사촌인 오레스테스와 약혼한 사이였는데(둘이 남몰래 결혼한 부부라는 이야기도 있다) 메넬라오스가 아킬레우스의 아들을 트로이 전쟁에 참전시키기 위해 자기 딸을 네오프톨레모스에게 주기로 약속했다고 한다. 전쟁이 끝난 뒤 두 사람은 메넬라오스의 약속대로 결혼을 했지만 오래도록 자식이 생기지 않았고, 헤르미오네는 남편이 트로이에서 데려와

첩으로 삼은 안드로마케의 저주 때문이라고 여겨 그녀를 죽이려 하지만 실패한다.(안드로마케와 사이에서 네오프톨레모스는 세 아들 몰로소스, 피엘로스, 페르가모스를 낳는다.) 이에 헤르미오네는 옛 약혼자 오레스테스를 끌어들여 남편이 델포이에 신탁을 물으러 갔을 때 그를 죽이게 했다는 것이다. 오레스테스가 혼자서 네오프톨레모스를 죽였다고도 하고 다른 델포이인들과 공모하여 죽였다고도 하는데 아무튼 그로서는 자신의 약혼녀(혹은 아내)를 빼앗긴 것에 대해 네오프톨레모스에게 복수를 한 셈이다.

네오프톨레모스가 델포이에 간 이유에 대해서도 여러 이야기가 있다. 아내 헤르미오네와 사이에 자식이 생기지 않는 이유를 물으러 간 것이라고도 하고, 트로이에서 가져온 전리품을 바치고 아폴론 신의 노여움을 풀기 위해서라고도 하며, 아버지 아킬레우스를 죽인 아폴론에게 복수하기 위해 신전을 파괴하러 갔다고도 한다. 어떤 이유에서든 델포이에서 네오프톨레모스는 신성을 욕되게 하는 짓을 저질렀고 그 벌로 오레스테스의 손에 혹은 델포이인들에 의해 죽음을 맞이한다.

네오프톨레모스의 시신은 델포이 신전의 문턱 아래에 묻혔다. 처음에 델포이인들은 네오프톨레모스의 무덤을 혐오했지만 그의 망령이 갈리아인들의 습격으로부터 자신들을 지켜 준 이후로는 신적인 예우를 갖추어 경의를 표했다고 한다.

넥타르 Nectar

요약

그리스 신화에 나오는 신의 음료로 암브로시아와 함께 신들이 먹는 대표적인 음식이다.

호메로스에 따르면 넥타르는 마시는 음료 혹은 술이고 암브로시아는 음식이다. 넥타르는 암브로시아와 함께 신들의 불멸성을 상징한다.

기본정보

구분	사물(신의 음식)
상징	불사, 불멸, 불로주
외국어 표기	그리스어: νέκταρ
어원	죽음의 극복

신화이야기

개요

그리스 신화에서 넥타르와 암브로시아는 엄격히 구분하지 않고 늘 함께 신들의 음식으로 언급되었는데, 호메로스는 이 둘을 구별하여 넥타르는 신들의 음료이고 암브로시아는 신들의 음식이라고 말했다.

넥타르와 암브로시아는 강력한 생명력을 지닌 음식으로 인간이 먹으면 불멸의 존재가 될 수 있었지만 원칙적으로 인간에게는 신들의 음식을 먹는 것이 허락되지 않았다. 물론 탄탈로스나 아킬레우스와 같이 신들의 각별한 총애를 받은 인간들에게는 간혹 허락되기도 하였다.

신들의 음료로써 넥타르는 포도주와 유사한 술로 여겨진다. 올림포스에서 신들의 연회가 벌어질 때면 언제나 술잔에 넥타르가 흘러넘쳤다.

신들의 술시중을 드는 헤베와 가니메데스

신들의 연회에서 술잔에 넥타르를 따르는 일은 젊고 아름다운 청춘의 여신 헤베가 도맡아서 했다. 하지만 나중에는 트로이의 미소년으로 신의 반열에 오른 가니메데스가 그 역할을 대신하였다.

가니메데스의 납치
페테르 파울 루벤스(Peter Paul Rubens), 1611년, 프라도 미술관

가니메데스는 소년 시절에 트로이의 이데 산에서 아버지의 양떼를 돌보다 그 아름다운 미모에 반한 제우스에 의해 올림포스로 유괴되었다. 호메로스에 따르면 가니메데스는 "필멸의 인간들 중 가장 아름다운 남자"라고 했다. 제우스는 이때 독수리로 변신해서 가니메데스를 납치했다.(혹은 독수리를 보내서 납치해오게 했다고도 한다.)

신들의 음식을 욕심내다 벌을 받은 탄탈로스와 카립디스

탄탈로스는 제우스의 아들로 리디아의 시필로스 산 부근을 다스리는 아주 부유한 왕이었다. 그는 신들의 각별한 총애를 받아 신들의 식탁에 초대되곤 했지만 암브로시아와 넥타르를 훔쳐서 인간 친구들에게 주고 신들의 비밀을 누설하는 등 악행을 일삼다 결국 저승 타르타로스에 추방되어 영원한 갈증과 허기에 시달리는 벌을 받게 된다.

타르타로스에서 탄탈로스는 과일과 물이 입에 닿을 듯 가까이 있었지만 결코 그것을 먹거나 마실 수 없었다. 먹으려고만 하면 저만치 물러가 버렸기 때문이다.

카립디스는 대지의 여신 가이아와 바다의 신 포세이돈 사이에서 태어난 여신이었는데 식탐이 너무 강해서 암브로시아와 넥타르를 함부루 먹어치우다 벌을 받아 바다괴물로 변하고 말았다. 그녀의 행실을 보다 못한 제우스가 벼락을 내리쳐 바다로 던져버렸기 때문이다. 제우스는 영원히 채워지지 않는 허기를 바닷물로 달래도록 그녀에게 하루에 세 번 엄청난 양의 바닷물을 들이마시게 하였다. 그녀가 거대한 아가리로 바닷물을 들이마셨다가 내뿜을 때면 주변에 엄청난 소용돌이가 생겨나 지나가는 배들을 침몰시켰다.

태어난 지 사흘 만에 청년이 된 아폴론

넥타르와 암브로시아는 갓난아기를 순식간에 다 큰 청년으로 성장시키는 강한 생명력을 지니고 있었다. 아폴론의 경우가 그랬다.

레토 여신이 제우스와 사랑을 나누어 아폴론과 아르테미스를 임신하였을 때 가이아의 아들인 거대한 왕뱀 피톤에게 쫓기는 신세가 된다. 피톤이 곧 태어날 제우스의 자식에게 죽임을 당할 거란 신탁 때문이었다. 포세이돈의 도움으로 간신히 세상에 태어난 아폴론은 넥타르와 암브로시아를 먹고 사흘 만에 청년으로 성장하여 피톤을 활로 쏘아 죽이고는 그때까지 피톤이 지배하던 델포이의 신탁을 차지하였다. ('피톤' 참조)

제우스도 아버지 크로노스의 눈을 피해 크레타의 이데 산에서 자랄 때 염소 아말테이아(혹은 님페 아말테이아가 기르는 염소)의 젖 외에도 넥타르와 암브로시아를 먹고 자랐다. 제우스가 이 염소와 놀다가 실수로 뿔을 부러뜨렸는데 그 속에 넥타르와 암브로시아가 가득 차 있었기 때문이다. 아말테이아의 뿔은 '풍요의 뿔(코르누코피아)'이라고도 불린다.

넬레우스 Neleus

요약

넬레우스는 포세이돈과 티로 사이에 태어난 아들로 펠리아스와 쌍둥이 형제이다. 훗날 이들은 사이가 갈라져 넬레우스는 펠리아스에게 추방되어 메세네로 도망을 가고 필라스 왕국을 세워 필라스의 왕이 된다.

그는 아름다운 클로리스와 결혼하여 많은 자식을 낳지만 그의 아들들은 네스토르를 제외하고 모두 헤라클레스에게 죽임을 당한다.

기본정보

구분	필라스의 왕
외국어 표기	그리스어: Νηλεύς
관련 신화	펠리아스, 네스토르, 티로, 클로리스
가족관계	포세이돈의 아들, 펠리아스의 형제, 클로리스의 남편, 페로의 아버지

인물관계

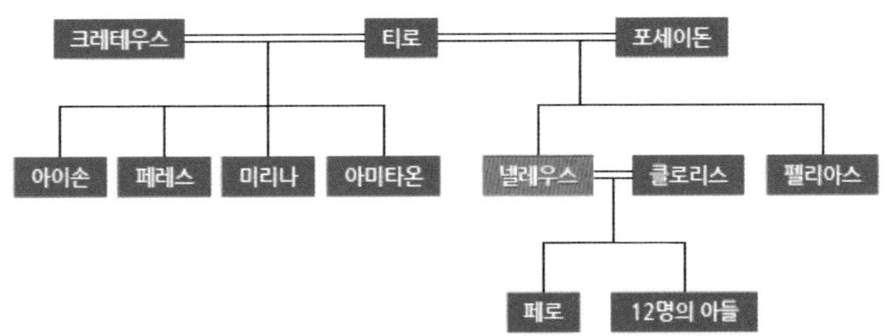

살모네우스의 딸 티로와 포세이돈 사이에 태어난 아들이며 펠리아스와 쌍둥이 형제이다. 오르코메노스의 왕 암피온의 딸 클로리스와 결혼하여 외동딸 페로와 아들 열두 명을 낳았다.

신화이야기

출생과 성장

넬레우스의 출생과 성장에 대해서는 아폴로도로스의 『비블리오테케』가 상세하게 전한다.

넬레우스의 어머니는 살모네우스의 딸 티로이다. 티로는 작은 아버지 크레테우스에 의해 양육되는데 그녀는 강의 신 에니페우스를 사랑하게 되어 강가에서 눈물을 흘리며 사랑을 고백하곤 한다. 그러던 어느 날 바다의 신 포세이돈이 티로를 탐하게 된다. 그리하여 포세이돈은 에니페우스로 변신하여 그녀와 사랑을 나누고 이로 인해 티로는 쌍둥이 아들을 낳는데 아무도 모르게 아이들을 버린다. 이 아이들이 바로 넬레우스와 쌍둥이 형제 펠리아스이다. 버려진 아이들은 말 치는 사람들에 의해 양육된다.

쌍둥이 형제는 어른이 되어 어머니를 찾아가는데 이들은 어머니가 계모인 시데로에게 학대를 받고 있다는 것을 알고 그녀에게 복수하고자 한다. 펠리아스는 헤라의 신전으로 피신한 시데로를 바로 제단 위에서 칼로 베어 죽이고, 이렇게 해서 펠리아스는 어머니가 학대받은 것에 대한 복수를 한다.

그러나 훗날 쌍둥이 형제는 사이가 갈라지게 되면서 넬레우스는 펠리아스에 의해 추방을 당해 메세네로 피신한다. 그는 그곳에서 필로스 왕국을 건설하고 필로스의 왕이 된다.

아내와 자식들

넬레우스의 아내는 오르코메노스 왕 암피온의 딸 클로리스인데 그녀는 매우 아름다웠다고 한다. 호메로스에 의하면 클로리스가 워낙 미모가 출중하여 넬레우스는 그녀와 결혼하기 위해 많은 예물을 바쳤다고 한다. 호메로스는 『오디세이아』에서 오디세우스의 말을 통해 다음과 같이 전하고 있다.

> "그리고 나는 지극히 아름다운 클로리스도 보았습니다. 그녀는 너무도 아름다워 넬레우스가 셀 수도 없을만큼 많은 선물을 주고서 그녀와 결혼했습니다. 클로리스는 이아소스의 아들 암피온의 막내딸인데 암피온은 예전에 미니아이족이 사는 오르코메스를 막강한 힘으로 다스린 사람입니다."

넬레우스는 클로리스와 사이에 많은 자식을 낳아 남부럽지 않은 삶을 누리지만 불행하게도 그의 자식들은 후에 비참한 죽임을 당한다.

자식들의 죽음

넬레우스 자식들의 죽음은 헤라클레스 신화와 연결된다.

오이칼리아 왕 에우리토스가 활쏘기 대회를 개최하여 우승자에게 딸 이올레 공주를 주기로 약속한다. 그러나 왕은 대회에서 우승한 헤라클레스에게 약속을 지키지 않는데, 이에 대해 『비블리오테케』는 다음과 같이 전하고 있다.

> "장남 이피토스는 헤라클레스에게 이올레를 주어야 한다고 했으나 에우리토스와 다른 아들들은 헤라클레스가 아이를 낳게 되면 또 다시 자식들을 죽일까 두려워 허락을 하지 않았다."

에우리토스의 아들 이피토스는 헤라클레스에 대해 매번 호의적이었으나 헤라클레스가 예전에 광기에 휩싸여 자식들을 죽였을 때와 마찬가지로 광기에 빠져 이피토스를 성벽에서 내던져 죽이고 만다.

이에 헤라클레스는 필로스의 왕 넬레우스를 찾아가 자신의 죄를 씻어줄 것을 청하지만 에우리토스와 친분이 있었던 넬레우스가 이를 거절한다. 그러자 헤라클레스는 필로스를 침공하여 넬레우스와 자식들을 죽인다. 이렇게 해서 넬레우스는 네스토르를 제외한 모든 자식들을 잃는다. 이에 대해 『비블리오테케』는 다음과 같이 전한다.

> "넬레우스는 클로리스와 사이에서 딸 페로와 열두 명의 아들 즉 타우로스, 아스테리오스, 필라온, 데이마코스, 에우리비오스, 에필라오스, 프라시오스, 에우리메네스, 에우아고라스, 알라스트로, 네스토르 그리고 포세이돈에게 변신술을 습득한 페리클리메노스를 낳았다. 헤라클레스가 필로스를 침공할 때 페리클리메노스는 싸움을 하다가 사자가 되고 뱀이 되고 벌이 되곤 했지만 결국 넬레우스의 다른 아들들과 마찬가지로 헤라클레스에게 살해당했다. 네스토르만이 살아남았는데 이는 그가 게레니아 사람들 속에서 양육되었기 때문이다."

이와 같이 넬레우스의 자식들 중 네스토르만이 다른 도시에 있었기 때문에 살아남을 수 있었고 나중에 필로스의 왕위를 이어받는다.

노토스 Notus

요약

그리스 신화에 나오는 바람의 신 아네모이 중 하나로 습하고 따뜻한 남풍을 인격화한 신이다.

형제인 보레아스(북풍의 신)나 제피로스(서풍의 신)와 달리 신화 속 인물로 등장하는 일이 거의 없다.

기본정보

구분	개념이 의인화된 신
상징	습기를 머금은 따뜻한 바람
외국어 표기	그리스어: Νότος
로마 신화	아우스테르(Auster)
관련 자연현상	남풍
가족관계	에오스의 아들, 아스트라이오스의 아들

인물관계

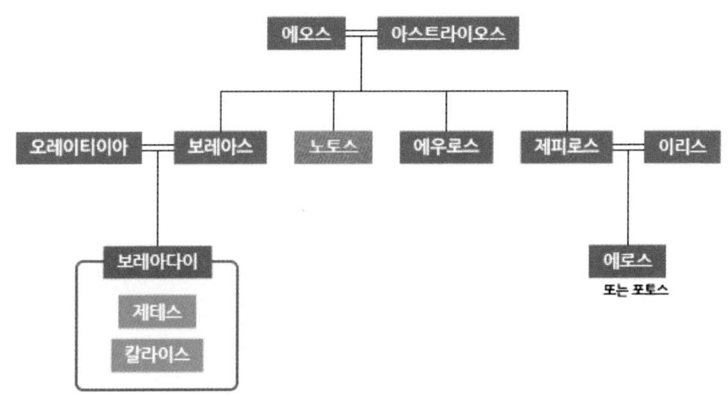

노토스는 티탄 신족 아스트라이오스와 에오스 사이에서 태어난 아들로 바람을 의인화한 신이다. 형제로는 북풍 보레아스, 서풍 제피로스, 동풍 에우로스가 있다.

신화이야기

남풍의 신 노토스

헤시오도스에 따르면 노토스는 습기를 머금은 따뜻한 남풍의 신으로 북풍 보레아스, 서풍 제피로스, 동풍 에우로스와 형제지간이다. 이들은 모두 제우스에 의해 타르타로스에 유폐된 티탄 신족의 일원인 황혼의 신 아스트라이오스와 새벽의 여신 에오스 사이에서 태어난 아들들로, 동서남북 네 방향에서 불어오는 바람을 의인화한 신들이다. 북풍 보레아스나 서풍 제피로스가 신화 속 인물로 등장하여 사랑을 나누고 자식을 낳는 등 독자적인 에피소드를 전해주고 있는데 반해 노토스는 아무런 개인적인 이야기도 남기고 있지 않다.

남풍의 신 노토스
바르샤바, 네 바람의 궁전

오비디우스의 『변신이야기』에 묘사된 노토스

일반적으로 노토스는 온화하고 따뜻한 바람으로 여겨지지만 간혹 가을에 거센 폭풍을 몰고 와서 농부들에게 근심을 안겨주기도 한다. 아테네의 아고라에 있는 바람의 탑에는 노토스가 수염도 나지 않은 청년으로 항아리를 두 손에 든 모습으로 그려져 있다.

오비디우스는 『변신이야기』에서 제우스가 타락한 인류를 홍수로 단죄하기 위해 남풍 노토스를 풀어 놓았다고 하였다. 오비디우스가 묘사하는 노토스는 수염이 물에 젖어 무겁게 늘어졌고 백발에서 물이 뚝뚝 떨어지는 노인의 모습이다.

비를 뿌리는 노토스
얀 다르젠트(Yann Dargent)의 『기상의 역사』 삽화

> "그러자 남풍(노토스)이 역청같이 검은 안개로 무시무시한 얼굴을 가리고 젖은 날개를 저으며 날아왔다. 그의 수염은 비에 젖어 무거워졌고 백발에서는 물이 줄줄 흘러내렸다. 그의 이마에는 먹구름이 자리잡고 있었고 그의 깃과 옷에서는 물방울이 떨어졌다."
>
> (『변신이야기』)

노토스가 하늘에 넓게 걸려 있는 구름을 건드리자 굉음과 함께 폭우가 쏟아지면서 인류를 이 땅에서 쓸어버리는 대홍수가 시작되었다.

누미토르 Numitor

요약

로마 신화에 나오는 알바 롱가 왕국의 왕이다.

동생 아물리우스에 의해 왕위에서 쫓겨났지만 딸 레아 실비아가 낳은 쌍둥이 손자 로물루스와 레무스에 의해 다시 왕권을 되찾았다.

로물루스와 레무스는 이 공로로 누미토르에게서 하사받은 영토에 새 도시 로마를 건설하였다.

기본정보

구분	알바 롱가의 왕
관련 신화	로마 건국신화, 로물루스 신화
가족관계	아이네이아스의 후손, 아물리우스의 형제, 레아 실비아의 아버지, 프로카스의 아들

인물관계

누미토르는 알바 롱가의 왕 프로카스의 아들로 아이네이아스의 직계 후손이다. 그에게는 여러 명의 아들과 딸 레아 실비아가 있었지만 아들들은 모두 그의 친동생 아물리우스에게 죽임을 당했다. 레아 실비아는 군신 마르스와 정을 통해서 쌍둥이 아들 로물루스와 레무스를 낳았다.

안키세스 아프로디테

라티누스 아마타

아이네이아스 라비니아

실비우스

(...)

프로카스

누미토르 아물리우스

살해

마르스 레아 실비아 아들들

로물루스 레무스

신화이야기

알바 롱가의 왕위에서 쫓겨난 누미토르

누미토르는 알바 롱가 왕국의 13대 왕 프로카스의 맏아들로 부왕이 죽은 뒤 왕위를 물려받았지만 동생 아물리우스에 의해 왕좌에서 쫓겨났다. 아물리우스는 왕위 찬탈의 후환을 없애기 위해 누미토르의 아들들을 모두 죽이고 딸 레아 실비아는 베스타 여신의 사제로 만들었다. 베스타 여신을 모시는 사제는 평생 처녀로 지내야 하므로 누미토르의 후손이 태어날 염려가 없었기 때문이었다.

군신 마르스의 자식을 낳은 레아 실비아

하지만 레아 실비아는 어느 날 신전에 바칠 물을 뜨러 숲으로 갔다가 동굴에서 군신 마르스(그리스 신화의 '아레스')와 동침하여 쌍둥이 아들 로물루스와 레무스를 낳았다. 아물리우스는 이들이 태어나자 곧바로 티베리스 강가에 내다버렸지만 아이들은 늑대의 젖을 먹고 자랐고 왕의 가축을 돌보는 목동 파우스툴루스에게 발견되었다. 파우스툴루스는 두 아이를 자기 집으로 데려가 자식처럼 키웠다.

레아 실비아는 동정을 지켜야 하는 계율을 어긴 죄로 산 채로 매장되었다고 한다. 하지만 다른 이야기에 따르면 그녀는 티베리스 강에 던져졌지만 하신 티베리누스에게 구출되어 그와 결혼하고 강의 여신이 되었다고 한다.

카피톨리노의 늑대. 늑대의 젖을 먹는 로물루스와 레무스
늑대는 기원전 5세기 동상이고 두 아이의 동상은 12세기에 추가된 것이다. 로마 카피톨리니 박물관

로마의 건국

건장한 청년으로 자라난 로물루스와 레무스는 목동이 되어 가축을 돌보며 살았다. 그러던 어느 날 그들과 누미토르의 가축을 돌보는 목

동들 사이에 싸움이 벌어져 레무스가 누미토르의 목동들에게 끌려가게 되었다. 로물루스는 파우스툴루스와 함께 레무스를 구하기 위해 누미토르의 집으로 갔고 누미토르는 레무스의 모습이 자신을 쏙 빼닮은 것에 의아해하던 중 파우스툴루스의 이야기를 듣고 두 형제가 자신의 손자들이란 사실을 알게 된다.

로물루스와 레무스
페테르 파울 루벤스(Peter Paul Rubens), 1616년
로마 카피톨리니 박물관

그 뒤 로물루스와 레무스는 젊은이들을 규합하여 아물리우스왕을 몰아내고 누미토르를 다시 알바 롱가의 왕위에 복귀시켰다.

누미토르는 두 손자의 공로를 치하하여 그들이 파우스툴루스에게 발견된 티베리스 강 기슭의 땅을 하사하였다. 로물루스와 레무스는 그곳에 새로운 도시 로마를 건설하였다.

니소스 Nisus

유약

그리스 신화에 나오는 메가라의 왕이다.

니소스왕의 머리에는 자주색 머리카락이 한 올 자라나 있었는데 예언에 따르면 이것이 그의 머리에 붙어 있는 한 메가라 왕국은 난공불락이었다. 하지만 그의 딸 스킬라가 적국 크레타의 왕 미노스에게 반해 아버지의 자주색 머리카락을 잘라 버리는 바람에 메가라는 크레타에 패망하였다.

기본정보

구분	메가라의 왕
상징	자주색 머리카락: 난공불락
외국어 표기	그리스어: Νίσος
관련 동식물	물수리
관련 신화	크레타 왕 미노스의 아테네 공략
가족관계	아이게우스의 형제, 스킬라의 아버지, 에우리노메의 아버지

인물관계

니소스는 아테네의 왕 판디온이 숙부 메티온과 그 자식들에게 쫓겨나 메가라로 와서 그곳의 왕 필라스의 딸 필리아와 결혼하여 낳은 네 아들 중 한 명이다. 아테네의 영웅 테세우스의 아버지 아이게우스와 형제지간이다.

니소스는 온케스토스의 왕 메가레우스의 누이 아브로타와 결혼하여 스킬라, 에우리노메, 이피노에 등의 딸들을 낳았다.

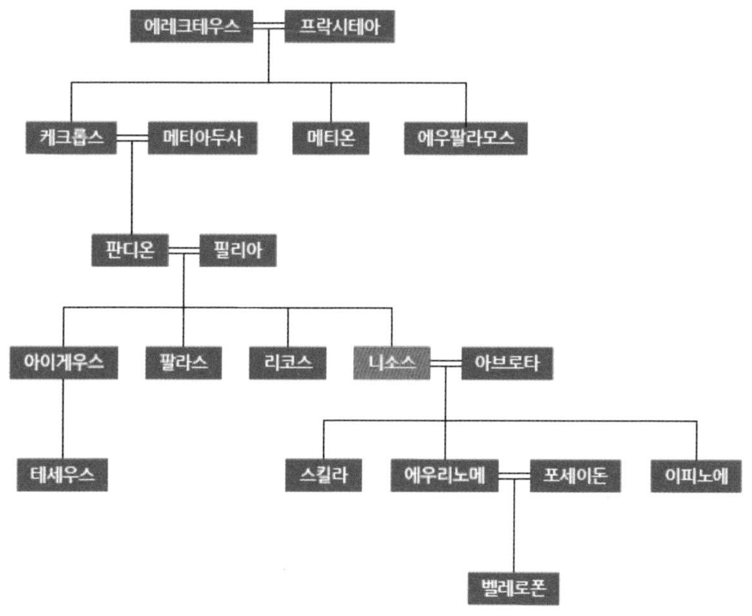

신화이야기

아테네의 왕위를 되찾은 니소스와 형제들

니소스왕의 아버지 판디온은 원래 아테네의 왕이었는데 숙부인 메티온(혹은 그의 아들들)에 의해 왕위에서 쫓겨나 메가라로 갔다. 그곳에서 판디온은 메가라의 왕 필라스의 딸 필리아와 결혼하여 니소스, 팔라스, 리코스, 아이게우스 등 네 아들을 낳았고 필라스왕이 죽은 뒤에는 나라도 물려받았다.

니소스는 아버지 판디온이 죽고 메가라의 왕위에 오른 뒤 다른 형제들과 함께 아테네로 쳐들어가 메티온의 자식들을 몰아내고 아이게우스를 아테네의 왕좌에 앉혔다.

니소스는 온케스토스를 다스리는 메가레우스왕의 누이 아브로타와 결혼하여 에우리노메, 이피노에, 스킬라 등의 딸을 낳았다. 에우리노메는 포세이돈과 사이에서 영웅 벨레로폰을 낳았고 이피노에는 나중에 니소스왕이 죽은 뒤 외숙부 메가레우스과 결혼하여 메가라의 왕위를 이었다. 메가라라는 왕국의 이름은 메가레우스에게서 유래하였다.

크레타의 침공

아테네의 왕 아이게우스는 거대한 황소가 마라톤 평원을 돌아다니며 난동을 부리자 마침 아테네에 머물던 크레타의 왕자 안드로게오스에게 황소를 잡아오라고 시켰다. 그 소는 크레타의 미노스왕이 데리고 있던 소였는데 왕이 포세이돈의 분노를 산 뒤로 미쳐 날뛰며 크레타를 황폐하게 만들던 것을 영웅 헤라클레스가 잡아서 마라톤 평원에 풀어 놓은 것이었다. 하지만 황소를 잡으러 갔던 안드로게오스는 황소의 뿔에 받혀 죽고 말았다. 이에 분노한 미노스왕은 아들의 복수를 외치며 막강한 크레타 함대를 이끌고 아테네로 향했다. 미노스왕은 아테네를 공격하기에 앞서 먼저 이웃나라 메가라를 치기로 결정했다.

니소스의 자주색 머리카락과 스킬라의 배신

미노스와 크레타군이 메가라를 포위하고 공격했지만 반년이 지나도록 무너뜨릴 수가 없었다. 니소스왕의 머리에 자라나 있는 자주색 머리카락 한 올 때문이었다. 예언에 따르면 그 머리카락이 니소스왕의 머리에 붙어 있는 한 메가라는 난공불락이라고 했다.

그러던 어느 날 성벽 위에서 크레타군을 바라보다가 미노스왕의 풍모에 반해 버린 니소스왕의 딸 스킬라가 아버지가 잠든 사이에 자주색 머리카락을 잘라 버렸고 마침내 메가라는 크레타에게 함락되었고 니소스왕도 죽고 말았다.

하지만 미노스왕은 스킬라의 기대를 잔인하게 저버렸다. 그는 사랑에 눈이 멀어 아버지와 조국을 배신한 스킬라를 사악한 계집이라고 욕하며 바다에 던져 버리고 아테네를 향해 함대를 출발시켰다. 스킬라는 분노에 몸부림치며 미노스왕의 배에 필사적으로 매달렸다. 그러자 어디선가 물수리가 한 마리 나타나서 그녀를 쪼아댔고 그녀는 바다로 추락하다가 한 마리의 바다새로 변했다. 스킬라를 쪼아 댔던 물수리는 그녀의 아버지 니소스왕이 변한 것이었다.

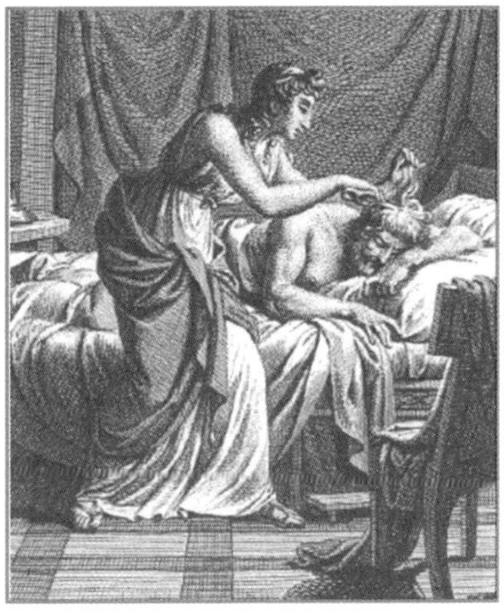

아버지 니소스왕의 자주색 머리카락을 자르는 스킬라

니콜라 앙드레 몽시오(Nicolas-Andra Monsiau), 1806년, 오비디우스 『변신이야기』에 수록된 삽화

또 다른 니소스

트로아스 지방 페르코테의 왕 히르타코스의 아들 니소스는 아이네이아스가 이탈리아로 갈 때 동행한 인물이다. 니소스는 친구 에우리알로스에 대한 각별한 우정으로 유명하다.

베르길리우스의 『아이네이스』에 따르면 그는 이탈리아의 토착 세력인 투르누스의 군대와 전쟁이 벌어졌을 때 에우리알로스와 함께 적진에 정찰을 나갔다가 친구가 붙잡혀 살해당하자 숨어 있던 곳에서 나와 친구의 죽음을 복수하려다 함께 목숨을 잃었다.

신화해설

니소스와 스킬라의 신화는 해상의 패권을 장악한 크레타가 그리스

본토로 세력을 확장해 가는 과정을 보여 준다. 크레타의 왕 미노스는 아들 안드로게오스의 죽음을 빌미로 아테나를 침공하기로 마음먹고 그에 앞에 그 교두보 격인 메가라를 공격하고 있다.

당시 아테네의 왕이었던 아이게우스는 영웅 테세우스의 아버지다. 아이게우스가 다스리는 아테네는 이 전쟁에서 크레타에게 패한 뒤 조공으로 아테네의 젊은 남녀를 9년마다(혹은 매년) 크레타로 보내 반인반수의 괴물 미노타우로스의 먹이로 삼게 하는 처지가 되었다.

미노스왕의 치세에 절정을 이루었던 크레타 문명은 그 후 그리스 본토의 침략을 받아 쇠퇴하면서 에게 해의 패권을 미케네 문명에 넘겨주게 된다. 아테네의 영웅 테세우스가 크레타 섬으로 가서 미노타우로스를 무찌른 것은, 이러한 수백년에 걸친 역사적인 변화를 불과 몇 년에 압축시켜 상징적으로 보여주는 사건이라 하겠다.

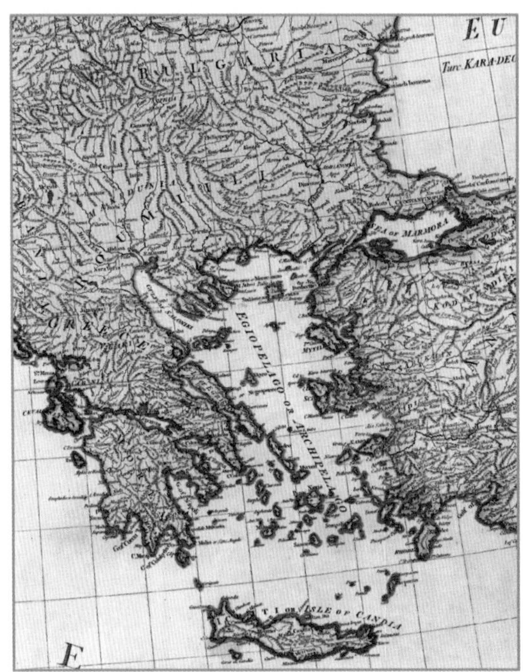

에게 해를 둘러싼 지도
윌리엄 파덴(William Faden), 1785년, 런던

니오베 Niobe, 암피온의 아내

요약

그리스 신화에 나오는 테바이의 왕 암피온의 아내이다.

세상에 남부러울 것 없는 테바이의 왕비 니오베는 일곱 명의 아들과 일곱 명의 딸이 있는 자신이 남매만 낳은 레토 여신보다 더 훌륭하다고 자랑한다. 이에 화가 난 레토 여신이 니오베의 자식들을 모두 죽게 한다.

기본정보

구분	왕비
상징	교만한 인간에 대한 신의 벌, 자식을 잃은 어머니의 비통함, 눈물 흘리는 돌
외국어 표기	그리스어: Νιόβη
관련 신화 및 인물	탄탈로스, 암피온, 레토, 아폴론, 아르테미스

인물관계

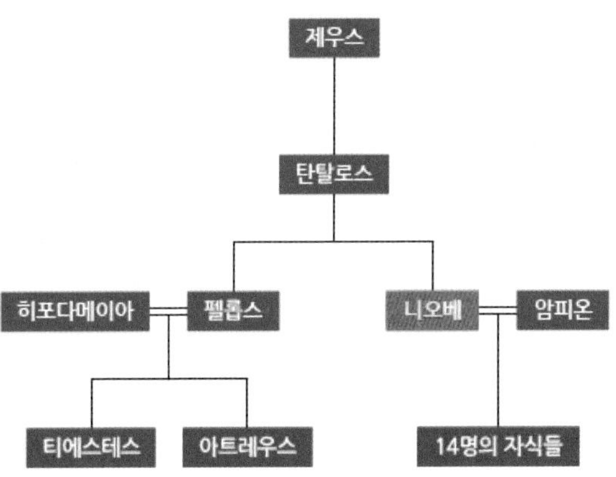

니오베는 리디아의 왕 탄탈로스의 딸이자 테바이의 왕 암피온의 아내이다. 암피온과 사이에 열 넷의 자식을 두었다.

신화이야기

테바이의 왕 암피온의 아내 니오베는 아들 일곱 명과 딸 일곱 명에 그야말로 세상에 부러울 것이 없는 모든 것을 다 가진 여자였다. 당시 테바이에서 숭배하는 레토 여신은 자식으로 아폴론과 아르테미스 남매만 있었다. 자만심에 들뜬 니오베는 레토 여신보다 자신이 더 훌륭하다고 소리 내어 자랑했다.

신과 겨루는 일은 인간에게 허용된 것이 아니었다. 게다가 신보다 더 훌륭하다고 뽐내는 것은 더더욱 안 되는 일이었다. 분개한 레토 여신은 자식인 태양의 신 아폴론과 사냥의 신 아르테미스에게 오만방자한 니오베가 자신을 능멸한 것에 대해 울분을 터트렸다. 이에 아폴론과 아르미테스는 니오베의 자식들을 모두 죽인다. 아폴론은 아들들을 아르테미스는 딸들을 화살을 쏘아 죽였다. 『일리아스』에 의하면 니오베의 죽은 자식들은 열흘 동안 무덤도 없이 버려졌다고 전해진다.

죽어가는 니오베의 딸
기원전 440년경, 로마 테르메 미술관

『변신이야기』에 의하면 아폴론의 활에 의해 아들들이 모두 죽자 니오베의 남편 암피온이 슬픔을 견디지 못해 자살을 함으로써 슬픔과 목숨을 동시에 끝냈다고 한다. 그러나 니

아르테미스와 아폴론으로부터 자식을 지키려는 니오베
자크 루이 다비드(Jacques Louis David), 1772년, 댈러스 미술관

오베는 그 고통과 슬픔의 순간에도 아직도 딸이 일곱 명이나 있는 자신이 승리자라고 울부짖었다. 그러나 딸들도 차례로 비참하게 죽어갔고 딸 하나만 남게 되었다. 그때서야 니오베가 막내딸 하나만 살려달라고 간청했지만 말도 끝내기 전에 막내딸도 쓰러져 죽었다.

『변신이야기』는 자식을 모두 잃고 난 후 슬픔으로 몸이 굳어져 돌이 되어 버린 니오베를 다음과 같이 생생하게 묘사한다.

> "슬픔으로 몸이 딱딱하게 굳어져 그녀의 머리카락은 산들바람에 흔들리지 않았고, 얼굴은 핏기가 빠져나가 창백했으며 두 눈은 슬픔에 잠겨 멍하게 있었다. 살아있는 사람의 모습은 아무 것도 없었다.
> (중략)
> 더 안쪽에 있는 혀도 딱딱한 입천장에 얼어붙었고

혈관은 더 이상 맥박이 울리지 않았다.

(중략)

그런데도 니오베는 여전히 눈물을 흘리고 있었다."

돌이 된 니오베는 강한 비바람에 의해 고향으로 돌아왔다고 한다.

그러나 『비블리오테케』에 의하면 니오베는 고향으로 돌아온 다음에 돌이 되었다고 한다.

니오베는 아버지가 있는 고향 리비아의 시필로스 산으로 돌아와 비탄에 빠져 밤낮으로 슬피 울다 그대로 돌이 되고 말았다고 한다. 돌이 된 후에도 니오베의 눈에서는 계속 눈물이 흘렀다고 전해진다.

니오베 자녀들의 죽음
아브라함 블로에마에르트(Abraham Bloemaert), 1951년
코펜하겐 국립미술관

니오베 Niobe, 포로네우스의 딸

요약

제우스가 관계를 맺은 최초의 여자로 제우스와 사이에 아르고스를 낳는다. 따라서 니오베는 제우스의 자식을 낳은 최초의 여자이고 아르고스는 제우스의 피를 물려받은 최초의 인간인 것이다.

아르고스는 외할아버지 포로네우스로부터 펠로폰네소스 지역을 다스리는 왕권을 물려받고 자신의 이름을 따서 아르고스 왕국이라 부른다.

기본정보

구분	신화 속 여인
외국어 표기	그리스어: Νιόβη
관련 신화	포로네우스, 아르고스

신화이야기

집안 이야기

니오베는 강의 신 이나코스의 손녀이다. 『비블리오테케』에 의하면 대양의 신 오케아노스의 아들 이나코스는 배다른 누이동생 멜리아와 결혼하여 포로네우스와 아이기알레오스라는 아들을 얻는다. 아이기알레오스는 후사가 없이 죽었는데 나라의 이름은 그의 이름을 따서 아이기알레이아라고 불린다. 그의 형제 포로네우스는 나중에 펠로폰네소스 지역이라 불리는 지역 전체를 다스리는 왕이 되고 요정 텔레디케와 결혼하여 아피스와 니오베를 낳는다. 따라서 니오베는 부계쪽으로 보면 태양의 신 오케아노스의 후손이 되는 것이다.

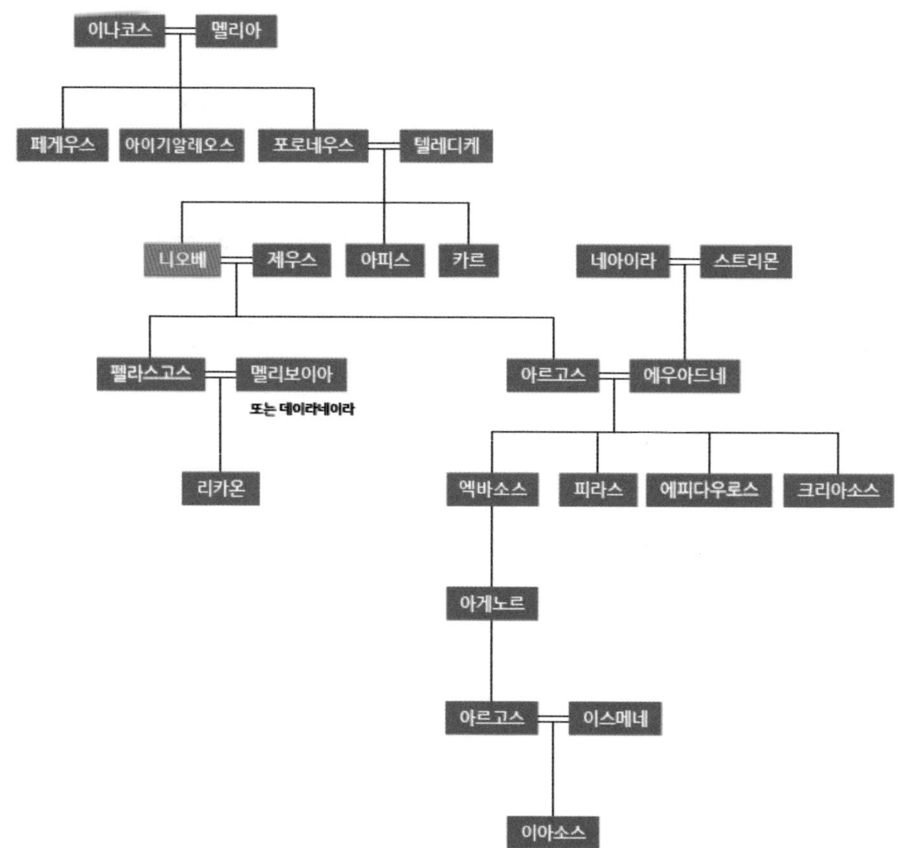

니오베의 자식과 후손들

아폴로도로스에 의하면 니오베는 제우스가 관계를 맺은 최초의 여자라고 한다. 니오베는 제우스와 사이에 아르고스를 낳는데 따라서 아르고스가 제우스의 피를 물려받은 최초의 인간이 된다.

파우사니아스의 『그리스 안내』에 의하면 아르고스는 외할아버지 포로네우스로부터 펠로폰네소스 지역을 다스리는 왕권을 물려받았고 왕국을 자신의 이름을 따서 아르고스 왕국이라 부른다. 이렇게 해서 니오베의 아들 아르고스는 아르고스 지역을 다스리게 된 세 번째 왕으로 아르고스 왕국의 시조이자 초대 왕이 된다.

『비블리오테케』에 의하면 니오베의 아들 아르고스왕은 강의 신 스트리몬과 네아이라 사이에 태어난 딸 에우아드네와 결혼한다. 그는 에우아드네와 사이에 아들 네 명 엑바소스, 페이라스, 에피다우로스 그리고 크리아소스를 낳는다. 그중 크리아소스가 왕위를 이어받는다.

엑바소스의 손자가 바로 아르고스와 이름이 같은 백 개의 눈을 가진 유명한 거인이다. 백 개의 눈을 가진 아르고스는 모든 것을 보는 아르고스 사람이라는 의미에서 '아르고스 파놉테스'라는 별명을 가지고 있다. 이 아르고스 파놉테스가 바로 니오베의 고손자이다.

그리고 아르고스의 아들이 이아소스인데 『비블리오테케』에 의하면 이아소스의 딸이 바로 이오라고 한다. 제우스의 사랑을 받았다는 이유로 헤라로부터 온갖 학대를 받은 이오도 바로 니오베의 후손인 것이다.

제우스와 관계를 맺은 최초의 여자

앞에서 언급한 바와 같이 아폴로도로스는 포로네우스의 딸 니오베를 제우스가 관계를 맺은 최초의 여자라고 전하고 있다. 그리고 제우스의 사랑을 받은 이오는 니오베의 후손으로 기록되어 있다. 아폴로도로스에 의하면 이오는 이아소스의 딸이지만 또 다른 이야기에 의하면 니오베의 할아버지 이나코스의 딸로 전해지고 있다. 다시 말해 이오는 니오베의 고모가 되는 셈이다. 따라서 이 이야기에 의하면 이오가 제우스가 관계를 맺은 최초의 여자이고 이오가 낳은 아들 에파포스가 제우스의 피를 물려받은 최초의 인간이 되는 것이다.

니케 Nike

요약

그리스 신화에 등장하는 승리의 여신이다.

티탄 전쟁 때 제우스를 도와 올림포스 신들의 승리에 공헌하였다. 간혹 전쟁의 여신 아테나와 혼동되기도 한다.

기본정보

구분	개념이 의인화된 신
상징	승리, 정복
외국어 표기	그리스어: Νίκη
어원	승리
로마 신화	빅토리아(Victoria)
별칭	나이키(Nike)
관련 상징	월계수 화환, 올리브 가지
가족관계	스틱스의 딸, 팔라스의 딸, 크라토스의 남매

인물관계

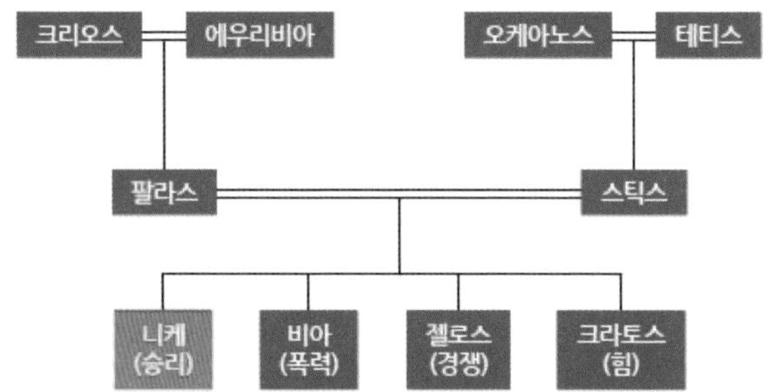

헤시오도스와 아폴로도로스에 따르면 니케는 저승을 흐르는 강의 여신 스틱스와 티탄 신족의 하나인 팔라스 사이에서 태어난 딸이다. 폭력을 뜻하는 비아, 경쟁심을 뜻하는 젤로스, 힘을 뜻하는 크라토스 등이 같은 부모 밑에서 태어난 형제들이다. 니케는 티탄 전쟁(티타노마키아)이 벌어졌을 때 이들과 함께 제우스를 도왔다.

신화이야기

개요

그리스 신화에서 니케는 독자적인 인물로서가 아니라 제우스나 아테나, 헤라클레스 등의 인물과 승리와 영광을 상징하는 존재로 주로 등장한다. 이때 니케는 커다란 날개를 달고 빠르게 나는 모습으로 승리를 구현한다.

니케와 제우스

신화에서 니케가 신화의 등장인물로 나오는 것은 제우스가 티탄 신족과 전쟁을 벌일 때 어머니 스틱스의 손에 이끌려 전쟁터에 나가 형제들과 함께 제우스를 도운 이야기가 거의 유일하다. 이때 니케는 제우스의 전차를 몰면서 올림포스 신들의 승리에 공헌했다고 한다. 이 인연으로 니케는 그림이나 조각에서 종종 제우스의 곁에 선 모습으로 묘사된다.

니케와 아테나
트라키아에서 출토된 마케도니아 주화
기원전 305~281년, 리옹 미술관

니케와 아테나

니케는 팔라스, 아테나와 함께 자주 등장한다. 일설에 따르면 니케는 아테나의 놀이 동무였으며 헤라클레스의 아들 팔라스에 의해 길러졌다고도 한다. 하지만 승리의 여신 니케와 전쟁의 여신 아테나는 같은 인물로 혼동될 때가 많았으며 아테네에서는 니케를 아테나 여신의 한 수식어로 여기기도 했다. 실제로 파르테논 신전 옆에는 승리의 여신 아테나를 모신 '아테나 니케'의 신전이 있었다. 이 경우 니케는 날개를 단 채 아테나의 손바닥 위에 놓인 모습으로 묘사되었다.

사모트라케의 니케

니케 여신은 고대 그리스와 로마 시대의 미술에 가장 많이 등장하는 인물 중 하나다. 고대인들은 도기, 신전, 주화 등에 여신의 모습을 즐겨 새겨 넣었다. 니케에 관한 수많은 묘사 중에 가장 주목받는 작품은 에게 해 북서부 사모트라케 섬에서 발굴된 니케 여신상이다. 백 개가 넘는 파편들을 맞추어 복원한 여신의 모습은 머리와 두 팔이 없음에도 불구하고 미의 여신 아프로디테에 견주어도 손색이 없을 만큼 유려한 자태를 지니고 있다. 학자들은 이 여신상이 승리의 나팔을 부는 모습으로 뱃머리의 대리석 위에 놓여 있었을 것으로 추정하고 있다.

사모트라케의 니케
사모트라케 섬에서 1863년에 발굴된 니케 여신상, 기원전 190년경
루브르 박물관

니케
터키의 고대 도시 에페소스의 폐허에 남아 있는 니케 여신상

현대의 니케 – 나이키

미국의 유명한 스포츠 용품 회사 나이키(Nike)는 승리의 여신 니케에서 회사 이름을 따왔다. 나이키 사의 로고도 니케 여신의 날개에서 영감을 받아 고안된 것이라고 한다.

미국의 지대공 미사일에도 승리의 여신을 따서 나이키 미사일이란 이름이 붙었다. 나이키 미사일은 종류에 따라 나이키 에이잭스(Nike-Ajax), 나이키 허큘리스(Nike-Hercules), 나이키 제우스(Nike-Zeus) 등 신화의 다른 인물과 조합을 이룬 이름이 붙여졌다.

니코스트라토스 Nicostratus

유약

그리스 신화에 나오는 스파르타 왕 메넬라오스의 아들이다.

그는 트로이 전쟁이 끝나고 메넬라오스와 함께 스파르타로 돌아온 헬레네를 메넬라오스가 죽은 뒤 나라에서 추방하였다. 스파르타에서 쫓겨난 헬레네는 옛 친구인 로도스의 여왕 폴릭소를 찾아갔다가 그녀에게 살해당한다.

기본정보

구분	왕자
외국어 표기	그리스어: Νικόαιρατος
관련 신화	트로이 전쟁, 헬레네, 오레스테스

인물관계

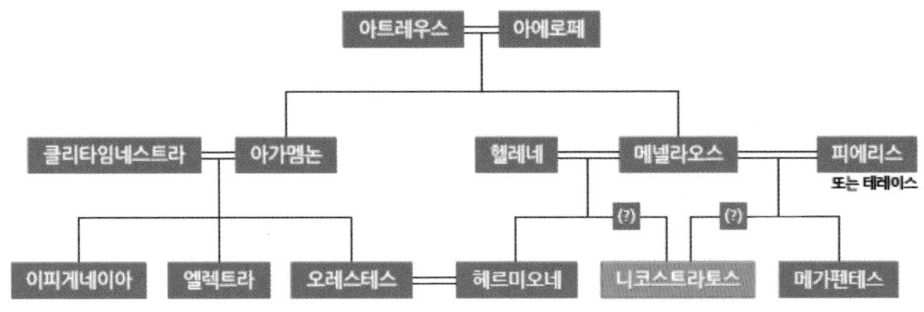

그는 메넬라오스와 헬레네 사이에서 태어난 아들로 헤르미오네와 남매 사이이다. 하지만 또 다른 이야기에서 그는 메넬라오스와 시녀 피

에리스(혹은 테레이스) 사이에서 태어난 아들로 메가펜테스와 형제이다.

신화이야기

출생

대부분의 전승에서 니코스트라토스는 메넬라오스와 헬레네 사이에서 태어난 아들로 알려져 있다.(헤시오도스의 『여인들의 목록』, 소포클레스의 『엘렉트라』, 아폴로도로스의 『비블리오테케』 등) 하지만 호메로스는 헤르미오네가 메넬라오스와 헬레네 사이에서 태어난 외동딸이라고 말하였다. 그래서 니코스트라토스는 메넬라오스와 헬레네가 트로이 전쟁에서 귀향한 뒤에 얻은 아들이라는 주장도 있다. 하지만 파우사니아스는 『그리스 안내』에서 니코스트라토스가 메가펜테스와 마찬가지로 메넬라오스와 시녀 피에리스(혹은 테레이스) 사이에서 태어난 아들로 보고 있다.

헬레네의 추방과 죽음

트로이를 함락시킨 메넬라오스는 데이포보스의 집에서 도망친 아내 헬레네를 찾아낸다. 메넬라오스는 헬레네를 당장에 죽이려 했지만 헬레네의 미모와 아프로디테의 방해로 행동에 옮기지 못하고 결국 다시 아내로 받아들여 함께 스파르타로 돌아왔다.

하지만 메넬라오스가 죽은 뒤 니코스트라토스와 메가펜테스는 헬레네를 스파르타에서 추방했고 쫓겨난 헬레네는 로도스 섬으로 가서 옛 친구인 폴릭소에게 몸을 의탁했다. 그런데 폴릭소는 남편 틀레폴레모스의 죽음이 헬레네 탓이라고 여겨 원한을 품고 있었다.(헬레네의 구혼자 중 한 사람이었던 틀레폴레모스는 구혼자의 서약에 따라 트로이 전쟁에 참전했다가 전사하였다. '틀레폴레모스' 참조)

폴릭소는 일단 헬레네를 반기는 척하였지만 헬레네가 목욕을 하는 사이에 시녀들을 복수의 여신 에리니에스로 변장시켜 헬레네를 죽음에 이르게 하였다.(헬레네는 시녀들이 변장한 복수의 여신에게 놀라 실성하여 스스로 목숨을 끊었다고도 하고 시녀들에 의해 살해되었다고도 한다.)

헬레네를 되찾은 메넬라오스
아티카 적색상 도기, 기원전 440년, 루브르 박물관

스파르타의 왕위 계승

파우사니아스의 기록에 따르면 니코스트라토스와 메가펜테스는 헬레네를 추방한 뒤 잠시 스파르타를 다스렸지만 스파르타인들이 서자인 이들을 적법한 왕위계승자로 인정하지 않는 바람에 스파르타의 왕위는 결국 오레스테스에게로 넘어갔다. 오레스테스는 메넬라오스와 헬레네 사이의 유일한 소생인 딸 헤르미오네와 결혼한 선왕의 사위일 뿐만 아니라 메넬라오스의 형인 미케네 왕 아가멤논의 유일한 아들이었기 때문이다.

니키페 Nicippe

요약

그리스 신화에서 펠롭스왕의 딸이다.

미케네의 왕 스테넬로스와 사이에서 난 아들 에우리스테우스는 나중에 영웅 헤라클레스에게 12가지 과업을 부과하는 인물인데, 니키페는 아들 에우리스테우스의 어머니로서만 신화에 이름을 알린다.

기본정보

구분	왕비
외국어 표기	그리스어: Νικίππη
관련 신화	헤라클레스의 12과업

인물관계

니키페는 피사의 왕 펠롭스와 히포다메이아 사이에서 난 딸로 아트레우스, 티에스테스와 남매지간이다.

페르세우스의 자손인 스테넬로스왕과 결혼하여 헤라클레스의 경쟁자 에우리스테우스를 낳았다.

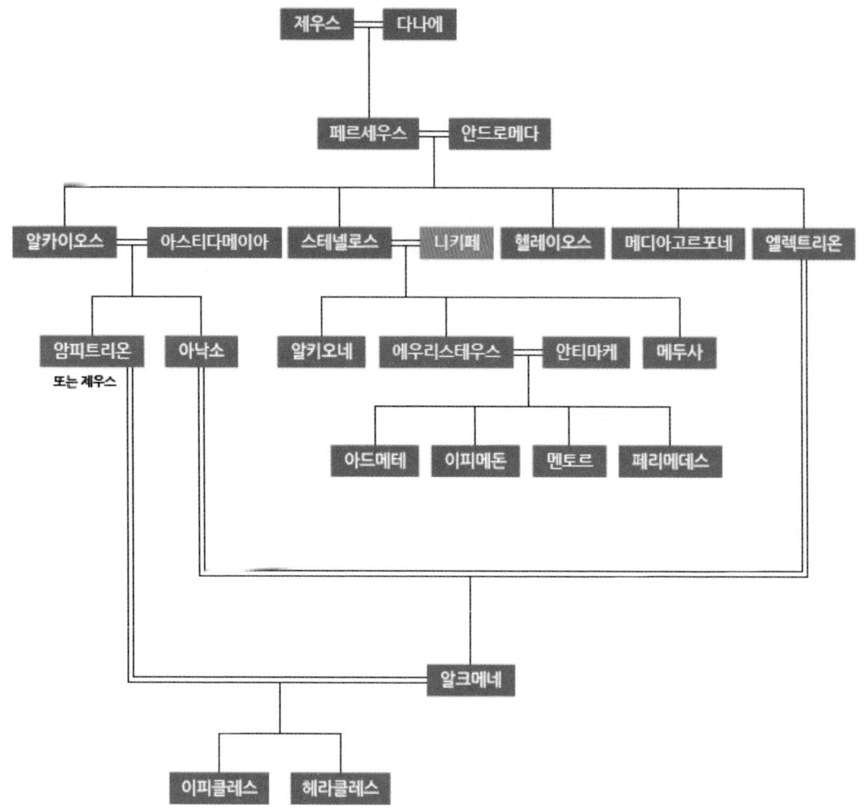

신화이야기

에우리스테우스와 헤라클레스

니키페가 페르세우스의 아들 스테넬로스와 관계하여 에우리스테우스를 임신할 무렵, 다른 곳에서는 이미 페르세우스의 핏줄인 또 다른 아이가 한 여인의 태중에서 자라고 있었다. 바로 그리스 신화 최고의 영웅 헤라클레스였다.

헤라클레스를 임신한 여인은 페르세우스의 손녀 알크메네이고 헤라클레스의 아버지는 제우스다. 알크메네는 이미 사촌 암피트리온과 결혼한 사이였지만 제우스가 암피트리온이 전쟁터에 나가고 없는 사이에 그의 모습으로 변신하여 알크메네를 취했던 것이다. 제우스는 훌륭한 영웅을 잉태시키기 위해 밤의 길이를 세 배로 늘렸다고 한다. 알크메네가 아이를 낳을 때가 가까워 오자 제우스는 곧 태어날 페르세우스의 후손이 장차 미케네의 왕이 되리라고 예언했다. 하지만 이를 질투한 헤라가 출산의 여신 에일레이티이아에게 지시하여 헤라클레스의 탄생을 늦추고, 마찬가지로 페르세우스의 혈통을 임신한 니키페의 출산을 앞당기게 하였다.

그리하여 에우리스테우스는 헤라클레스에 앞서 일곱 달 만에 세상에 태어났고 제우스가 예언한 미케네의 통치권은 에우리스테우스에게로 돌아간다. 하지만 헤라클레스는 자신에게 왕위 계승의 권리가 있다고 여기며 늘 에우리스테우스의 왕권을 위협하는 존재가 된다.

후에 헤라에 의해 광기에 사로잡힌 헤라클레스가 자신의 자식들을 살해하는 사건이 벌어지자 델포이의 신탁은 헤라클레스에게 에우리스테우스의 노예가 되어 그가 시키는 일을 해야 죄를 씻을 수 있다고 말한다. 이에 헤라클레스는 에우리스테우스로부터 12가지 어려운 과

헤라클레스가 멧돼지를 잡아오자 항아리에 숨은 에우리스테우스
기원전 510년, 루브르 박물관

업을 부여받아 이를 처리하고 죄를 씻게 된다.

하지만 에우리스테우스는 헤라클레스가 죽고 난 뒤에도 계속해서 그 자손들을 핍박하다가 헤라클레스의 조카 이올라오스의 손에 목숨을 잃고 만다. 헤라클레스의 어머니 알크메네는 이올라오스가 에우리스테우스의 머리를 건네주자 칼로 그의 두 눈을 도려냈다고 한다.

또 다른 니키페

테스피아이의 왕 테스피오스와 메가메데 사이에서 태어난 50명의 딸 중에도 니키페가 있다. 테스피오스왕은 자신의 소떼를 해치는 사자를 맨손으로 때려잡은 헤라클레스에게 딸 50명을 차례로 동침시켜 아들을 낳게 하였는데 니키페도 헤라클레스와 동침하여 아들 안티마코스를 낳았다.

닉스 Nyx

요약

그리스 신화에 나오는 밤을 의인화한 여신이다.

『신들의 계보』에 따르면 닉스는 태초에 가이아 등과 함께 카오스로부터 생겨났으며 지하의 암흑을 의인화한 신 에레보스와 결합하여 천공의 대기와 낮을 잉태하였다. 닉스는 그밖에도 숙명, 죽음, 잠, 복수, 기만, 불화, 노쇠 등 많은 의인화된 개념들을 낳았다.

로마 신화의 녹스와 동일시된다.

기본정보

구분	개념이 의인화된 신
상징	밤
외국어 표기	그리스어: Νύξ
로마 신화	녹스(Nox)
가족관계	카오스의 딸, 에레보스의 아내

인물관계

헤시오도스의 『신들의 계보』에 따르면 닉스(밤)는 가이아(대지), 타르타로스(하계), 에로스(사랑), 에레보스(어둠) 등과 함께 카오스(혼돈)에서 곧바로 생겨난 딸이며, 남매인 에레보스와 결합하여 아이테르(창공의 밝은 대기)와 헤메라(낮)를 낳았다.

닉스는 또 남성의 힘을 빌리지 않고 홀로 모로스(숙명), 케레스(죽음, 파멸), 힙노스(잠), 타나토스(죽음), 모이라이(운명), 네메시스(복수), 아파테(기만), 필로테스(우정), 게라스(노화), 에리스(불화), 헤스페리데스(석양) 등 개념이 의인화된 신들을 낳았다.

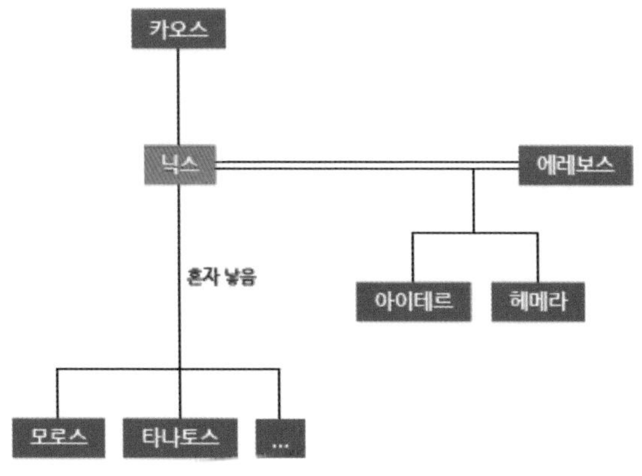

신화이야기

그리스 신화에서 닉스는 태초에 생겨난 여신이지만 그 기원에 관해서는 여러 가지 이야기들이 전해진다.

닉스는 왕성한 생산력을 지닌 여신으로 암흑의 신 에레보스와 함께 혹은 남성의 도움 없이 혼자서 강력한 힘을 지닌 많은 - 개념이 의인화된 - 신들을 낳은 것으로 여겨진다.

헤시오도스 전거

헤시오도스는 『신들의 계보』에서 닉스가 가이아(대지), 타르타로스(하계), 에로스(사랑), 에레보스(어둠) 등과 함께 카오스(혼돈)에서 곧바로 생겨난 여신이라고 했다. 닉스는 에레보스와 결합하여 아이테르(창공의 밝은 대기)와 헤메라(낮)를 낳았으며, 나중에는 남성의 도움 없이 혼자 힘으로 모로스(숙명), 케레스(죽음, 파멸), 힙노스(잠), 타나토스(죽

닉스(왼쪽)
프랑스 국립도서관

음), 모이라이(운명), 네메시스(복수), 아파테(기만), 필로테스(우정), 게라스(노화), 에리스(불화), 헤스페리데스(석양) 등을 낳았다.(하지만 로마 시대의 저술가 키케로와 히기누스에 따르면 모로스, 케레스, 힙노스 등등도 닉스 여신이 홀로 낳은 자식들이 아니라 에레보스와 결합하여 낳은 자식들이라고 한다.)

닉스는 힙노스(잠), 타나토스(죽음)와 함께 하계인 타르타로스에 살고 있다. 하지만 이곳은 그녀가 에레보스와 함께 낳은 딸 헤메라(낮)의 거처이기도 하다. 헤메라는 닉스가 지상으로 떠나고 나면 이곳에 머물다가 닉스가 돌아오면 이번에는 그녀가 다시 지상으로 올라간다.

오르페우스교 전거

오르페우스교의 우주관에 따르면 태초에 영겁의 시간을 뜻하는 크로노스가 있었고 여기로부터 카오스(혼돈)와 아이테르(창공)와 에레보스(어둠)가 생겨난다. 이때 카오스는 알을 한 개 품고 있는데 이 알이 깨지면서 최초의 신적 존재로 간주되는 태초의 빛 파네스가 태어난다.(파네스는 왕성한 생산력을 지닌 신으로 에로스와 동일시된다.)

이 빛(파네스)에서 밤의 여신 닉스가 태어났다. 파네스는 자신이 스스로 낳은 딸 닉스와 결합하여 우주의 온갖 신들을 세상에 태어나게 한다.(닉스를 파네스의 어머니로 보는 견해도 있다.)

파네스와 닉스의 결합에서 우라노스(하늘)와 가이아(대지)가 태어났고 우라노스와 가이아는 다시 자기들끼리 결합하여 거인족 키클로페스와 헤카톤케이레스 그리고 티탄족을 낳게 된다

닉스
윌리암 아돌프 부그로(William Adolphe Bouguereau), 1883년, 힐우드 박물관

호메로스 전거

호메로스는 『일리아스』에서 닉스를 힙노스와 타나토스 형제의 어머니로 소개하면서 그녀가 신들의 왕 제우스조차도 두려워하는 여신이라고 말한다. 『일리아스』에서 잠의 신 힙노스는 제우스를 잠들게 만들어 달라는 헤라 여신의 부탁을 거절하며 그녀에게 예전의 일을 상기시키는데 그는 헤라클레스를 골탕 먹이려는 헤라의 부탁으로 잠시 제우스를 잠들게 했다가 나중에 분노한 제우스의 손에 죽을 뻔했던 적이 있었던 것이다.

"그리하여 그(제우스)가 나를 대기에서 바다 속으로 내던져 죽게 했을 것이나 마침 이때 신과 인간을 정복하는 밤의 여신이 나를 구해주었습니다.
그녀에게 내가 달아나 구원을 청하자 그는 화가 났지만 나를 쫓기를 그만두었습니다. 날랜 밤의 여신의 비위를 건드리기가 두려워서 말입니다." (『일리아스』)

닉테우스 Nycteus

요약

그리스 신화에 등장하는 테바이의 섭정왕이다.
딸 안티오페가 처녀의 몸으로 임신하여 시키온의 에포페우스왕에게로 도망치자 군대를 이끌고 시키온으로 쳐들어갔다가 에포페우스와의 결투에서 입은 부상으로 죽고 말았다. 숨을 거두면서 닉테우스는 동생 리키온에게 복수를 당부하였다.

기본정보

구분	왕
외국어 표기	그리스어: Νυκτεύς
가족관계	크토니오스의 아들, 포세이돈의 아들, 안티오페의 아버지, 닉테이스의 아버지

인물관계

닉테우스의 가계에 관해서는 여러 가지 설이 있다.
테바이의 건설자 카드모스가 용의 이빨을 뿌려서 생겨난 스파르토이('씨 뿌려 나온 남자들') 중 한 명인 크토니오스의 아들이라고도 하고 히리에우스와 클로니아의 아들이라고도 하는데, 이 경우 그는 리코스와 형제지간이 된다. 하지만 리코스는 포세이돈과 켈라이노 사이에서 태어난 아들로 알려져 있기 때문에 닉테우스도 그들의 아들이라는 주장도 있다. 그러나 닉테우스의 동생인 리코스와 포세이돈과 켈라이노의 아들 리코스는 다른 인물로 여겨진다.

닉테우스는 폴릭소와 결혼하여 두 딸 안티오페와 닉테이스를 낳았다.

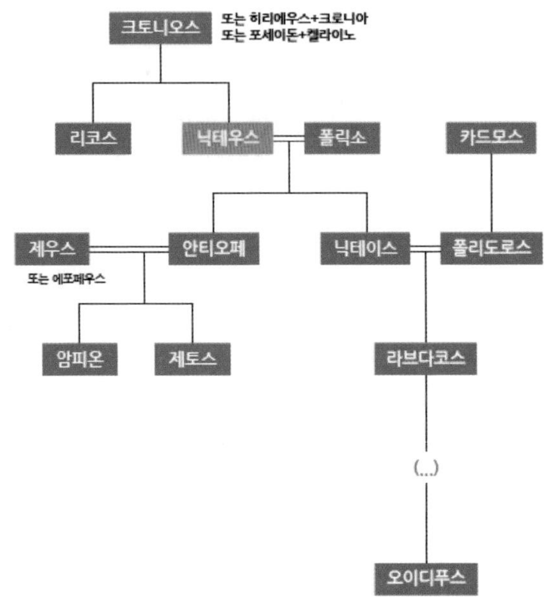

신화이야기

테바이의 섭정이 된 닉테우스

닉테우스와 리코스는 에우보이아에서 자랐다. 두 형제는 그곳에서 오르코메노스의 왕 플레기아스를 죽이고 히리아로 피신하였다가 나중에 테바이로 가서 친구인 펜테우스에게 의탁하였다.

펜테우스는 카드모스의 외손자로 외조부에 이어 테바이의 왕이 되었다. 하지만 얼마 뒤 펜테우스가 디오니소스의 추종자들(마이나데스)에 의해 죽임을 당하자 그의 외숙부이자 카드모스의 아들인 폴리도로스가 테바이의 왕위에 올랐다.('마이나데스' 참조)

닉테우스에게는 두 딸 닉테이스와 안티오페가 있었는데, 닉테이스는 펜테우스에 이어 테바이의 왕이 된 폴리도로스와 결혼하여 아들 라브다코스를 낳았다. 하지만 라브다코스가 아직 어린 아이일 때 폴리도로스가 죽었기 때문에 닉테우스는 어린 손자를 대신하여 섭정이 되어 테바이를 다스렸다.

제우스와 안티오페
판화, 렘브란트(Rembrandt), 1659년, 휴스턴 미술관

시키온으로 도망친 안티오페

닉테우스의 또 다른 딸 안티오페는 무척 아름다운 처녀였다. 안티오페의 미모에 반한 제우스가 사티로스로 변신하여 그녀에게 접근하여 사랑을 나누었다. 처녀의 몸으로 임신을 하게 된 안티오페는 아버지의 진노가 두려워 시키온으로 도망가서 그곳의 왕 에포페우스와 결혼하였다. 하지만 다른 이야기에 따르면 안티오페를 임신시킨 것은 제우스가 아니라 에포페우스라고 한다. 에포페우스는 안티오페가 자신의 아이를 임신하자 닉테우스의 허락도 없이 그녀를 납치하듯 시키온으

로 데려갔다는 것이다.

딸을 빼앗긴 닉테우스는 군대를 이끌고 시키온으로 쳐들어가 에포페우스와 일대일 결투를 벌였다. 결투는 두 사람 모두 중상을 입은 채로 끝이 났다. 성과 없이 테바이로 돌아온 닉테우스는 결투에서 입은 부상으로 결국 목숨을 잃고 마는데 죽어가면서 동생 리코스에게 복수를 당부하였다. 다른 이야기에 따르면 닉테우스는 분을 참지 못하고 스스로 목숨을 끊었다고도 한다.

닉테우스에 이어 테바이의 섭정이 된 리코스는 형의 유지를 받들어 시키온으로 쳐들어가서 에포페우스를 죽이고 안티오페를 붙잡아 테바이로 데려왔다.

하지만 또 다른 이야기에 따르면 에포페우스는 닉테우스와의 결투에서 입은 부상으로 리코스가 시키온으로 쳐들어가기 전에 이미 사망하였고 에포페우스에 뒤이어 시키온의 왕이 된 라메돈이 자발적으로 안티오페를 리코스에게 넘겨주었기 때문에 두 번째 전쟁은 일어나지 않았다고 한다.

닉테이스 Nycteis

요약

그리스 신화에 나오는 테바이 섭정 닉테우스의 딸로 테바이의 3대 왕 폴리도로스의 아내이다.

폴리도로스왕이 어린 아들 라브다코스를 남기고 일찍 죽자 닉테이스의 아버지 닉테우스가 섭정이 되어 테바이를 다스렸다. 닉테우스에 이어 섭정에 오른 닉테이스의 숙부 리코스는 라브다코스가 성년이 되자 테바이의 통치권을 그에게 넘겨주고 섭정에서 물러났다. 이후 테바이의 왕권은 라이오스를 거쳐 오이디푸스에게로 이어졌다.

기본정보

구분	왕비
외국어 표기	그리스어: Νυκτηίς
어원	'밤'
관련 신화	펜테우스, 스파르토이, 오이디푸스

인물관계

닉테이스는 닉테우스와 폴릭소 사이에서 태어난 딸로 안티오페와 자매이다. 닉테이스의 아버지 닉테우스는 테바이의 건설자 카드모스가 용의 이빨을 뿌려서 생겨난 용사들이라고 하는 스파르토이('씨 뿌려 나온 남자들') 중 한 명인 크토니오스의 아들이다.

자매인 안티오페는 제우스와 사이에서 쌍둥이 형제 암피온과 제토스를 낳았다. 닉테이스는 카드모스의 아들 폴리도로스와 결혼하여 라브다코스를 낳았으며 라브다코스의 아들 라이오스는 이오카스테와 사이에서 오이디푸스를 낳았다.

신화이야기

카드모스와 스파르토이의 후손들

닉테이스는 카드모스가 테바이를 건설할 때 군신 아레스의 샘을 지키는 용을 죽인 뒤 그 이빨을 땅에 뿌려서 생겨난 용사들이라고 하는 5인의 스파르토이 중 한 명인 크토니오스의 후손이다. '씨 뿌려 나온 남자들'이라는 뜻을 지닌 스파르토이의 후손들은 테바이의 대표적인 귀족 가문을 이루었다.

용의 이빨을 뿌리는 카드모스
맥스필드 패리시(Maxfield Parrish), 1908년 : 너새니얼 호손(Nathaniel Hawthorne) 『원더북』의 삽화

닉테이스는 카드모스의 맏아들 폴리도로스와 결혼하였다. 하지만 카드모스가 죽은 뒤 테바이의 왕위는 카드모스의 딸이자 폴리도로스의 누이 아가우에가 또 다른 스파르토이 중 하나인 에키온과 결혼하여 낳은 아들 펜테우스에게로 돌아갔다.

그러나 외숙부 폴리도로스를 밀어내고 테바이의 왕이 된 펜테우스는 당시 테바이에 확산되고 있던 디오니소스 숭배를 막으려다 신의 분노를 사 어린 아들 오클라소스만 남기고 이른 죽음을 맞았고, 테바이의 왕권은 비로소 폴리도로스의 차지가 되었다.

폴리도로스와 닉테이스 사이에서는 아들 라브다코스가 태어났다. 라브다코스가 태어나고 얼마 뒤 폴리도로스가 세상을 떠나자 닉테이스의 아버지 닉테우스가 어린 손자를 대신하여 섭정이 되어 테바이를 다스렸다.

오이디푸스로 이어지는 테바이의 왕권

닉테우스가 테바이를 다스리고 있을 때 그의 또 다른 딸 안티오페가 사티로스로 변신한 제우스와 사랑을 나누고 임신하는 일이 벌어졌다. 닉테우스는 딸이 처녀의 몸으로 임신한 것을 수치스럽게 여겨 스스로 목숨을 끊었다고도 하고 아버지의 진노가 두려워 도망친 안티오페를 보호하고 있던 시키온의 왕 에포페우스와 싸우다 죽었다고도 한다.('닉테우스' 참조)

닉테우스가 죽은 뒤에 그의 동생 리코스가 섭정이 되어 테바이를 다스리다 닉테이스의 아들 라브다코스가 성년이 되자 통치권을 넘겨주었다. 하지만 라브다코스 역시 어린 아들 라이오스를 남기고 일찌감치 세상을 떠났고 리코스는 다시 테바이의 섭정이 되었다.

성년이 되어 테바이의 왕권을 돌려받은 라이오스는 펜테우스의 후손인 이오카스테와 결혼하여 그리스 신화에서 가장 비극적인 인물로 꼽히는 오이디푸스왕을 낳았다.('오이디푸스' 참조)

님페 Nymph

요약

그리스로마 신화에 나오는 자연의 정령이다.

아름다운 여성 정령들로서 자연의 특정 장소나 나무, 샘 등에 깃들어 있다. 신들처럼 불사의 존재는 아니지만 아주 오래 사는 것으로 알려져 있으며 님페의 죽음은 그들이 깃들어 잇는 장소나 대상의 소멸을 의미했다.

기본정보

구분	님페
상징	젊고 아름다운 여성, 매혹적인 자연
외국어 표기	그리스어: **Νύμφη**, 복수형 님파이(**Νύμφαι**)
어원	처녀, 신부, 결혼 적령기의 여인
별칭	님프(Nymph)
관련 상징	숲, 나무, 샘물, 강, 산
가족관계	제우스의 딸

인물관계

호메로스는 님페들을 모두 제우스의 딸로 간주하였지만 전해지는 이야기에 따라 각각의 님페들은 서로 다른 혈통을 갖는다.

바다의 님페 오케아니데스는 오케아노스와 테티스의 딸들이고 역시 바다의 님페인 네레이데스는 네레우스와 도리스의 딸들이다.

또 물푸레나무의 님페인 멜리아데스는 우라노스의 거세된 성기에서 흐른 피가 대지 가이아에 스며서 태어난 딸들이고 님페 자매인 히아데스와 플레이아데스는 거인 아틀라스와 오케아니데스인 플레이오네 사이에서 태어난 딸들이다. 그밖에도 각각의 나무나 샘 등에 깃든 님페들은 그 나무나 샘이 처음 생겨날 때 함께 태어났다고 한다.

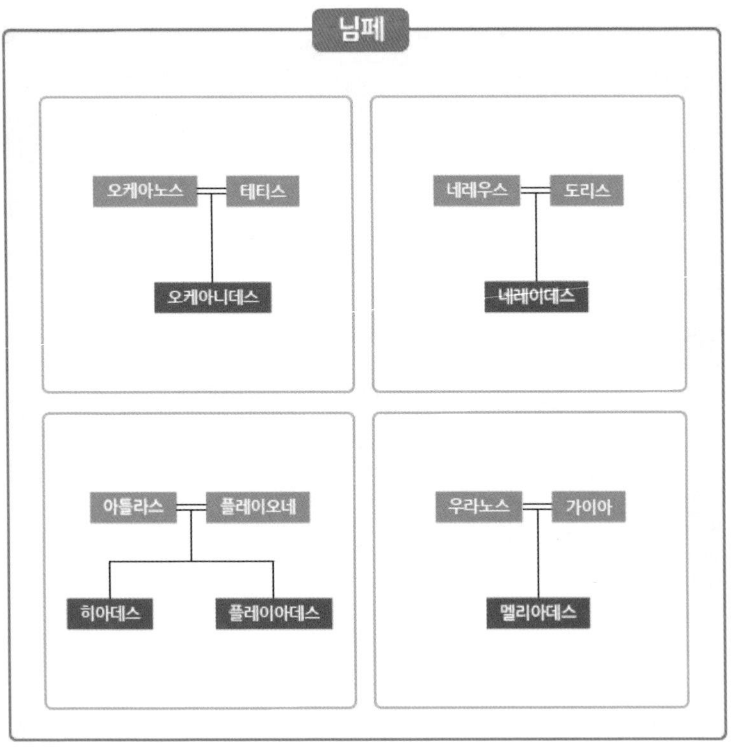

신화이야기

개요

그리스 신화에서 님페는 숲과 들판, 물에 사는 자연의 정령이다. 그리스인들은 특정한 자연 형상 속에 님페가 깃들어 있다고 믿었다.

호메로스에게서 님페는 제우스의 딸들로 간주되며 다산과 여성적 아름다움을 상징한다.

님페는 특정 장소, 산, 나무, 샘 등의 정령으로 간주되었지만 항상 여기에 묶여 있는 것은 아니었으며 오히려 자유롭게 돌아다니며 사티로스 등과 어울려 춤을 추고 사냥을 하고 인간이나 신들과 사랑을 나누었다.

님페와 사티로스
윌리암 아돌프 부그로(William Adolphe Bouguereau), 1873년, 클라크 미술관

님페들은 대개 인간에게 친절한 도움을 주었지만 사람들의 떠들썩함을 싫어하였으며 때로 잔인하게 돌변하기도 했다.('다프네', '레우키포스' 참조)

님페는 불사의 존재는 아니었지만 그에 맞먹을 정도로 아주 오래 사는 것으로 알려져 있다. 님페의 죽음은 그들이 깃들어 있는 장소나 대상의 소멸을 의미했다.

일반적으로 님페는 신화의 중심적 존재라기보다는 부차적 존재이다. 이들은 대개 낮은 등급의 여신으로서 주요 여신(특히 아르테미스 여신)을 수행하는 시종으로 등장하지만, 간혹 신들의 위계에서 높은 지위를 누리는 님페들도 있다. 예를 들어 칼립소는 자신이 님페이지만 다른 님페들을 시종으로 거느리고 있으며, 해신 포세이돈의 아내이자 바다의 여왕으로 숭배되는 암피트리테는 바다의 노인 네레우스와 도리스 사이에서 태어난 님페 자매들인 네레이데스 중 한 명이다.

님페의 분류

그리스인들이 님페를 체계적으로 분류해놓은 것은 아니지만 신화에 등장하는 님페들은 거주하는 곳에 따라 대체로 다음과 같은 종류로 나뉜다.

물의 님페

물의 님페는 연못, 호수, 샘, 우물, 하천 등 전원의 담수에 깃든 나이아데스와 대양의 님페인 오케아니데스, 바다 중에서 특히 지중해와 에게 해의 님페인 네레이데스로 분류된다.

나이아데스는 대개 강이나 연못의 신들의 딸로 간주되며 리라의 명수 오르페우스가 저승까지 가서 구하려고 했던 사랑하는 아내 에우리디케가 여기에 속한다.

오케아니데스는 바다의 신 오케아노스와 테티스가 낳은 3천 명의 딸들로 아테나 여신의 어머니인 메티스와 오디세우스를 사모한 칼립소가 여기에 속한다.

바다의 노인 네레우스와 도리스의 딸들인 네레이데스에는 영웅 아킬레우스의 어머니 테티스와 외눈박이 거인 폴리페모스가 사랑한 아름다운 갈라테이아가 있다.

님페와 나팔꽃
쥘 조제프 르페브르(Jules Joseph Lefebvre), 19세기 후반, 개인 소장

나무의 님페

숲과 나무의 님페로는 원래 떡갈나무의 님페를 이르는 말이었지만 점차 모든 나무의 님페들을 가리키는 말이 된 드리아데스, 각각의 나무에 깃들어 살면서 나무와 운명을 같이하는 하마드리아데스, 거세된 우라노스가 흘린 피에서 태어난 물푸레나무의 님페인 멜리아데스가 있다.

그밖의 님페들

그리스의 산과 동굴에는 오레아데스라 불리는 님페들이 살았는데 나르키소스를 짝사랑하다 메아리가 된 에코가 오레아데스에 속한다. 숲에는 알세이데스라는 님페들이 살았고(그리스어의 '알소스'는 신성한 숲이라는 뜻이다) 들판의 꽃과 풀에는 레이모니아데스라는 님페들이 깃들어 있었고 계곡에는 나파이아이라는 님페들이 살았다.

또 아틀라스의 딸들로 나중에 하늘의 별자리가 된 히아데스와 플레이아데스 자매도 님페로 분류된다. 히아데스는 '비를 내리는 여인들'이라는 뜻으로 비의 님페로 간주된다.

그밖에도 특정한 장소에 따라 이름이 주어진 님페들도 있는데 예를 들어 아켈로이들은 아켈로오스 강의 님페들이다.

자고 있는 님페
안셀름 포이어바흐(Anselm Feuerbach), 1870년, 국립 게르만 박물관

ㄷ

다나에 Danae

요약

아르고스의 왕 아크리시오스의 딸이다.

아크리시오스왕은 딸이 낳은 손자에 의해 살해당할 것이라는 신탁을 듣고 다나에를 아무도 접근할 수 없는 청동으로 만든 탑에 가두어 둔다. 제우스가 황금비로 변신하여 다나에에게 접근하고 다나에는 임신하여 페르세우스를 낳는다.

기본정보

구분	공주
상징	황동탑, 황금비
외국어 표기	그리스어: **Δανάη**
어원	그리스의 여자
관련 신화	페르세우스, 아크리시오스

인물관계

아르고스의 왕 아크리시오스와 에우리디케(오르페우스의 연인 에우리디케와는 동명이인)의 딸이다. 황금비로 변한 제우스와 사이에 페르세우스를 낳는다.

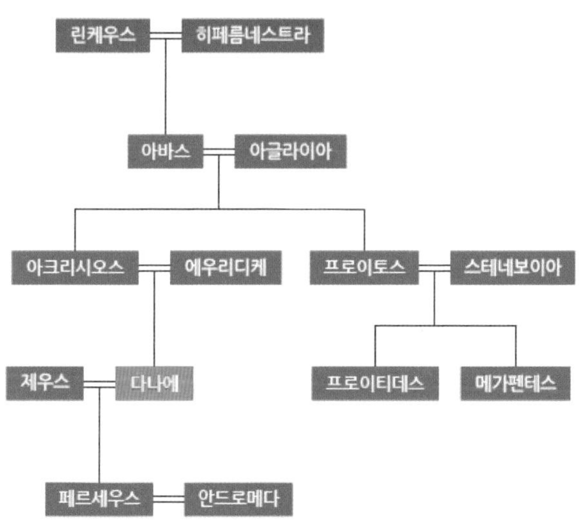

신화이야기

다나에의 아버지 아르고스의 왕 아크리시오스는 왕위를 이을 왕자가 없어 신탁을 구하던 중에 딸이 낳은 아들 즉 외손자에 의해 죽음을 당할 것이라는 예언을 듣는다. 이에 아크리시오스왕은 아직 결혼하지 않은 다나에를 아무도 접근할 수 없는 청동으로 만든 탑에 가두었다. 그러나 다나에를 마음에 둔 제우스는 급기야 황금비로 변신하여 지붕의 틈새로 탑 안에 스며들어 다나에에게 접근했다. 다나에는 제우스와 관계에서 임신하여 훗날 영웅이 된 페르세우스를 낳았다.

황금비를 맞는 다나에
얀 마뷰즈(Jan Mabuse), 1527년, 알테 피나코테크

차마 제우스의 아들을 죽일 수는 없는 일이기에 아크리시오스왕

은 다나에와 손자 페르세우스를 상자에 넣어 바다에 던져 버린다. 바다의 신 포세이돈이 제우스의 부탁을 받고 다나에 모자가 들어있는 상자를 보호해주었고, 상자는 세리포스 섬에 도달했다. 세리포스 섬의 왕 폴리덱테스의 동생인 어부 딕티스가 상자를 발견하고는 두 모자를 극진히 보살펴주었다.

딕티스의 형 폴리덱테스왕이 다나에를 사랑하여 그녀와 결혼하고자 했지만 이제 성년이 된 페르세우스가 다나에를 지켜주었다. 폴리덱테스왕은 다나에와 결혼하기 위해 페르세우스에게 메두사의 머리를 가져오라고 한다. 그러나 폴리덱테스왕의 기대와 달리 페르세우스는 아테나 여신과 헤르메스의 도움으로 메두사를 죽이고 머리를 가지고 무사히 돌아올 수 있었다.

집으로 돌아오던 중에 자신이 외할아버지를 죽이게 된다는 신탁을 들은 페르세우스는 아르고스로 가지 않고 라리사로 향하지만, 신탁은 무슨 일이 있어도 이루어지는 법이다. 『비블리오테케』에 의하면 라

다나에
티치아노 베첼리오(Tiziano Vecellio), 1560~1565년, 프라도 박물관

리사의 왕이 부친의 장례식에서 창던지기 대회를 개최하여 페르세우스가 참가했는데 우연히 그 자리에 참석했던 외할아버지 아크리시오스왕이 페르세우스가 던진 창에 맞고 죽고 말았다.

아크리시오스왕의 죽음에 관해 『변신이야기』에는 아크리시오스왕이 폴리덱테스왕의 장례식에서 죽었다고 전한다.

신화해설

다나에에 대한 해석은 격렬한 논쟁 속에서 극단적으로 상반되는 의견들이 전개되었다. 다나에는 중세와 르네상스 시대에는 사랑까지도 타락시키는 부의 위력을 보여주는 상징으로 해석되었는데, 이러한 해석선상에서 보자면 다나에 신화는 황금이 그 어떤 장애도 도덕적 가치 및 여성의 정조까지도 뛰어넘을 수 있는 위력이 있음을 보여주는 것이다. 황금비에 의해 임신한 다나에가 황금 즉 돈에 의해 유혹받는 전형적인 창녀의 모습으로 수용되고 이 경우 다나에는 그림에서 대개 누워서 다리를 벌리고 있는 모습으로 그려진다. 심지어 황금비가 내리는 부분이 금화가 쏟아지는 장면으로 대체되기도 했다.

그러나 다른 한 편으로 높은 탑에 갇힌 다나에는 어떤 남자도 접근할 수 없는 순결하고 정숙한 여인으로 해석되기도 한다. 예를 들어 렘브란트의 다나에는 다리를 모으고 머리를 단정하게 모은 모습으로 나타난다. 여기에서 다나에는 관능적인 모습 대신 자애롭고 정숙한 여인의 모습이다. 렘브란트는 황금비를 광선으로 표현했는데 다나에를 둘러싼 황금비는 돈의 이미지를 보여주는 것이 아니라 신비로운 분위기를 불러일으킨다.

이러한 해석선상에서 황금비를 맞고 있는 다나에는 동정의 몸으로 성령으로 잉태한 성모 마리아의 예시적 표현으로 해석되기도 했다.

다나에

렘브란트(Rembrandt Harmensz), 1636~1643년, 러시아 예르미타시 미술관

올림포스 신들의 아버지이자 최고의 신 제우스는 마음에 드는 여자가 있으면 무궁무진한 변신 능력을 발휘하여 목적을 달성했다. 이와 관련하여 게롤트 돔머르트 구드리히는 모든 그리스 남자들은 제우스에게 '남성의 성적 환상과 욕구'를 투사하면서 제우스와 같은 남자가 되기를 소망했다고 언급한다. 그러나 욕망의 대상인 다나에에 대해서는 극단적으로 상반되는 다양한 해석이 있으며 앞으로도 다양한 시각의 새로운 해석을 기대해도 좋을 것이다.

다나오스 Danaos

요약

그리스 신화에 나오는 아르고스의 왕이다.

자식들간의 결혼을 요구하는 이집트의 왕 아이깁토스의 위협을 피해 아르고스로 도망쳐서 그곳의 왕이 되었다.

기본정보

구분	왕
외국어 표기	그리스어: **Δαναός**
관련 신화	다나이데스의 남편 살해
가족관계	벨로스의 아들, 안키노에의 아들, 아이깁토스의 형제, 히페름네스트라의 아버지

인물관계

다나오스는 이집트의 전설적인 왕 벨로스와 강의 신(河神) 나일로스의 딸 안키노에 사이에서 태어난 아들로 아이깁토스와 형제지간이다. 다나오스는 암소로 변해서 아르고스에서 이집트로 건너온 이오의 후손이므로 아르고스는 다나오스의 고향이기도 하다.

다나오스의 딸 히페름네스트라는 아이깁토스의 아들 린케우스와 결혼하여 나중에 아르고스의 왕위를 물려받는 아바스를 낳았다. 아바스는 영웅 페르세우스와 헤라클레스의 조상이다.

신화이야기

리비아를 떠나 아르고스로 간 다나오스

벨로스의 아들 다나오스와 아이깁토스는 아버지로부터 각각 리비아와 아라비아를 물려받았다. 그런데 아이깁토스가 검은 발의 멜람포데스족이 사는 나라를 정복하고 그곳에 자신의 이름을 딴 이집트라는 이름을 붙인 뒤 리비아의 왕 다나오스에게 자신의 아들 50명과 다나오스의 딸들(다나이데스) 50명을 결혼시키자고 제안하였다. 이에 위협을 느낀 다나오스는 아테나 여신의 도움을 받아 50개의 노로 젓는 커다란 배를 만들어 딸들과 함께 아르고스로 도망쳤다. 아르고스는 다나오스의 조상 이오가 황소로 변해 이집트로 오기 전에 살았던 곳이다.

아르고스로 가는 길에 다나오스 일행은 로도스 섬의 도시 린도스에 들러 아테나 여신께 감사를 드렸다. 린도스의 아테나 신전은 다나오스의 딸들이 지은 것으로 전해졌다.

아르고스의 왕이 된 다나오스

아르고스에 도착한 다나오스는 이오의 후손임을 내세워 왕권을 주장했지만 당시 아르고스의 왕 겔라노르는 왕권을 내줄 마음이 전혀 없었다. 겔라노르는 원래 이름이 펠라스고스였는데 왕권을 넘기라는 다나오스의 요구에 웃음을 터뜨려 '웃는 자'라는 뜻의 겔라노르라는 이름을 갖게 되었다고 한다.

두 사람은 아르고스인들이 모인 자리에서 왕권을 놓고 긴 논쟁을 벌였는데 이 싸움은 갑작스레 벌어진 어떤 사건으로 인해 끝이 났다. 그 사건은 늑대 한 마리가 아르고스의 소떼를 습격한 일이었다. 늑대는 커다란 황소에게 덤벼들어 금세 숨을 끊어놓았다. 이를 본 아르고스인들은 어디선가 나타나 소떼를 습격한 늑대가 먼 외지에서 온 다나오스와 비슷하다고 여겼다. 사람들은 이 사건을 신의 계시로 해석하여 다나오스를 왕으로 추대하였고 다나오스는 '리케이오스 아폴론(늑대의 신 아폴론)'에게 신전을 지어 바쳤다.

아르고스의 물 부족 문제를 해결한 다나오스

왕이 된 다나오스는 아르고스의 고질적인 물 부족 문제를 해결했다. 아르고스인들은 오래 전부터 주변에 물이 부족하여 고생하고 있었는데 아르고스에 물이 귀하게 된 것은 포세이돈의 진노 때문이었다. 포세이돈이 예전에 헤라와 아르고스의 수호신 자리를 놓고 다툴 때 이곳의 강의 신(河神)들이 헤라 편을 든 것에 화가 나 아르고스의 강물을 모두 마르게 했던 것이다.

다나오스는 딸들을 보내 물을 찾게 했다. 그중에는 아름다운 아미

다나이데스
오귀스트 로뎅(Auguste Rodin), 1884년, 워싱턴 메리힐 미술관

모네도 있었는데, 샘을 찾아 나선 아미모네가 숲에서 사티로스에게 쫓기게 되자 포세이돈에게 도움을 청했고 이 일로 아미모네를 사랑하게 된 포세이돈은 아르고스에 다시 샘이 솟게 하였다.

다른 설에 따르면 다나오스는 아르고스 사람들에게 우물 파는 법을 가르쳐 준 뒤 왕으로 뽑혔다고 한다.

아이깁토스의 아들들을 죽인 다나이데스

한편 아이깁토스의 아들들 50명은 아르고스까지 찾아와 계속해서 결혼을 요구하였고 다나오스는 결국 이를 수락할 수밖에 없었다. 하지만 여전히 이 결혼을 위협으로 느낀 다나오스는 딸들에게 단검을 하나씩 주고 결혼 첫날밤에 신랑의 목을 베도록 지시하였다.

다나오스의 딸들은 모두 아버지가 시킨 대로 첫날밤에 신랑의 목을 베었지만 단 한 명 히페름네스트라만이 자신의 신랑 린케우스를 죽이지 않았다. 린케우스가 자신의 처녀성을 존중해 준 것을 고맙게 여겨 그랬던 것이다. 구사일생으로 목숨을 구한 린케우스는 아르고스 근처 언덕으로 피신해 미리 약속된 히페름네스트라의 횃불 신호를 기다렸다가 무사히 고국으로 돌아갈 수 있었다. 훗날 아르고스인들은 이를 기리기 위해 '리르케이아' 언덕에서 횃불 축제를 열었다.

아르고스의 왕이 된 린케우스

얼마 뒤 린케우스가 군대를 이끌고 아르고스로 쳐들어와서 다나오스왕을 죽이고 그 딸들도 히페름네스트라 한 명만 빼고 모두 죽였다. 죽은 다나오스의 딸들은 남편을 죽인 죄로 저승에서 구멍 뚫린 항아리에 영원히 물을 채워야 하는 형벌을 받았다.

이 신화에는 또 다른 결말도 있다. 그에 따르면 히페름네스트라는 린케우스를 살려 보낸 일이 발각되어 재판을 받게 되었는데 아프로디테 여신으로부터 무죄 판결을 받고 풀려날 수 있었다. 그러자 다나오스가 린케우스와 화해하고 그를 진정한 사위로 받아들였다고 한다. 린케우스는 다나오스가 죽은 뒤 아르고스의 왕이 되었고 린케우스와 히페름네스트라 사이에서는 린케우스에 이어 아르고스의 왕위에 오르는 아들 아바스가 태어났다.

또 다른 이야기에 따르면 다나오스의 딸들은 제우스의 명령을 받은 헤르메스와 아테나에 의해 죄를 용서받았다고 한다. 다나오스는 사면된 딸들을 아르고스의 청년들과 결혼시키기로 하고 자신의 딸과 결혼하는 사람에게 훌륭한 선물을 주겠다고 공표했다. 아무래도 살인 전력이 있는 딸들과 선뜻 결혼하려는 청년이 없을 것이라 생각했기 때문이었다. 결국 다나이데스들은 모두 아르고스의 청년들과 결혼했고 이들이 낳은 '다나오이(다나오스의 자손들)'는 곧 그리스인 전체를 이르는 명칭이 되었다.

다나이데스 Danaides

요약

'다나오스의 딸들'이라는 뜻으로 그리스 신화에 등장하는 다나오스의 딸 50명을 가리키는 말이다.

다나이데스는 아버지 다나오스의 지시에 따라 결혼 첫날밤에 그들의 신랑인 아이깁토스의 아들 50명을 모두 살해하였다. 이 죄로 저승 타르타로스에서 구멍 뚫린 항아리에 영원히 물을 채워 넣어야 하는 형벌을 받았다.

구멍 뚫린 항아리에 물을 붓는 다나이데스
존 윌리엄 워터하우스(J. W. Waterhouse), 1903년, 개인 소장

기본정보

구분	공주
외국어 표기	그리스어: **Δαναΐδες**
어원	다나오스의 딸들
별칭	다나이스(Danaids)
관련 신화	다나이데스의 남편 살해

인물관계

다나이데스는 리비아의 왕 다나오스가 여러 명의 아내로부터 얻은

50명의 딸을 말한다. 맏이인 히페름네스트라는 아이깁토스의 아들 50명 중 하나인 린케우스와 결혼하여 아들 아바스를 낳았다.

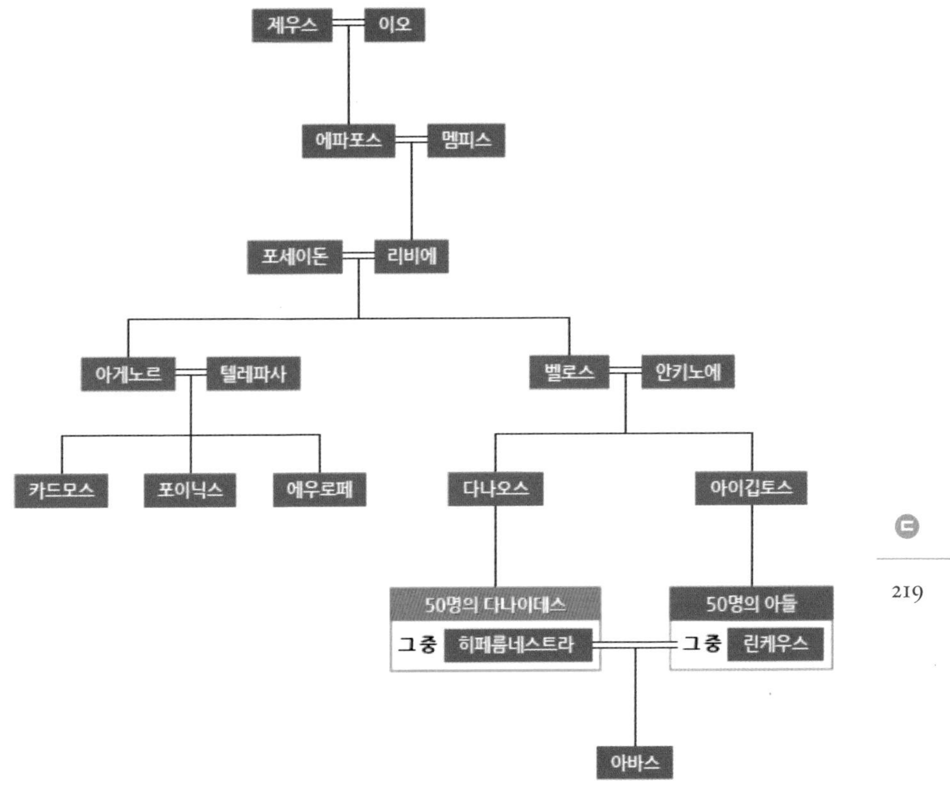

신화이야기

아르고스로 도망친 다나오스와 그 딸들

다나오스와 아이깁토스는 이집트의 전설적인 왕 벨로스와 안키노에 사이에서 태어난 쌍둥이 형제인데 아버지의 유산을 놓고 서로 다투었다. 벨로스는 두 아들에게 각각 리비아와 아라비아를 물려주었지만 아이깁토스가 영토의 확장을 시도하면서 형제간에 갈등이 생겨났다. 아이깁토스는 문제를 해결하기 위해 다나오스에게 자신의 아들

50명을 다나오스의 딸 50명과 결혼시키자고 제안하였다. 하지만 다나오스는 이를 계략으로 받아들였다. 게다가 신탁도 그가 사위의 손에 죽게 될 것이라고 예언했다. 이에 위협을 느낀 다나오스는 아테나 여신의 도움을 받아 50개의 노로 젓는 커다란 배를 만들어 딸들과 함께 아르고스로 도망쳤다. 아르고스는 다나오스의 조상인 이오가 황소로 변해 이집트로 오기 전에 살았던 곳이다.

아르고스로 가는 길에 다나오스 일행은 로도스 섬의 도시 린도스에 들러 아테나 여신께 감사를 드렸다. 린도스의 아테나 신전은 다나오스의 딸들이 지은 것으로 전해진다.

아이깁토스의 아들들을 죽인 다나이데스

아이깁토스는 아르고스로 아들 50명을 보내 계속해서 결혼을 요구하였다. 다나오스는 하는 수 없이 이를 수락하고 딸들에게 단검을 하나씩 주어 첫날밤에 신랑의 목을 베도록 지시하였다. 다나오스의 딸들은 모두 아버지가 시킨대로 신랑의 목을 베었지만 단 한 명 히페름네스트라만은 자신의 신랑 린케우스를 죽이지 않았다. 린케우스가 자신의 처녀성을 존중해 준 것을 고맙게 여겨 그랬던 것이다. 히페름네스트라는 이 일로 재판에 회부되었지만 아프로디테 여신의 변론 덕분에 무죄 판결을 받고 풀려날 수 있었다.

남편을 살해한 다른 49명의 다나이데스도 제우스의 명령으로 헤르메스와 아테나에게 죄의 사면을 받았다. 그 후 다나오스는 히페름네스트라와 린케우스의 결혼을 인정하였다. 린케우스는 다나오스가 죽은 뒤 아르고스의 왕이 되었고 린케우스와 히페름네스트라 사이에서 린케우스에 이어 아르고스의 왕위에 오르는 아바스가 태어났다.

다나오스는 사면된 다른 딸들도 다시 결혼시키고자 했지만 선뜻 이들과 결혼하겠다고 나서는 이들이 없었다. 그래서 그는 달리기 대회를 열어 결승선에 들어오는 순서대로 딸들과 결혼시키고 두둑한 지참금도 챙겨 주었다. 구혼자들은 신부를 위한 선물도 준비할 필요가 없었다. 이렇게 다나이데스는 모두 아르고스의 청년들과 결혼하여 많은 자식을 낳았다. 이들이 낳은 '다나오이(다나오스의 자손들)'족은 그 땅에 먼저 살던 펠라스고이족을 대체하였다. 호메로스는 『일리아스』에서 다나오이를 그리스인 전체를 이르는 명칭으로 사용하였다.

첫날밤 신랑을 죽이는 다나이데스
로비네 떼타르(Robinet Testard), 1496~1498년
오비디우스의 작품 『헤로이데스』의 삽화
프랑스 국립도서관

타르타로스의 형벌

다른 이야기에 따르면 구사일생으로 목숨을 구해 자기 나라로 도망친 린케우스가 군대를 이끌고 아르고스로 다시 쳐들어와서 다나오스왕과 그 딸들을 히페름네스트라만 빼고 모두 죽였다고 한다. 그리고 죽은 다나이데스는 남편을 죽인 죄로 저승에서 구멍 뚫린 항아리에 영원히 물을 채워야 하는 형벌을 받았다.

신화해설

다나이데스 신화는 이집트에서 건너온 이주 세력이 아르고스 지역의 고질적인 물 부족 문제를 급수 시설을 통해 해결함으로써 이곳에 정착하게 되는 과정을 보여준다. 실제로 일부 신화에서는 다나오스가 아르고스인들에게 우물 파는 법을 가르쳐 준 뒤 왕으로 뽑혔다고 한다.

다르다노스 Dardanus

요약

그리스 신화에 나오는 전설적인 왕이다.

제우스의 아들로 트로이 왕국의 전신인 다르다니아 왕국을 세운 다르다니아인들과 트로이인들의 시조다. 트로이의 마지막 왕 프리아모스와 로마의 시조 아이네이아스가 모두 그의 후손이다.

기본정보

구분	왕
외국어 표기	그리스어: **Δάρδανος**
관련 신화	트로이 건국
가족관계	제우스의 아들, 엘렉트라의 아들

인물관계

다르다노스는 제우스와 엘렉트라의 아들로 트로이의 마지막 왕 프리아모스와 로마의 시조 아이네이아스의 직계 조상이다.

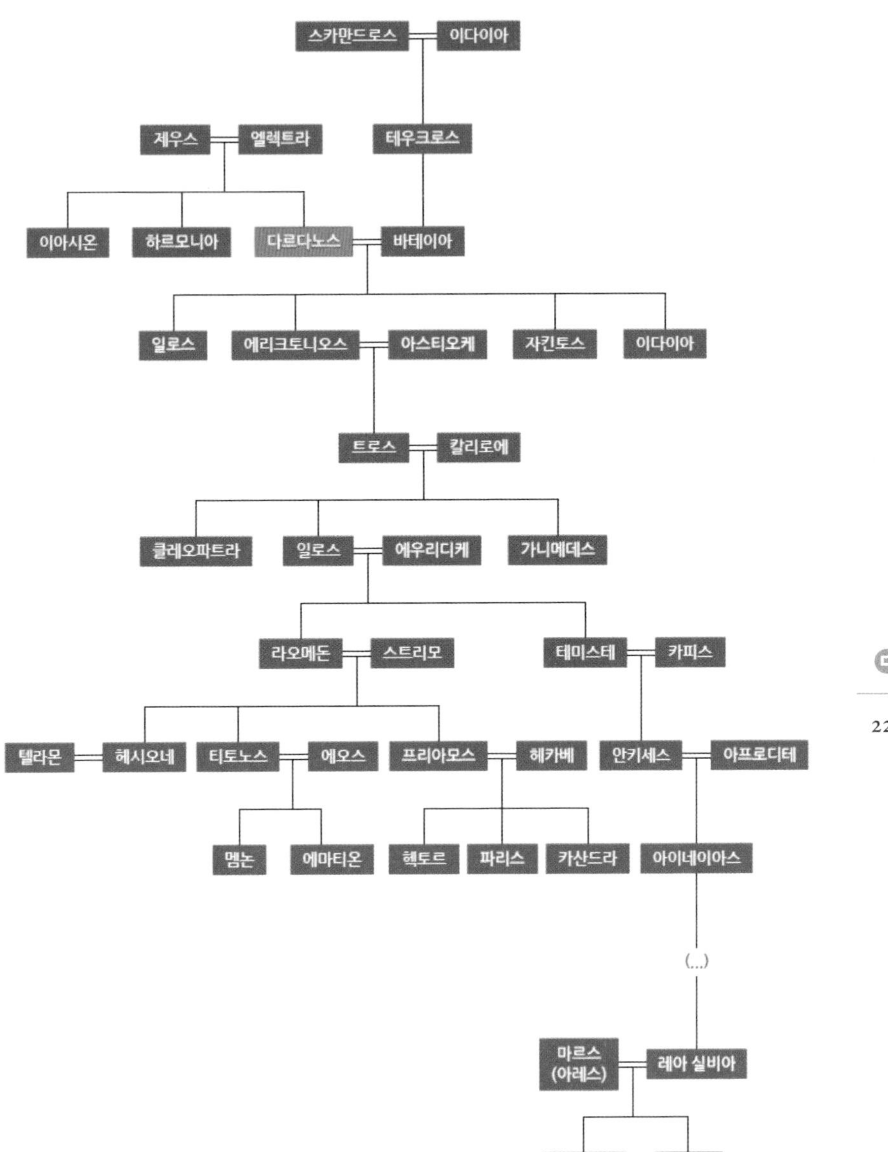

스카만드로스
이다이아
제우스
엘렉트라
테우크로스
이아시온
하르모니아
다르다노스
바테이아
일로스
에리크토니오스
아스티오케
자킨토스
이다이아
트로스
칼리로에
클레오파트라
일로스
에우리디케
가니메데스
라오메돈
스트리모
테미스테
카피스
텔라몬
헤시오네
티토노스
에오스
프리아모스
헤카베
안키세스
아프로디테
멤논
에마티온
헥토르
파리스
카산드라
아이네이아스
(...)
마르스 (아레스)
레아 실비아
로물루스
레무스

첫 번째 결혼

다르다노스는 제우스와 아틀라스의 딸인 님페 엘렉트라 사이에서 태어난 아들로, 소아시아의 트로아스에 전설적인 도시 다르다니아를 세운 다르다니아인들과 트로이인들의 시조이며 아이네이아스를 통해서 로마인들의 시조이기도 하다.

다르다노스는 고향 아르카디아에서 첫 번째 아내 크리세와 결혼하여 데이마스와 이다이오스를 낳았다. 크리세는 우라노스의 잘린 성기에서 흘러나온 피가 땅에 스며서 태어난 거인족 기간테스의 하나인 팔라스의 딸로서, 다르다노스와 결혼할 때 아테나 여신으로부터 신상(神像) 팔라디온을 선물로 받았다고 한다. 다르다노스는 이 신상을 나중에 트로이로 가져왔는데 트로이를 지켜주는 힘이 있다고 믿어졌던 팔라디온 신상이 트로이성의 아테나 신전에 서 있게 된 연유에 대해서는 그밖에도 여러 가지 전설들이 내려오고 있다.

트로아스에 정착

제우스와 님페 엘렉트라 사이에서 난 자식으로 다르다노스 외에도 이아시온과 하르모니아도 있었다. 이아시온은 누이 하르모니아와 테바이의 건설자 카드모스의 결혼식에 참석했다가 대지의 여신 데메테르를 보고 반한 나머지 그녀를 겁탈하려다 아버지 제우스의 벼락에 맞아 죽었다. 다른 이야기에 따르면 이아시온과 데메테르가 서로 눈이 맞아서 "갈아 놓은 경작지에서 세 차례" 사랑을 나누었고 제우스에게 벼락을 맞아 죽은 것은 그 뒤의 일이라고도 한다. 데메테르는 이아시온과의 관계를 통해서 아들 풍요의 신 플루토스를 낳았다.

형 이아시온이 죽은 뒤 다르다노스는 깊은 슬픔에 빠져 아들 이다이오스와 함께 고향을 등지고 떠났다. 다르다노스는 바다를 건너 에게 해의 사모트라케 섬에 정착했는데(다른 이야기에 의하면 다르다노스와 이아시온은 처음부터 사모트라케 섬에서 살았다고도 한다) 이때 데우칼리온의 대홍수를 만나 다시 물 위를 떠돌다 소아시아의 프리기아 지방에 도착했다. 그곳은 강의 신 스카만드로스와 님페 이다이아의 아들 테우크로스가 다스리고 있었다.

다르다노스는 테우크로스왕의 환대를 받고 영지의 일부와 그의 딸 바테이아를 아내로 맞았다. 다르다노스는 아들 이다이오스의 이름을 따서 이데 산으로 불리는 산기슭에 도시를 건설하고 다르다니아라는 이름을 붙였다. 장인 테우크로스왕이 죽은 뒤에는 그의 왕국도 모두 물려받고 그 주민들을 다르다니아인이라고 불렀다.

다르다노스는 두 번째 아내인 테우크로스왕의 딸 바테이아와 사이에서 외할머니와 이름이 같은 딸 이다이아와 아들 일로스, 자킨토스, 에리크토니오스 등을 낳았다.

에리크토니오스는 트로이의 건설자 일로스를 낳은 트로스의 아버지이므로 다르다노스는 트로이의 시조가 된다.

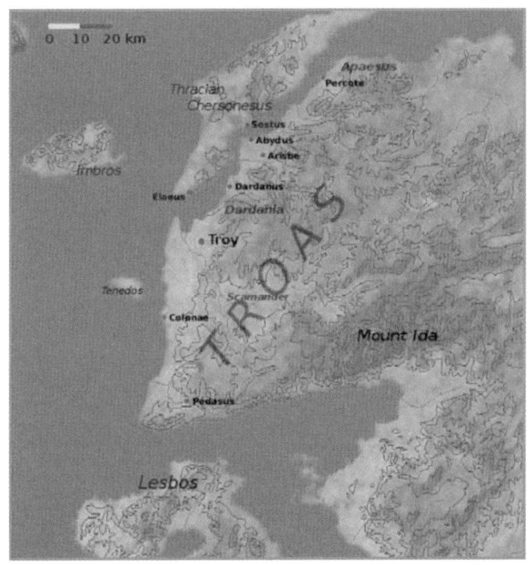

트로이지도

로마 신화의 다르다노스

베르길리우스의 『아이네이스』에 따르면 다르다노스는 이탈리아 중부 에트루리아 태생이고 아버지는 코린토스라고 한다. 그는 에트루리아의 코르트나 시를 건설한 뒤 이아시온과 헤어져 트로아스로 건너갔다고 하는데 이는 아이네이아스가 트로이가 멸망한 뒤에 이탈리아로 가서 정착하게 된 연유를 설명해 준다. 아이네이아스는 트로이를 떠날 때 다르다노스의 출생지로 돌아가야 한다는 신탁을 받았다.

이데 산

제우스의 탄생지로도 유명한 이데 산(혹은 이다 산)이라는 이름의 유래는 다르다노스의 아들 이다이오스로부터 비롯되었다. 기원전 1세기경의 역사가 디오니시오스에 따르면 이다이오스는 이 산에 대모지신(大母地神) 키벨레의 신전을 짓고 여신을 숭배하는 비교(秘敎) 의식을 행하였다. 이다이오스가 프리기아로 들여온 키벨레 여신의 비교 의식은 디오니시오스 시대에도 여전히 이 지방에서 행해지고 있었다고 한다.

신화해설

다르다노스의 신화는 펠로폰네소스에 거주하던 그리스인들이 소아시아로 건너가 식민지를 건설하는 과정을 보여주는 이야기다. 트로이가 건설된 곳은 지중해와 흑해가 바닷길로 연결되는 길목으로 해상무역의 요충지다. 학자들은 트로이 전쟁이 일어난 이유가 트로이에서 무역상들에게 지나치게 높은 통행세를 물린 탓으로 보기도 한다.

다르다노스의 손자 트로스는 트로이라는 이름의 기원이 된 시조이고 후손 일로스는 조상이 정착한 땅에 트로이 왕국의 기초를 세웠다.

다마센 Damasen

요약

그리스 신화에 등장하는 거인이다.

강의 님페 모리아의 부탁으로 그녀의 남동생 틸로스를 물어 죽인 거대한 왕뱀을 때려죽였다. 왕뱀과 틸로스는 약초 '제우스의 꽃'을 코에 대고 문지르자 모두 되살아났다.

기본정보

구분	거인
상징	막강한 힘
외국어 표기	그리스어: Δαμασήν
어원	제압, 뿌리뽑음
관련 상징	왕뱀
가족관계	가이아의 아들

ㄷ

인물관계

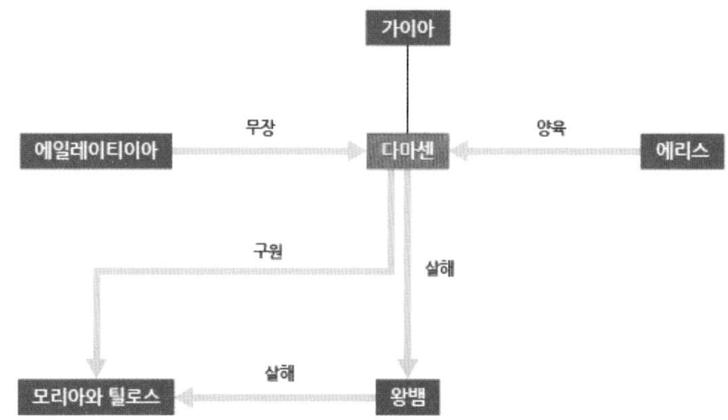

다마센은 대지의 여신 가이아가 남성의 도움 없이 홀로 낳은 자식이다. 출산의 여신 에일레이티이아가 태어나자마자 그에게 무기를 주었고 그의 양육은 불화의 여신 에리스가 맡았다.

신화이야기

출생

소아시아의 리디아 지방에 전해지는 신화에 따르면 다마센은 대지의 여신 가이아가 남편 없이 홀로 낳은 거인이다. 다마센은 날 때부터 수염이 나 있었으며 출산의 여신 에일레이티이아는 태어나자마자 그를 무장시켰다. 다마센은 불화의 여신 에리스에 의해 양육되었는데 곧 거대한 체구로 성장하여 막강한 힘을 지닌 거인이 되었다.

왕뱀을 때려 죽인 다마센

다마센에 관한 전승은 논노스의 『디오니소스 이야기』가 유일한데 그에 따르면 다마센은 강의 님페 모리아의 요청으로 거대한 왕뱀을 때려죽였다고 한다.

리디아 지방을 흐르는 헤르모스 강의 님페 모리아는 남동생 틸로스와 함께 강가를 거닐다가 거대한 왕뱀의 공격을 받았다. 틸로스가 실수로 왕뱀을 건드렸기 때문이다. 왕뱀은 당장 틸로스를 물어 죽였다. 모리아는 다급하게 거인 다마센에게 도움을 청했고 다마센은 나무 한 그루를 뿌리째 뽑아 왕뱀을 때려죽였다.

되살아난 왕뱀과 틸로스

다마센에게 죽임을 당한 왕뱀 곁에는 암컷 왕뱀도 한 마리 있었다. 암컷 왕뱀은 수컷이 죽자 재빨리 수풀 속으로 들어가 약초를 물고 와 수컷 왕뱀의 콧구멍에 대고 문질렀다. 그러자 수컷 왕뱀이 금세 다시 살아나더니 암컷과 함께 숲 속으로 사라져버렸다. 이를 지켜본 모리아는 왕뱀이 들어갔던 수풀 속에서 똑같은 약초를 뜯어 와서 죽은 틸로스의 코에 대고 문질렀다. 잠시 후 틸로스의 코에도 숨결이 돌아오고 얼굴에 생기가 돌았다.

모리아가 틸로스를 살려낸 약초는 '제우스의 꽃'이라는 이름의 풀이었는데 그 뒤로 사람들은 '모리아의 풀'이라고도 불렀다.

다이달로스 Daedalus

유약

미노스왕의 미궁(迷宮) 라비린토스를 만든 전설적인 장인이다.

날개를 달고 너무 태양 가까이 날아올랐다가 떨어져 죽은 이카로스의 아버지이자 날개의 제작자이다.

기본정보

구분	영웅
상징	천재적 장인, 예술가, 발명가
외국어 표기	그리스어: Δαίδαλος
어원	명장(名匠)
관련 신화	미노타우로스, 이카로스의 추락

인물관계

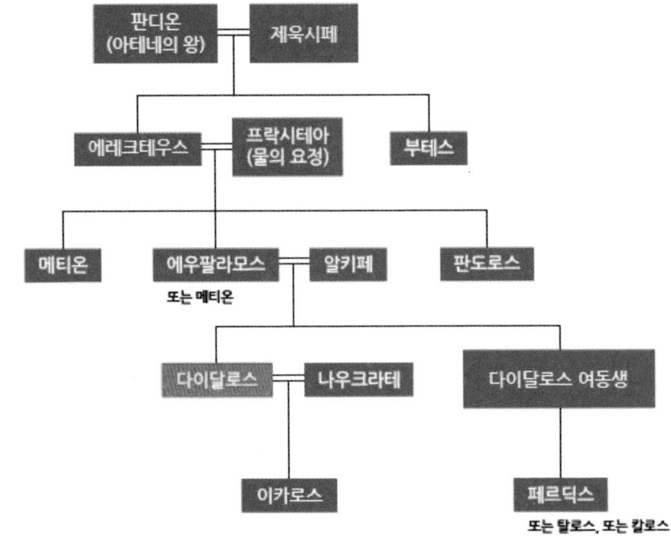

다이달로스는 아테네의 왕 에레크테우스의 자손 에우팔라모스 혹은 메티온의 아들로 미노스왕의 시녀 나우크라테와 사이에서 아들 이카로스를 낳았다.

신화이야기

개요

그리스 신화에서 다이달로스는 아테네의 왕 에레크테우스의 아들 '현명한 손을 가진' 에우팔라모스(혹은 '유식한' 메티온)과 알키페 사이에서 난 자식으로, 대장장이 신 헤파이스토스의 직계 후손이다.

다이달로스
3세기, 마케도니아 플라오슈니크에서 출토

그는 다방면에 재능을 지닌 예술가이자 건축가, 발명가로 알려져 있으며 그가 만든 조각 작품은 너무나 사실적이어서 살아 있는 것으로 착각할 지경이었다고 한다. 『메논』에서 플라톤이 말하는 실제로 움직이는 조각 같은 전설적인 작품도 그가 만든 것이었다고 한다.

다이달로스와 페르딕스

다이달로스의 누이는 자신의 아들 페르딕스(탈로스 혹은 칼로스라고도 불린다)를 오빠에게 보내 제자로 삼게 했다. 조카 페르딕스는 곧 외삼촌보다 더 뛰어난 장인이 될 소질을 드러내기 시작했다. 그는 뛰어난 상상력을 발휘하여 물고기의 등뼈를 보고 톱을 발명하는가 하면 컴퍼스도 발명하였다. 이에 다이달로스는 점점 자신을 능가하는 조카를 시기하여 아테나 여신의 거룩한 성채인 아크로폴리스 꼭대기에서 아래로 떠밀어 버린다. 하지만 지혜로운 인간을 사랑하는 아테나 여신은 성채 밑으로 추락하는 페르딕스를 새(자고새)로 만들었다. 다이달로스는 조카를 벼랑으로 떨어뜨려 죽인 혐의로 재판을 받고 아테네에서 추방되었다.

미노스왕의 미궁

다이달로스는 미노스왕이 다스리는 크레타로 가서 몸을 의탁했다. 당시 크레타는 소를 숭배하는 문화가 있었다. 둘째 아들로 태어난 미노스왕은 바다의 신 포세이돈이 그의 기도를 들어주어 흰 황소를 보내 준 덕분에 크레타의 왕위에 오를 수 있었다. 하지만 미노스왕은 이 아름다운 황소가 탐이 나서 그것을 계율대로 포세이돈에게 제물로 바치지 않고 자신이 차지하였다.

파시파에에게 목조 암소를 건네주는 다이달로스
폼페이 베티 저택의 벽화, 1세기

분노한 포세이돈은 미노스왕이 헬리오스의 딸 파시파에와 결혼하자 그녀를 황소와 미친 듯이 사랑에 빠지도록 만들었다. 왕비 파시파에는 몰래 다이달로스에게 명하여 나무로 암소를 만들게 하고 그 속에 자신이 들어가서 흰 황소와 사랑을 나눈다. 그러고 나서 왕비가 낳은 것은 인간과 황소가 반씩 섞인 반인반수의 괴물 미노타우로스였다. 다이달로스는 이번에는 미노스왕으로부터 이 위험하고 사나운 괴수를 가두어 둘 곳을 만들라는 명령을 받는다. 이에 들어가고 나오는 입구는 하나지만 안으로 들어가면 수많은 통로가 거미줄처럼 얽혀 있어서 다시는 밖으로 나올 수 없는 미궁 라비린토스를 만들었다.

다이달로스와 이카로스

다이달로스는 미궁을 완성한 뒤에 미노스왕에 의해 성탑에 갇히는 신세가 된다. 미궁의 비밀이 밖으로 새 나가지 않게 하도록 위해서였다. 다른 출전에 따르면 테세우스가 미노타우로스를 물리친 다음 미궁에서 빠져나올 수 있는 방법을 다이달로스가 아리아드네에게 가르쳐 준 죄로 그 자신이 미궁에 갇히게 되었다고도 한다. 테세우스는 미노스왕의 딸 아리아드네 공주가 건네준 실뭉치 덕분에 미궁을 빠져나올 수 있었던 것이다.

다이달로스와 이카로스
프레데릭 레이튼(Frederick Leighton), 1869년, 개인 소장

아들 이카로스와 함께 갇힌 다이달로스는 섬을 빠져나가려면 하늘을 날아가는 방법밖에 없다고 생각했다. 다이달로스는 자신의 재주를 한껏 발휘하여 깃털

과 밀랍으로 자신과 아들의 어깨와 팔에 날개를 만들어 붙였다. 다이달로스는 하늘로 날아오르기 전에 아들 이카로스에게 태양에 너무 가까이 접근하지 않도록 주의를 주었다. 태양열 때문에 밀랍이 녹아 깃털이 떨어져 나갈 것이기 때문이었다.

다이달로스와 이카로스는 날개를 힘차게 저어 하늘로 날아올랐다. 그들은 방향을 북동쪽으로 잡아 파로스 섬, 델로스 섬, 사모스 섬 위를 날아갔다. 하지만 스포라데스 제도와 이오니아 해안 사이를 지날 때쯤 이카로스가 비행에 도취한 나머지 아버지의 경고를 무시하고 한껏 하늘 높이 올라갔다. 그러자 태양의 뜨거운 열기가 날개의 밀랍을 녹였고 날개를 잃은 이카로스는 그대로 바다로 추락했다. 이때부터 이 바다는 이카로스의 이름을 따서 '이카리아 해'라고 불리고 있다.

이카로스의 추락
페테르 파울 루벤스(Peter Paul Rubens), 1636년, 브뤼셀 왕립미술관

다이달로스는 근처의 섬(오늘날의 이카로스 섬)에 착륙하여 바다에서 아들의 시체를 건져 섬에 묻어 주었다. 이때 자고새 한 마리가 큰 소리로 울면서 곁을 날아갔는데 바로 조카 페르딕스가 변한 새였다.

시칠리아에 도착한 다이달로스

다이달로스는 계속해서 시칠리아로 날아가서 카미코스의 왕 코칼로스의 궁전에 몸을 숨겼다. 다이달로스가 달아난 것을 안 미노스왕은 그를 찾기 위해 한 가지 꾀를 내었다. 주변의 나라들에 다이달로스가 아니면 풀 수 없는 문제를 내었던 것이다. 소용돌이 모양으로 휘감겨 있는 소라껍질에 실을 꿰는 방법을 묻는 문제였는데 코칼로스왕이 이

문제로 고민하자 다이달로스는 소라껍질 끝에 구멍을 뚫고 허리에 실을 맨 개미를 그 구멍으로 들여보내 실을 꿰어 문제를 해결해 주었다.

코칼로스왕이 실을 꿴 소라껍질을 보여주자 미노스왕은 그가 다이달로스를 보호하고 있다는 것을 확신하고 그를 내줄 것을 요구했다. 하지만 코칼로스는 그의 요구를 들어줄 생각이 없었다. 다이달로스가 코칼로스왕을 위해 난공불락의 도시를 건설하고 있었기 때문이었다. 하지만 강력한 크레타 해군에 맞설 능력이 없었던 코칼로스왕은 미노스의 요구를 들어줄 것처럼 속여 그를 자신의 궁으로 초대한 다음 딸들을 시켜 살해하였다. 코칼로스왕은 세 딸에게 미노스의 목욕 수발을 들게 한 다음 펄펄 끓는 물 속에 넣어 죽였는데 이때 끓는 물을 아무도 모르게 왕의 욕조로 흘러들게 하는 배관 장치를 발명한 사람도 다름 아닌 다이달로스였다고 한다.

신화해설

천재의 대명사 다이달로스

고대 그리스인들에게 다이달로스라는 이름은 천재적인 명장의 대명사처럼 쓰인 듯하다. 수많은 전설적인 발명과 건축에 모두 다이달로스의 이름이 붙여졌는데 그중에는 오늘날까지 전해지는 것들도 있다. 예를 들면 시칠리아 아라본 강 연안의 저수지, 세리노스의 증기목욕탕, 아크라가스의 요새, 엘릭스의 아프로디테 신전 주랑, 황금으로 된 벌집 등이 그의 작품이다. 또 돛을 처음으로 고안한 사람도 다이달로스이며 아교, 도끼, 톱, 연추의 실, 나선형 끌 등 목수가 쓰는 대부분의 연장도 그의 발명품이라고 한다. 그밖에도 그는 나무를 깎아서 수많은 조각상들을 만들었는데 그중에는 눈과 손을 움직이거나 스스로 걸어 다니는 것도 있었다고 한다.

다이달리온 Daedalion

요약

그리스 신화에 나오는 새벽별의 신 에오스포로스의 아들이다.

딸 키오네가 미모를 뽐내다 아르테미스 여신의 분노를 사서 여신이 쏜 화살에 죽임을 당하자 다이달리온은 슬픔과 분노를 이기지 못해 절벽에서 뛰어내렸으나 이를 불쌍히 여긴 아폴론에 의해 매로 변하였다.

기본정보

구분	신화 속 인물
상징	불같이 사나운 성격
외국어 표기	그리스어: Δαιδαλίων
관련 동식물	매

인물관계

다이달리온은 새벽별의 신 에오스포로스(혹은 포스포로스)의 아들로 트라키아의 왕 케익스와 형제이다.

다이달리온의 딸 키오네는 헤르메스와 아폴론 두 신과 정을 통해 쌍둥이 필람몬과 아우톨리코스를 낳았다. 아우톨리코스는 트로이 전쟁의 영웅 오디세우스의 외조부이다.

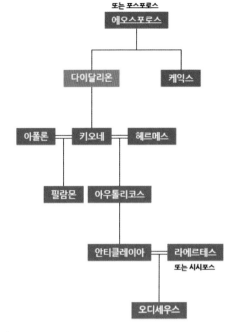

또는 포스포로스
에오스포로스
다이달리온
케익스
아폴론
키오네
헤르메스
필람몬
아우톨리코스
안티클레이아
라에르테스
또는 시시포스
오디세우스

신화이야기

아폴론과 헤르메스의 사랑을 받은 키오네

온화하고 너그러운 동생 트라키아의 왕 케익스와 달리 사납고 호전적이어서 늘 침략과 전쟁을 일삼았던 다이달리온에게 키오네라는 딸이 있었는데 어릴 때부터 빼어난 미모로 유명해서 그의 집에는 구혼자들의 발길이 끊이질 않았다. 아폴론과 헤르메스도 키오네의 미모에 반해 각각 그녀와 정을 통했는데 후에 키오네는 쌍둥이 아들 필람몬과 아우톨리코스를 낳았다.

나중에 두 아들은 각기 다른 성격을 지닌 청년으로 성장하였고, 리라 연주와 노래에 뛰어난 필람몬은 음악의 신 아폴론의 자식으로, 민첩하고 교활한 아우톨리코스는 도둑과 전령의 신 헤르메스의 자식으로 알려졌다. 아우톨리코스는 트로이 전쟁에서 지략과 술수로 명성을 떨친 오디세우스의 외조부이기도 하다.

매로 변한 다이달리온

두 명의 신들로부터 사랑을 받은 키오네는 자만하여 불경한 짓을 저지르고 만다. 자신의 미모가 아르테미스 여신보다 훨씬 더 뛰어나다고 자랑하고 다닌 것이다. 분노한 아르테미스 여신은 활로 키오네의 띠빌이는 입을 쏘아 버렸다.

애지중지하던 딸이 여신이 쏜 화살에 죽임을 당하자 불같은 성격의 다이달리온은 슬픔과 분노를 주체하지 못하고 딸을 화장하는 불길 속에 뛰어들려 하였다. 하지만 만류하는 사람들의 손길에 막혀 뜻을 이루지 못하자 그는 파르나소스 산 꼭대기로 올라가서 아래로 몸을 던졌다. 하늘에서 이를 지켜보던 아폴론 신이 그를 불쌍히 여겨 새로 변하게 하였다. 다이달리온은 인간이었을 때의 성격과 꼭 닮은 매로 변신하였다.

한편 해신 포세이돈과 사이에서 아들 에우몰포스를 낳은 키오네는 북풍의 신 보레아스와 오레이티이아 사이에서 난 딸로 다이달리온의 딸 키오네와는 다른 인물이다.('에우몰포스' 참조)

다프네 Daphne

요약

그리스 신화에 나오는 숲의 님페이다.

강의 신(河神) 페네이오스(혹은 라돈)의 딸이다. 아르테미스 여신처럼 사냥으로 나날을 보내는 처녀로 아폴론 신의 구애를 받았으나 거절하고 도망치다가 월계수로 변했다.

기본정보

구분	님페
상징	외사랑
외국어 표기	그리스어: Δάφνη
어원	월계수
관련 동식물	월계수
가족관계	페네이오스의 딸, 라돈의 딸

인물관계

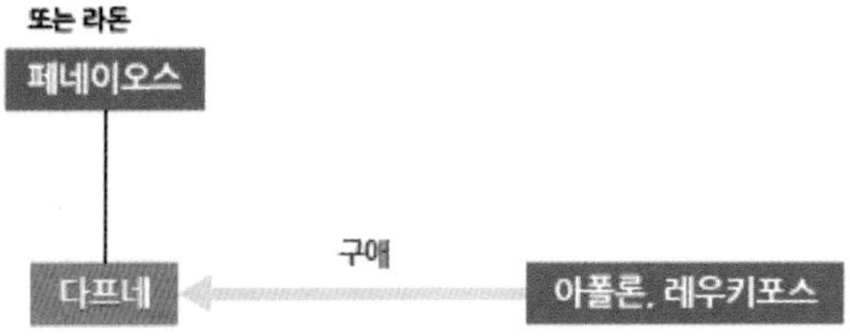

아폴론과 에로스의 다툼

파르나소스 산에서 거대한 뱀 피톤을 활로 쏴 죽이고 델포이를 차지한 뒤 한껏 자신감에 부푼 아폴론은 에로스가 화살을 들고 있는 것을 보자 자신의 억센 강궁(强弓)을 들어 보이며 그렇게 조그맣고 연약한 활과 화살로 무엇을 할 수 있겠느냐고 비웃었다. 화가 난 에로스는 아폴론의 무례함을 벌하기 위해 두 개의 화살을 준비하였다. 황금으로 된 화살과 납으로 된 화살이었다. 에로스는 파르나소스 산꼭대기에 올라 황금 화살은 아폴론의 심장을 향해 쏘았고 납 화살은 다프네의 심장을 향해 쏘았다.

두 화살은 모두 과녁을 꿰뚫었다. 그러자 아폴론의 가슴 속에 다프네를 향한 주체할 수 없는 사랑이 끓어올랐지만 다프네는 그 어떤 남자에게도 관심이 가지 않는 냉정한 마음으로 싸늘하게 식었다.

아폴론과 다프네
마시밀리아노 솔다니 벤지(Massimiliano Soldani Benzi), 1700년경, 클리블랜드 미술관

레우키포스의 죽음

아름다운 숲의 님페 다프네를 사랑하는 남자는 아폴론만이 아니었다. 엘레이아의 왕 오이노마오스의 아들 레우키포스도 무정한 다프네를 사랑하여 마음을 끓이

고 있었다. 레우키포스는 다프네가 자신의 구애를 계속해서 쌀쌀맞게 거절하자 소녀로 변장하고 그녀에게 접근했다. 다프네는 사냥꾼 무리에 새로 들어온 여장한 레우키포스가 마음에 들어 늘 다정하게 함께 다녔다. 이를 지켜본 아폴론은 질투가 나서 레우키포스의 정체가 들통 나도록 다프네 일행에게 목욕할 마음을 불러일으켰다. 레우키포스는 물론 목욕을 할 수가 없었다. 레우키포스가 계속해서 목욕을 거부하자 다프네 일행이 강제로 그의 옷을 벗겼고 정체가 탄로난 레우키포스는 분노한 여자들의 손에 죽고 말았다.

월계수로 변한 다프네

다프네를 향한 마음을 억누를 수 없었던 아폴론은 다프네를 뒤쫓아 갔고 다프네는 바람처럼 날랜 다리로 아폴론의 손길을 피해 도망쳤다. 하지만 뒤쫓는 자는 사랑의 날개를 달고 있었기에 더 빨랐다. 등 뒤로 바짝 따라붙은 아폴론의 손에 거의 잡힐 지경이 된 다프네가 다급하게 강의 신인 아버지 페네이오스에게 도움을 청했다.

"아버지, 저를 도와주세요! 만약 저 강물 속에 어떤 신성이 있다면 너무나도 호감을 샀던 내 이 모습을 바꾸어 없애 주세요!"

그녀의 기도가 채 끝나기도 전에 짓누르는 듯 마비되는 느낌이 그녀의 팔다리를 사로잡았다. 부드러운 가슴 위로 얇은 나무껍질이 덮였고, 머리카락은 나뭇잎으로, 그녀의 두 팔은 가지로 자랐다. 방금 전까지도 그토록 빠르던 발이 질긴 뿌리들에 붙잡혔고 얼굴은 우듬지가 차지했다. 빛나는 아름다움만이 남아 있었다.

그래도 포이보스(아폴론의 별명)는 그녀를 사랑했다. 그는 나무줄기에 오른손을 얹어 그녀의 심장이 나무껍질 밑에서 아직도 헐떡이고 있는 것을 느꼈고 나뭇가지들을 끌어안고 나무에 입을 맞추었다. 나무가 되어서도 그녀는 그의 입맞춤에 움츠러들었다.

다프네의 몸은 월계수로 변했다. 아폴론은 하는 수 없이 그녀를 단

넘했지만 월계수를 자신의 성수(聖樹)로 삼고 머리에도 왕관 대신 월계수 가지를 엮은 관을 썼다.

신화해설

월계관

월계수는 아폴론 신을 상징하는 나무가 되었다. 회화나 조각에서도 아폴론 신은 대개 리라를 손에 들고 머리에 월계관을 쓴 모습으로 등장한다. 후에 아폴론의 성지 델포이 부근에서는 아폴론 신을 기념하는 피티아 제전이 4년에 한 번씩 열렸다. 아폴론이 음악과 시를 주관하는 신이기 때문에 기원전 590년경에 열린 1회 대회에서는 음악 경연으로만 진행되었지만 차츰 올림피아에서 행해진 종목들이 포함되었다. 경연의 우승자에게는 아폴론의 상징인 월계관이 씌워졌다.

경연의 우승자에게 월계관을 씌워 주던 전통은 후대로 이어져 로마 시대에는 개선문을 통과하는 장군에게도 월계관이 수여되었다. 영국에서는 17세기 무렵부터 영국을 빛낸 위대한 시인에게 왕실에서 월계관을 씌워 주고 계관시인의 칭호를 내렸다.

관련 작품

음악

야코포 페리: 〈다프네〉, 최초의 오페라, 1598년
하인리히 쉬츠: 〈다프네〉, 독일 최초의 오페라, 1627년
프리드리히 헨델: 〈다프네〉, 오페라, 1708년
리하르트 슈트라우스: 〈다프네〉

아폴론과 다프네
피에로 델 폴라이올로(Piero del Pollaiuolo), 1470~1480년경
런던 내셔널갤러리

아폴론과 다프네
니콜라 푸생(Nicolas Poussin), 1625년, 알테 피나코테크

아폴론과 다프네
페테르 파울 루벤스(Peter Paul Rubens), 1636년경
바욘 보나 미술관

아폴론과 다프네
존 윌리엄 워터하우스 (J. W. Waterhouse), 1908년, 개인 소장

아폴론과 다프네

콘라트 첼티스(Conrad Celtis)의 책 『지형학으로서의 사랑』에 수록된 삽화
1502년 뉘른베르크 출판

아폴론과 다프네

조반니 바티스타 티에폴로(Giovanni Battista Tiepolo), 1744년
루브르 박물관

다프니스 Daphnis

요약

그리스 신화에 등장하는 시칠리아의 목동이다.

목신 판에게서 피리와 노래를 배워 목가의 창시자가 되었다. 물의 님페 노미아에게 사랑의 맹세를 했다가 이를 어겨 장님이 된 뒤 노래를 부르며 돌아다니다 물에 빠져(혹은 절벽에서 떨어져) 죽었다.

기본정보

구분	신화 속 인물
상징	목가(牧歌)의 창시자
외국어 표기	그리스어: Δάφνις
어원	월계수의 아이
관련 상징	월계수, 피리(시링크스)

인물관계

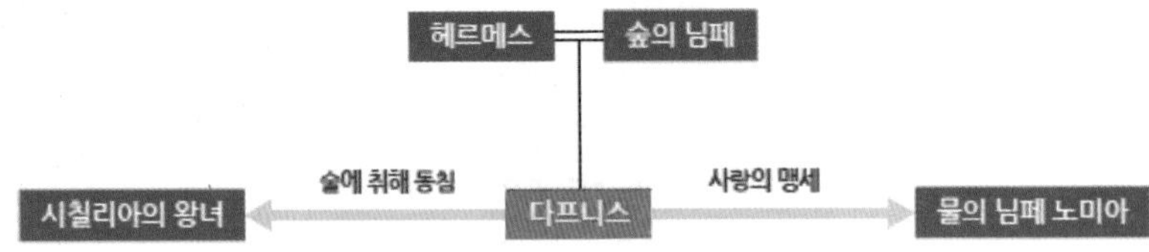

다프니스는 헤르메스와 숲의 님페 사이에서 태어난 아들로 물의 님페(나이아데스) 노미아와 시칠리아 왕녀의 사랑을 받았다.

월계수의 아이

판과 다프니스
헬레니즘 시대 석상, 루도비시 컬렉션(Ludovisi Collection), 로마 국립박물관

다프니스라는 이름은 그가 월계수 숲에서 태어났거나 또는 태어나자마자 월계수 숲에 버려졌기 때문에 붙여진 것이다.

다프니스는 숲의 님페들에게 귀여움을 받으며 자랐다. 아름다운 청년으로 성장한 다프니스는 많은 님페들과 인간들의 사랑을 받았다. 목신 판도 그를 사랑하여 그에게 노래와 피리를 가르쳐주었다.

음악에 매료된 다프니스는 자신이 오로지 음악을 사랑할 뿐 다른 어떠한 여인의 유혹에도 넘어가지 않을 자신이 있다고 호언장담하였는데 이것이 미의 여신 아프로디테를 화나게 만들었다. 아프로디테는 아들 에로스를 시켜 다프니스에게 복수하였다.

물의 님페 노미아에게 사랑의 맹세를 한 다프니스

다프니스는 곧 물의 님페(나이아데스) 노미아를 열렬히 사랑하게 되었다. 노미아는 처음에는 다프니스에게 마음을 주지 않았지만 다프니스가 필사적으로 구애를 해오자 영원한 사랑을 맹세시킨 다음 그의 구애를 받아들였다. 하지만 결코 다른 여자에게 눈을 돌리지 않겠다던 다프니스의 맹세는 오래 가지 못했다. 시칠리아의 왕녀 크세니아가 그를 사랑하게 되어 그에게 술을 먹인 다음 동침하였던 것이다. 다프니스의 배신에 화가 난 노미아는 그를 장님으로 만들어 버렸다.

장님이 된 다프니스는 판에게서 배운 피리(시링크스)를 불며 자신의 불행을 한탄하는 노래를 부르고 다녔는데 이것이 목가(牧歌)의 기원이라고 한다.(다프니스는 목가의 창시자로 간주된다.)

다프니스의 죽음

다프니스는 앞 못 보는 눈으로 노래를 부르며 다니다가 그만 물에 빠지고 말았는데 물의 님페들이 노미아에 대한 맹세를 저버린 다프니스를 구해주려 하지 않았기 때문에 익사하였다고 한다. 또 다른 이야기에 따르면 다프니스는 절벽에서 떨어져 죽었는데 헤르메스가 그를 천상으로 데려가고 그가 죽은 자리에는 샘이 솟아나게 하였다고 한다. 사람들은 그 샘에 다프니스의 이름을 붙이고 해마다 그를 기리는 제사를 지냈다.

다프니스와 클로에
프랑수아 제라르(Francois Pascal Simon Gerard), 1824년, 디트로이트 미술관

다프니스와 클로에

『다프니스와 클로에』는 기원전 3세기경 그리스의 작가 롱고스의 작품으로 알려졌는데 16세기 중반 프랑스의 아미요 주교에 의해 불어로 옮겨진 뒤 큰 인기를 끌었다. 어렸을 때 부모를 잃은 다프니스와 클로에가 양치기들의 손에 자라다가 헤어진 후 우여곡절 끝에 다시 만나 사랑하게 되고 되찾은 부모 곁에서 행복한 결혼생활을 한다는 전형적인 연애모험 소설의 형태를 띤 작품이다. 최초의 전원소설 중 하나로 간주되는 이 작품은 16~17세기 유럽 전원문학의 전범이 되었을뿐만 아니라 모리스 라벨의 교향곡 〈다프니스와 클로에 이야기〉, 마르크 샤갈의 석판화 등 다른 여러 장르의 예술가들에게도 많은 영감을 주었다.

데메테르 Demeter

요약

그리스 신화에 나오는 올림포스 12신 중 하나이다.

대지의 여신으로 대지에서 자라는 곡물, 특히 밀의 성장과 땅의 생산력을 관장하는 여신이다. 밀 이삭으로 만든 관을 쓰고 손에 횃불이나 곡물을 든 모습으로 표현된다. 로마 신화에서는 농업의 여신 케레스가 데메테르와 동일시되었다.

데메테르
폼페이 벽화를 모사한 그림, 마이어스 백과사전

데메테르 여신이 사랑하는 딸 페르세포네를 하계의 왕 하데스에게 빼앗기고 시름에 잠겨 자신의 임무에 소홀하자 대지는 생산력을 잃고 황폐해져버린다. 하데스는 하는 수 없이 페르세포네를 1년에 몇 달 동안 어머니 데메테르에게 보내 함께 지내게 하였다.

기본정보

구분	올림포스 12신
상징	대지, 풍요, 곡물, 어머니
외국어 표기	그리스어: **Δημήτηρ**
어원	대지의 어머니
로마 신화	케레스(Ceres)
관련 신화	페르세포네의 납치, 트리프톨레모스
관련 동식물	밀 이삭, 수선화, 양귀비, 학, 암돼지, 뱀
가족관계	크로노스의 딸, 페르세포네의 어머니, 플루토스의 어머니

인물관계

우라노스 = 가이아
오케아노스 / 테티스 / 크로노스 = 레아 / 히페리온 / 므네모시네 / …
헤스티아 / 헤라 / 포세이돈 / 하데스 / 제우스 = 데메테르 = 이아시온
페르세포네 / 플루토스

데메테르는 티탄 신족의 우두머리 크로노스가 레아와 관계하여 낳은 여섯 명의 자식 중 하나이다.

데메테르는 형제 제우스와 사이에서 딸 페르세포네를 낳았고 인간 청년 이아시온과 사이에서 풍요의 신 플루토스를 낳았다. 그녀는 또 말로 변신하여 포세이돈과 관계하여 신마 아레이온을 낳았다고도 한다.

신화이야기

개요

데메테르는 대지의 모신(母神)으로 올림포스 신들이 등장하기 훨씬 전부터 그리스 각처에서 숭배되다가 후대로 가면서 점차 대지에서 자라는 곡물을 주관하는 여신으로 자리 잡았다. 대지의 여신으로서 데메테르는 가이아와 비교되기도 하는데 가이아가 만물의 근원으로서의 어머니 대지라면 데메테르는 곡물을 자라게 하는 땅의 생산력을 상징하는 대지의 여신이라고 하겠다. 이와 같은 여신으로서 데메테르

는 이집트의 이시스, 프리기아의 키벨레, 그녀의 어머니인 레아 등과 동일시되기도 한다.

데메테르의 신화는 그녀의 딸 페르세포네의 납치와 밀접하게 연결되어 있다.

페르세포네의 납치

페르세포네는 데메테르 여신이 남동생 제우스와 사랑을 나누어 낳은 외동딸이다. 아름다운 처녀로 자라난 페르세포네는 시칠리아의 숲에서 오케아노스의 딸들과 어울려 놀다가 저만치 골짜기에 어여쁜 수선화가 핀 것을 보고 다가갔다가 그만 하계의 신 하데스에게 납치되고 만다. 그 수선화는 제우스가 은밀히 하데스의 소망을 들어주기 위해서 그곳에 꽃피게 한 것이었다. 하데스가 전부터 페르세포네의 미모에 반해서 결혼하고 싶어했지만 어머니 데메테르가 반대할 것이 분명했으므로 형제인 제우스에게 도움을 청했던 것이다.(당시는 숙부와 질녀

페르세포네의 납치
페테르 파울 루벤스(Peter Paul Rubens), 1636~1638년, 프라도 미술관

사이의 결혼이 흔했다.)

페르세포네가 수선화를 꺾으려는 순간 땅이 갈라지면서 검은 말이 끄는 전차를 탄 하데스가 나타나 순식간에 그녀를 전차에 태우고 다시 땅 속으로 사라졌다. 끌려가는 페르세포네의 비명을 들은 숲의 님페 키아네가 유괴를 막아보려 했지만 역부족이었다. 키아네는 페르세포네를 구하지 못한 것을 슬퍼한 나머지 녹아서 물이 되었다고 한다.

페르세포네의 납치
알브레히트 뒤러(Albrecht Durer), 1516년
메트로폴리탄 미술관

딸이 사라져버리자 데메테르는 횃불을 들고 아흐레날을 밤낮없이 물 한 모금 마시지 않고 애타게 찾아다녔다. 열흘 째 되는 날 데메테르는 딸이 납치되는 것을 보았다는 헤카테를 만났다. 하지만 헤카테는 사방이 온통 어두워서 정작 납치범이 누구인지 알아볼 수 없었다면서 세상의 모든 것을 환히 지켜보는 태양신 헬리오스에게 가보라고 하였다. 헬리오스는 데메테르에게 사실대로 알려주었다. 데메테르는 상심하여 시칠리아의 거처에 틀어박혀 꼼짝도 하지 않았다. 그녀가 곡물을 자라게 하는 자신의 임무를 더 이상 수행하지 않자 대지는 메말라 갈라지고 곡식이며 초목이 더 이상 자라지 못하게 되었다. 그러자 세상에는 굶어죽는 사람들이 속출하였다.

보다 못한 제우스가 하데스에게 페르세포네를 어머니에게 돌려보내라고 명했다. 하지만 그것은 이미 불가능한 일이 되었다. 하계에 있는 동안 페르세포네가 하데스가 건네는 석류를 한 알 먹었기 때문이다.

페르세포네를 돌려주기 싫었던 하데스가 하계의 음식을 입에 댄 사람은 그곳을 떠날 수 없다는 하계의 법칙을 악용해서 이미 손을 써놓았던 것이다.

대지를 온통 불모지로 만들며 딸의 귀환을 요구하는 데메테르와 하계의 법칙을 구실로 페르세포네를 내줄 수 없다는 하데스 사이에서 고민하던 제우스는 절충안으로 페르세포네를 어머니 데메테르의 나라와 하데스의 나라 사이를 왕래하며 살게 하였다. 그래서 페르세포네는 대지에 밀의 씨앗을 뿌리는 10월초가 되면 하계에서 지상으로 올라와 밀의 주관자인 어머니 곁에서 지내다가 밀의 수확이 끝나는 6월초에 다시 하계로 내려가 남편 하데스와 살게 되었다.(지중해성 기후인 그리스 지방에서는 밀을 가을에 파종하여 초여름에 수확한다.) 이때부터 페르세포네가 어머니 데메테르의 품을 떠나 하계에 머무는 넉 달 동안은 땅에서 아무 것도 자라지 못하는 불볕더위가 기승을 부리게 되었다. 이 기간에는 비도 내리지 않았다.

코레

페르세포네는 '코레'라는 이름으로도 불렸다. 코레는 원래 '처녀', '딸' 등을 가리키는 말이지만 씨앗을 뜻하는 영어 'core'의 어원이기도 하다. 씨앗은 땅 속에 묻혀 있다가 새로운 생명으로 재탄생하고 다시 씨앗으로 땅 속에 묻히는 과정을 반복하면서 이 세상을 풍요롭게 만드는데 대지의 여신의 딸 페르세포네가 하데스에게 납치되어 하계로 내려갔다가 다시 지상으로 귀환하는 과정이 대지에서 이루어지는 생명의 순환을 상징한다고 볼 수 있다. 엘레우시스 비교(秘敎) 의식에서 페르세포네는 어머니 데메테르와 함께 풍요의 신으로 숭배되었는데 이때 그녀는 '코레'라는 이름으로 불렸다.

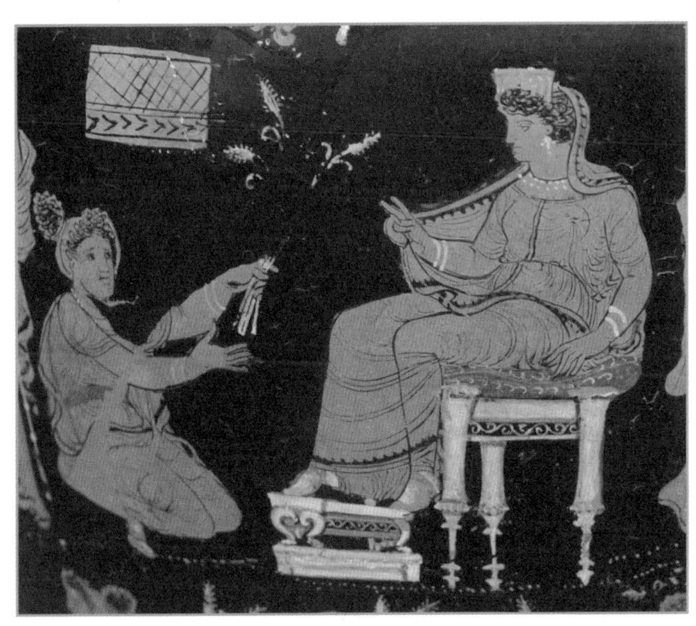

데메테르와 메타네이라
아풀리아 적색상 도기, 기원전 340년, 베를린 구(舊)박물관

엘레우시스 비교(秘教)

켈레오스가 엘레우시스를 다스리던 무렵 대지의 여신 데메테르는 하데스에게 납치되어 하계로 끌려간 페르세포네를 찾아 온 세상을 헤매고 있었다. 엘레우시스 땅을 지나던 데메테르 여신이 노파의 모습으로 변신하여 우물가의 올리브나무 아래에서 쉬고 있는데 이를 본 켈레오스의 딸들이 자기 집으로 데려가 극진히 대접하였다.

켈레오스왕은 노파가 크레타에서 해적들에게 가진 것을 모두 빼앗기고 간신히 도망쳐 나왔다는 말을 듣고는 궁에서 갓 태어난 자신의 아들 데모폰을 돌보며 함께 지내자고 하였다. 노파의 모습을 한 데메테르 여신은 켈레오스왕의 제안을 받아들여 데모폰의 유모가 되었다.(또 다른 이야기에서는 데메테르 여신이 돌보기로 한 아이가 데모폰이 아니라 트리프톨레모스라고 한다.)

데메테르는 데모폰을 불사의 몸으로 만들어주기로 작정했다. 여신은 아이에게 암브로시아를 발라주고 밤마다 아궁이의 불 속에 넣어 아이의 몸 안에 있는 사멸의 요소를 태워 없애는 의식을 행하였다. 그러던 어느 날 밤 잠에서 깬 데모폰의 어머니 메타네이라가 이 광경을 보고는 미친 노파가 아이를 죽이려는 줄 알고 놀라 비명을 지르며 아이를 불 속에서 꺼냈다. 그러자 여신은 탄식하며 "어미의 두려움이 선물을 막았으니 아이는 죽음을 벗어나지 못하는구나." 하고 말했다.

일설에 따르면 비명소리에 놀란 여신이 손을 놓치는 바람에 아이가 불에 타서 죽고 말았다고도 한다. 데메테르 여신은 노파의 형상을 벗어던지고 여신의 본 모습을 드러낸 뒤 켈레오스왕에게 자신을 섬기는 비의를 가르쳐주고 엘레우시스에 자신의 신전을 건설하라고 지시하였다. 켈레오스는 데메테르 여신을 모시는 엘레우시스 비교(秘敎) 의식을 집전하는 첫 번째 사제가 되었다. 엘레우시스 비교에서는 해마다 가을이 되면 데메테르가 지하세계에서 올라오는 페르세포네를 맞이하는 성대한 의식을 거행하며 죽음 뒤에 다시 살아나는 생명의 부활과 순환을 기념하였다.

데메테르와 페르세포네 사이의 트리프톨레모스
엘레시우스 부조, 기원전 5세기
아테네 국립고고학박물관

곡물과 경작기술의 전파

한편 데모폰을 불사의 신으로 만드는 의식이 실패로 돌아가자 데메테르 여신은 인간에게 곡물 재배 기술을 전파하는 역할을 담당할 인물로 데모폰 대신 켈레오스의 또 다른 아들 트리프톨레모스를 선택했다. 여신은 트리프톨레모스에게 곡물의 씨앗을 주고 경작술도 가르쳐 주었고 트리프톨레모스는 여신의 가르침을 온 세상의 인간들에게 전파하였다. 그는 데메테르 여신이 내어준 용이 끄는 전차를 타고 온 세상을 돌아다니며 땅에 곡물의 씨앗을 뿌리고 사람들로 하여금 이를 경작하게 하였다. 다시 엘레우시스로 돌아온 트리프톨레모스는 켈레오스의 뒤를 이어 왕위에 올라 데메테르와 페르세포네를 기념하는 테스모포리아 제전을 열었다. 이후 그는 대지와 풍요의 여신 데메테르와 페르세포네의 신화에 흡수되어 데메테르 여신으로부터 농업을 전수받아 인류에게 전해준 신적 존재로 숭배되었다.

트리프톨레모스 숭배는 특히 아테네와 엘레우시스 지방에서 성행했다. 전승에 따르면 아테네에는 데메테르와 페르세포네를 모신 신전과 트리프톨레모스를 모신 신전이 각각 세워져 있었고 엘레우시스에는

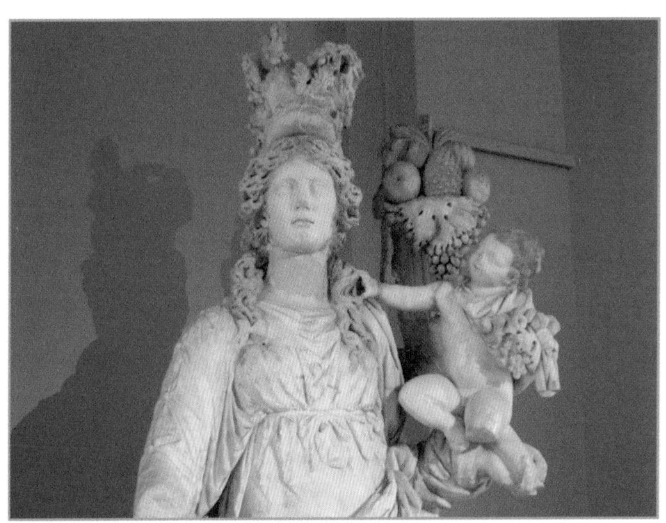

티케와 플루토스
로마시대 석상, 2세기, 이스탄불 고고학 박물관
©Auturbin@Wikimedia(CC BY-SA)

트리프톨레모스 신전 외에도 그가 처음으로 데메테르의 신성한 씨앗을 뿌렸던 라리온 평원에 트리프톨레모스의 제단과 탈곡 창고가 있었다고 한다.

풍요의 신 플루토스의 탄생

데메테르에게는 페르세포네 외에도 플루토스라는 아들이 있었다. 플루토스는 데메테르가 테바이의 건설자 카드모스와 하르모니아의 결혼식에 하객으로 참석했다가 이아시온이라는 아름다운 청년과 눈이 맞아서 크레타 섬의 세 번 갈아 일군 밭고랑에서 사랑을 나누어(혹은 세 차례 사랑을 나누어) 낳은 자식이었다. 플루토스라는 이름은 부유하고 넉넉하다는 뜻으로 기름진 대지가 가져다주는 풍요로운 곡물을 상징한다.

호메로스의 『오디세우스』에 따르면 이아시온은 인간이 여신과 동침한 사실에 분노한 제우스에 의해 벼락을 맞고 죽었다고 한다.

플루토스는 엘레우시스 비교에서 어머니 데메테르와 함께 숭배되었는데 데메테르와 페르세포네를 기리는 행렬에서 그는 풍요의 뿔을 든 어린아이의 모습으로 등장하였다. 시간이 지나면서 땅에서 직접 생겨나는 것 이외의 부가 증가하자 플루토스는 대지의 여신 데메테르의 무리에서 떨어져 나와 일반적인 부를 의인화하는 신이 되었다.

데모도코스 Demodocus

요약

그리스 신화에 나오는 알키노오스왕 궁전의 눈 먼 음유시인이다.

오디세우스 앞에서 트로이 전쟁에 관한 노래를 불러 그를 눈물짓게 만들었다. 그 덕에 오디세우스는 알키노오스왕에게 자신의 정체를 드러내고 귀향에 도움을 받을 수 있었다.

기본정보

구분	음유시인
상징	눈 먼 음유시인(歌人)
외국어 표기	그리스어: Δημόδοκος
관련 신화	오디세이아

인물관계

데모도코스의 인물관계에 관해서는 파이아케스족의 왕 알키노오스의 궁전에서 노래하는 음유시인으로 오디세우스 앞에서 노래했다는 것 말고 알려진 바가 없다.

오디세우스 앞에서 노래하는 데모도코스
존 플랙스먼(John Flaxman)의 삽화, 1810년

신화이야기

궁전의 눈 먼 음유시인

데모도코스는 오디세우스가 트로이 전쟁을 끝마치고 귀향하던 도중에 들렀던 스케리아 섬의 왕 알키노오스의 궁전에서 노래를 부르는 눈 먼 음유시인이다. 호메로스는 『오디세이아』에서 무사 여신이 그에게서 두 눈을 앗아가고 대신 노래하는 능력을 주었다고 했다.(호메로스 자신도 눈 먼 음유시인이었다고 전해진다.)

> "무사 여신은 누구보다도 가인을 사랑하시어 선과 악 두 가지를 그에게 다 주셨으니 그에게서 시력을 빼앗고 달콤한 노래를 주셨던 것이다."

데모도코스의 노래

데모도코스는 알키노오스의 궁전에서 오디세우스를 환영하는 경기가 시작되기 전에 사람들 앞에서 노래를 불렀다. 노래의 내용은 오디세우스와 아킬레우스의 말다툼에 관한 것이었다. 데모도코스의 노래를 듣던 오디세우스는 감회에 빠져 사람들 몰래 망토로 얼굴을 가리고 울었다.

눈 먼 음유시인 호메로스
윌리암 아돌프 부그로(William-Adolphe Bouguereau), 1874년, 밀워키 미술관

오디세우스와 파이아케스족 젊은이들의 경기가 시작되자 데모도코스는 미의 여신 아프로디테가 군신 아레스와 바람을 피우다 남편인 대장장이 신 헤파이스토스가 은밀히 쳐놓은 올가미에 걸려 망신당하는 대

목을 유쾌하게 노래했다.

경기가 끝나고 저녁식사 자리에서 오디세우스는 데모도코스에게 자신의 고기 중 가장 좋은 부위를 그에게 내어주며 트로이 목마에 대해 노래해달라고 부탁했다. 그리고는 시인이 오디세우스가 목마에 숨어 성에 잠입한 뒤 트로이를 함락시키는 대목을 노래하자 다시 눈물을 흘렸다.

고향으로 돌아간 오디세우스

알키노오스왕이 노래를 중단시키고 오디세우스에게 데모도코스의 노래를 들으며 그렇게 슬프게 우는 이유를 물었다. 그러자 오디세우스는 그때까지 감추고 있던 자신의 정체를 밝히고 그동안 겪은 고초와 귀향의 열망을 털어놓았다.

결국 오디세우스는 파이아케스족과 알키노오스왕의 호의 덕분에 꿈에 그리던 고향 이타카로 돌아가게 된다.

또 다른 데모도코스

호메로스의 서사시에는 또 한 명의 데모도코스가 등장한다. 그 역시 음유시인인데 아가멤논이 트로이 전쟁에 나가면서 그에게 아내 클리타임네스트라를 돌봐달라고 부탁하였다. 하지만 그는 클리타임네스트라가 아이기스토스와 불륜을 저지르고 결국 남편 아가멤논을 살해하기에 이르는 것을 막지 못했다.

데모폰 Demophon

요약

그리스 신화에는 여러 명의 데모폰이 등장하는데 그중 중요한 인물은 켈레오스의 아들 엘레우시스의 데모폰과 테세우스의 아들 아테네의 데모폰이다.

켈레오스의 아들 데모폰은 데메테르 여신의 보살핌으로 불사신이 될 뻔했던 인물이고, 테세우스의 아들 데모폰은 트로이 전쟁에 참여하고 헤라클레스의 자식들을 보호해 준 아테네의 왕이다.

기본정보

구분	엘레우시스의 데모폰 – 왕자 아테네의 데모폰 – 왕
외국어 표기	그리스어: **Δημοφῶν**
관련 신화	엘레우시스의 데모폰 – 페르세포네의 납치 아테네의 데모폰 – 트로이 전쟁

인물관계

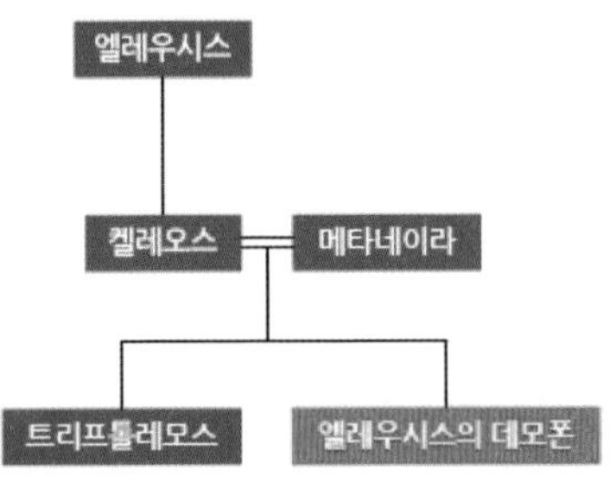

엘레우시스의 데모폰은 켈레오스와 메타네이라의 아들로 트리프톨레모스와 형제간이다.

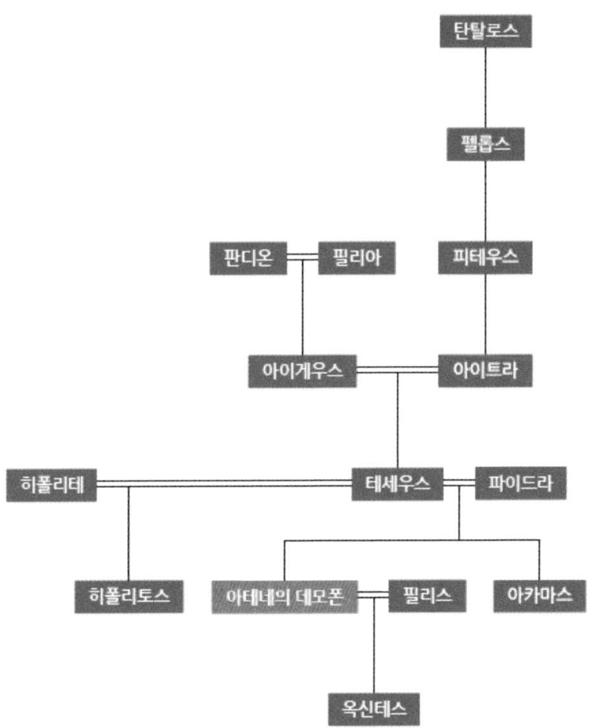

아테네의 데모폰은 아테네의 왕 테세우스와 파이드라 사이에서 난 아들로 탄탈로스 가문의 후손이다. 필리스와 결혼하여 아들 옥신테스를 낳았다.

신화이야기

엘레우시스의 데모폰

데모폰은 엘레우시스의 왕 켈레오스와 왕비 메타네이라 사이에서 난 아들로 트리프톨레모스와 형제지간이다.

켈레오스왕은 대지의 여신 데메테르가 하데스에게 유괴된 딸 페르세포네를 찾아 온 세상을 떠돌며 슬퍼할 때 그녀를 자신의 궁에서 따뜻하게 맞아 주었다. 여신은 왕의 환대에 보답하려고 갓 태어난 데모폰을 보살펴주기로 했다. 그녀가 날마다 암브로시아를 발라 준 덕분에 아기는 빠르게 신과 같은 모습으로 자라났다. 여신은 아이를 아예 불사신으로 만들어주려고 밤마다 불 속에 넣어 몸 안에 있는 사멸의 요소들을 태워 없애는 의식을 하였다. 그런데 메타네이라 왕비가 이것을 목격하고는 아기를 태워 죽이려는 줄 알고 비명을 질렀다. 그 바람에 의식은 중단되고 말았고 데모폰은 그대로 보통 사람과 같이 언젠가는 반드시 죽게 될 존재로 남았다.

다른 이야기에 의하면 비명소리에 놀란 여신이 손을 놓치는 바람에 아이는 불에 타서 죽고 말았다고도 한다. 아무튼 그리하여 인간에게 곡물을 재배하는 기술을 전파하는 역할은 그의 형인 트리프톨레모스에게로 넘어가고 말았다.

다른 이야기에 따르면 아예 처음부터 데모폰이 아니라 트리프톨레모스가 데메테르 여신의 보살핌을 받고 자랐다고도 한다.

아테네의 데모폰

트로이 전쟁

아테네의 데모폰은 영웅 테세우스와 파이드라의 아들로 아카마스와 형제간이다. 아버지 테세우스가 메네스테우스에 의해 아테네에서 추방되자 데모폰과 아카마스는 에우보이아 섬 아반테스 부족의 왕 엘레페노르에게 맡겨졌다가 왕과 함께 트로이 전쟁에 참가하였다.

또 다른 이야기에 따르면 메네스테우스에게 쫓겨난 것은 테세우스가 아니라 그가 친구 페이리토오스의 신붓감으로 삼을 페르세포네를 납치하러 저승에 간 동안에 아테네를 다스리고 있던 데모폰과 아카마스라고 한다. 아무튼 추방된 두 형제는 스키로스로 가서 아버지 테세우스와 재회한 뒤 엘레페노르왕과 함께 트로이로 떠났다.

트로이 전쟁에서 데모폰과 아카마스 형제는 목마 속에 숨어서 트로이 성에 잠입한 그리스군 장수로서 트로이 함락을 주도하였다.

트라키아의 공주 필리스

전쟁이 끝나고 귀향하는 길에 데모폰 일행은 폭풍을 만나 트라키아 해안에 표류하게 되는데 이때 트라키아왕의 딸 필리스와 사랑에 빠져 그녀와 결혼하고 왕위도 물려받았다. 하지만 데모폰은 고향 아테네로 돌아가기를 소망하여 아내의 간청을 뿌리치고 다시 길을 떠났다. 데모폰은 꼭 다시 오겠다고 약속했지만 끝내 돌아오지 않았고 필리스는 자살하고 말았다. 자살한 필리스는 아몬드나무로 변했는데 뒤늦게 돌아온 데모폰이 나무를 껴안고 입을 맞출 때까지 나무에서 잎이 자라지 않았다고 한다. 오비디우스는『헤로이데스』에서 필리스의 애틋하고 절절한 사연을 그녀의 관점에서 들려주고 있다.

다른 이야기에 따르면 필리스 신화는 데모폰이 아니라 아카마스의 이야기라고 한다.

아테네의 왕이 된 데모폰

트로이 전쟁에는 아테네의 왕위 찬탈자 메네스테우스도 참가하였다. 하지만 메네스테우스가 전쟁터에서 사망한 덕분에 데모폰은 아테네로 돌아와 왕위에 오를 수 있었다. 일설에는 메네스테우스도 전쟁에서 살아남았지만 데모폰이 돌아온 것을 알고 후환이 두려워 밀로스 섬으로 가서 그곳을 통치했다고도 한다.

아테네인들은 유명한 아테나 여신상 팔라디온을 트로이에서 아테네로 가져온 인물이 데모폰이라고 믿었다. 팔라디온은 디오메데스와 오디세우스가 트로이에서 빼앗아 데모폰에게 주었다고도 하고, 디오메데스 일행이 실수로 아테네 인근 해안에 도착했을 때 데모폰이 이들을 해적으로 오인하고 공격하여 빼앗았다고도 한다.

데모폰은 헤라클레스의 자식들이 아르고스의 왕 에우리스테우스의 박해를 피해 아테네로 도망쳐 왔을 때 이들을 기꺼이 맞아 주었고 함께 에우리스테우스에 대항하여 싸웠다. 헤라클레스에게 12가지 과업을 부과한 것으로 유명한 에우리스테우스는 아테네를 공격하다가 패해 스케이로니스 바위에서 헤라클레스의 조카 이올라오스의 칼에 목숨을 잃었다.

데모폰은 나중에 아테네의 왕위를 아들 옥신테스에게 물려주고 죽었다.

말을 탄 아카마스와 데모폰
아티카 흑색상 도기, 고대의 도화가 엑세키아스(Exekias) 작품, 기원전 540년경
베를린 구 박물관(Altes Museum)

데우칼리온 Deucalion

요약

그리스 신화에 나오는 프로메테우스의 아들이다.

제우스가 일으킨 대홍수 이후에 아내 피라와 함께 유일하게 살아남아 인류의 조상이 되었다. 피라는 프로메테우스의 동생 에피메테우스와 최초의 여성 판도라 사이에서 난 딸이다.

기본정보

구분	신의 반열에 오른 인간
상징	인류의 조상, 방주
외국어 표기	그리스어: Δευκαλίων
어원	신의 불, 신의 배
관련 신화	대홍수, 일명 데우칼리온의 홍수
가족관계	프로메테우스의 아들, 피라의 남편, 헬렌의 아버지

인물관계

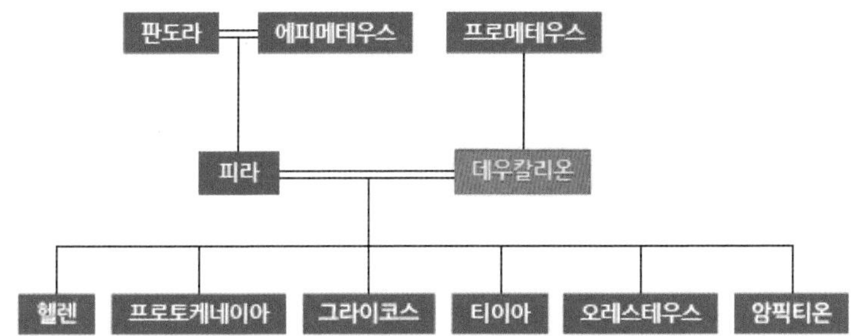

데우칼리온은 프로메테우스와 오케아니데스의 하나인 프로노이아(혹은 클리메네) 사이에서 태어난 아들로, 에피메테우스와 판도라 사이에서 태어난 딸 피라와 결혼하여 헬렌, 프로토게네이아, 그라이코스, 티이아, 오레스테우스, 암픽티온 등을 낳았다.

맏아들 헬렌은 모든 그리스인의 조상으로 여겨진다.

신화이야기

대홍수

그리스 로마 신화에서는 인간 종족의 시대를 황금 시대, 은 시대, 청동 시대, 철 시대 등으로 구분하고 있다. 이에 따르면 제일 처음에 도래하는 황금 시대는 크로노스가 지배하는 시기로, 인간들이 전쟁이나 처벌의 고통을 모른 채 평화롭고 안락한 삶을 누렸으며 대지는 경작하지 않아도 사시사철 먹을 것을 내어주어 모든 인간이 신처럼 살았다.

데우칼리온
기욤 루이예(Guillaume Rouille)의 『위인 전기 모음』에 수록된 삽화, 1553년

두 번째 시대인 은의 시대는 제우스가 크로노스를 하계에 유폐하고 세상을 지배하면서 도래한 시기로, 계절이 나뉘어 추운 겨울과 무더운 여름이 생기고 인간들은 집을 지어 살아야 했으며 대지에 씨앗을 뿌려 경작해야 먹을 것을 얻을 수 있었다.

하지만 청동 시대에 들어서면서 인간들은 마음씨가 몹시 거칠어졌다. 그들은 청동으로 농기구뿐만 아니라 무구(武具)도 만들어 서로 싸우기 시작했고 세상에는 고통과 한숨이 그칠 날이 없었다. 이에 제우스는 대홍수를 일으켜 사악한 인간들로 넘쳐나는 청동 시대를 끝내고자 했다.

데우칼리온과 피라
지오반니 마리아 보탈라(Giovanni Maria Bottalla), 1635년경, 브라질 국립미술관

데우칼리온과 피라

앞일을 내다보는 능력이 있었던 프로메테우스는 제우스의 의중을 간파하고 데우칼리온과 피라 부부에게 커다란 배를 만들어 대홍수에 대비하게 하였다. 데우칼리온은 프로메테우스 자신의 아들이었고 피라는 그의 동생 에피메테우스가 최초의 여성 판도라와 결혼하여 낳은 딸이었다.

데우칼리온과 피라의 배는 홍수가 시작된 후 9일 밤낮을 표류하다가 파르나소스 산 정상에 도착했다. 대홍수에서 살아남은 데우칼리온과 피라는 배에서 내려 제우스에게 제물을 바치고 감사를 드렸다.

돌을 던져 생겨난 인류

데우칼리온과 피라는 자신들이 유일한 생존자라는 사실을 알고 난 뒤 테미스 여신의 신전을 찾아가 지상을 다시 인류로 채울 수 있는 방법을 물었다. 그러자 "베일로 얼굴을 가리고 어머니의 뼈를 어깨 너머로 던지라"는 신탁이 내려졌다. 처음에 두 사람은 신탁이 죽은 부모의 뼈를 파내는 불경스러운 짓을 지시하는 줄 알고 당황하였으나 곧 어머니는 대지의 여신 가이아를 뜻하고 그 뼈는 돌을 뜻한다는 걸 알아차렸다. 두 사람은 돌을 주어 어깨 너머로 던졌다. 그러자 데우칼리온이 던진 돌은 남자로 변하고 피라가 던진 돌은 여자로 변했다. 새로 생겨난 사람들은 대지에서 솟아났다고 하여 렐레기아인이라고 불렸다. 이렇게 해서 데우칼리온과 피라는 새 인류의 조상이 되었다.

그리스인의 시조 헬렌의 탄생

그 후 데우칼리온과 피라는 로크리스 지방에 정착하여 헬렌을 비롯하여 프로토게네이아, 암픽티온 등 여러 명의 자식을 낳았다. 그중 맏아들 헬렌은 모든 그리스인의 조상이 되었다. 테살리아 지방 프티아의 왕이 된 헬렌은 산의 님페 오르세이스와 결합하여 세 아들 아이올로스, 크수토스, 도로스를 낳았는데 이들은 각기 고대 그리스를 구성하는 주요 부족의 시조가 되었다.

데우칼리온과 피라
비르길 졸리스(Virgil Solis), 16세기
오비디우스 『변신이야기』의 삽화

아이올로스는 아이올리스인의 시조가 되었고 크수토스의 아들 이온과 아카이오스는 각각 이오니아인과 아카이아인의 시조가 되고 도로스는 도리스인의 시조가 되었다. 이 부족들은 모두 자신들을 헬렌의 후손이라는 뜻으로 '헬레네스'라고 불렀다. 헬레네스는 나중에 그리스인을 통칭하는 말이 되었고, 그리스 문화를 뜻하는 헬레니즘도 헬렌에서 유래한 단어이다.

또 다른 데우칼리온

크레타 왕 미노스와 왕비 파시파에 사이에서 태어난 아들로 카트레우스, 글라우코스, 아리아드네, 파이드라 등과 형제지간이다. 데우칼리온은 미노스에 이어 크레타의 왕위에 올랐으며 아르고호 원정과 칼리돈의 멧돼지 사냥에도 참가한 영웅이다.

데우칼리온는 두 아들 이도메네우스와 몰로스 그리고 딸 크레테를 낳았다. 이도메네우스는 미녀 헬레네의 구혼자 중 한 명으로 트로이 전쟁에 참가하였다.

데이다메이아 Deidamia

요약

스키로스 섬 돌로페르족의 왕 리코메데스의 딸 데이다메이아는 아킬레우스가 여자로 변장해 궁전에 머물러 있을 때 그의 연인이 되었고 그와 사이에서 네오프톨레모스를 낳았다.

기본정보

구분	공주
외국어 표기	그리스어: Δηιδάμεια
관련 신화	아킬레우스, 네오프톨레모스

인물관계

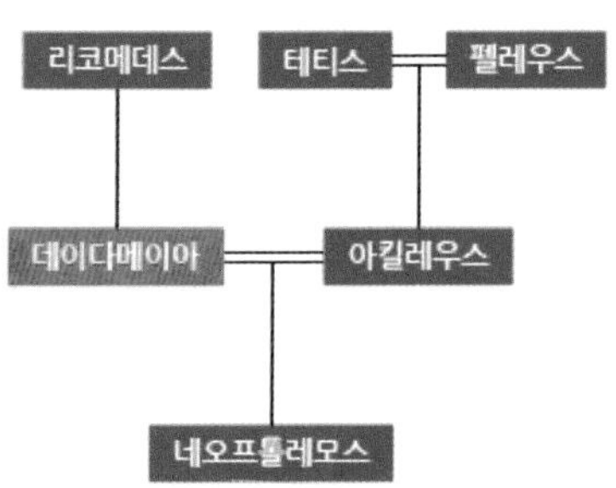

스키로스 섬 돌로페르족의 왕 리코메데스의 딸이다. 아킬레우스의 연인으로 네오프톨레모스를 낳았다.

데이다메이아는 아킬레우스의 연인으로 등장한다

데이다메이아의 초상화가 그려진 그릇
쿤스트게워베 박물관

아킬레우스는 신탁대로 아버지 펠레우스보다 훨씬 훌륭하게 성장한다. 어머니 테티스는 아들이 트로이 전쟁에 나가면 반드시 죽을 것이라는 신탁을 받고 전쟁의 기운이 감돌자 아들을 구하기 위해 아킬레우스를 리코메데스 궁전으로 피신시킨다.

리코메데스는 아킬레우스에게 여장을 시켜 자기 딸들과 지내도록 했다. 그는 이곳에서 9년을 머물렀고 금적색 머리색깔 때문에 피라(붉은 머리 아가씨)라고 불렸다. 또 그는 잇사 혹은 케르키세라라고도 불렸다고 한다. 이곳에서 지내는 동안 아킬레우스는 리코메데스의 딸들 중 한 명인 데이다메이아와 사랑에 빠진다.

한편 그리스군이 출병할 때가 임박해지자 예언자 칼카스는 아킬레우스가 참정하지 않으면 트로이를 정복할 수 없다고 예언한다. 오디세우스는 아킬레우스가 어디에 어떻게 숨어 있는지 알아내기 위해 방물장수로 변장하고 스키로스 섬을 찾아간다. 그는 공주들 중 누가 아킬레우스인지 알 수 없자 공주들 앞에 장신구과 자수용품을 늘어놓고 그 사이에 무기를 숨겨 놓는다. 다른 공주들은 장신구와 자수용품에 정신이 팔려 있는데 피라라고 불리는 여인이 장신구들 사이에 섞어 놓은 무기를 바로 집어 들었다. 이렇게 하여 아킬레우스의 정체가 드러난다.

아폴로도로스도 『비블리오테케』에서 비슷한 이야기를 남겼는데, 아킬레우스가 9살이 되었을 때 그리스의 예언자 칼카스가 아킬레우스가 없으면 트로이를 함락시킬 수 없다고 예언했다고 한다. 그러자 테티스는 아킬레우스가 트로이 전쟁에 참전하면 살아 돌아올 수 없다는 것을 예감하고 아킬레우스를 여장시켜 리코메데스에게 보냈다고 한다. 그는 그의 궁전에서 자라며 그의 딸 데이다메이아와 사랑을 나누고 그들 사이에서 아들 필로스가 태어난다. 머리 색깔이 붉어서 필로스라는 이름이 붙여진 그는 훗날 네오프톨레모스라고 불렸다.

한편 오디세우스는 아킬레우스의 행방을 알아내고 많은 공주들 사이에서 아킬레우스를 찾을 묘책을 생각해낸다. 갑자기 나팔소리가 울리면 여자들은 나팔소리에 놀라 도망갈 것이라고 생각한 오디세우스는 생각대로 일을 진행하고 아킬레우스는 그만 정체가 드러난다.

아킬레우스가 다이다메이아와 그녀의 자매에게 하프를 연주해 주고 있다

아킬레우스가 떠난 뒤 데이다메이아는 아들 필로스가 청년이 될 때까지 혼자 키웠다고 한다.

관련 작품

헨델은 아킬레우스 신화를 소재로 오디세우스가 여장한 아킬레우스에게 구애하는 오페라 〈데이다메이아〉를 썼다.

데이모스 Deimos

요약

그리스 신화에 나오는 전쟁의 공포가 의인화된 신이다.

전쟁의 신 아레스의 아들로 포보스와 쌍둥이 형제다. 아레스가 전쟁터를 누비며 피비린내 나는 살육을 자행할 때 포보스와 함께 늘 그를 수행하였다.

기본정보

구분	개념이 의인화된 신
상징	패배의 두려움
외국어 표기	그리스어: **Δεῖμος**
어원	경악, 창백
로마 신화	팔로르(Pallor)
관련 신화	아레스, 포보스
가족관계	아레스의 아들, 아프로디테의 아들, 포보스의 형제

인물관계

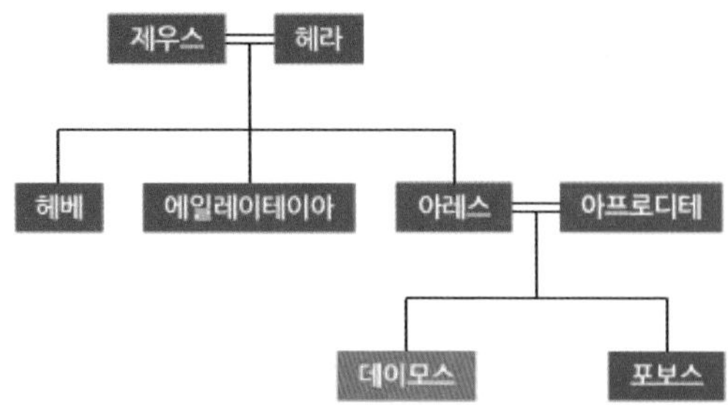

데이모스는 제우스의 아들인 전쟁의 신 아레스와 미의 여신 아프로디테 사이에서 태어난 아들로 포보스와 쌍둥이 형제다.

신화이야기

데이모스와 포보스

헤시오도스의 『신들의 계보』에 따르면 데이모스는 전쟁의 신 아레스와 아프로디테 사이에서 태어난 아들로 쌍둥이 형제인 포보스와 함께 전쟁이 불러일으키는 두려움과 공포가 신격화된 존재이다.

> "아레스에게 키테레이아(아프로디테)는 데이모스와 포보스를 낳아 주었으니 이 무서운 신들은 으스스한 전투에서 도시의 파괴자 아레스와 함께 전사들의 밀집 대열을 패주시킨다."

호메로스는 『일리아스』에서 데이모스와 포보스를 전쟁터에서 아레스의 말을 모는 시종으로 묘사하였다.

> "그(아레스)는 포보스와 데이모스를 시켜 말에 마구를 매게 하고 그 자신은 번쩍이는 무장을 갖추었다."

고대 그리스의 역사가 티마이오스는 이 구절을 잘못 해석하여 포보스와 데이모스를 아레스의 전차를 끄는 두 마리의 말로 간주하기도 했다. 하지만 『일리아스』의 다른 대목에서 포보스를 전쟁의 신 아레스의 사랑하는 아들로 언급한 것으로 미루어 호메로스도 이들 둘을 아레스의 아들로 여겼던 것으로 보인다.

"그 모습은 마치 살인마 아레스가 싸움터로 들어가고 그와 함께 그의 사랑하는 아들인 강력하고 겁을 모르는 포보스가 따라갈 때와도 같았으니 포보스는 강인한 전사조차 달아나게 한다."

데이모스와 포보스는 특히 스파르타에서 전쟁의 신 아레스의 두 아들로서 아레스와 함께 숭배되었다. 스파르타인들은 이들을 공포의 신으로서 숭배하였는데 데이모스와 포보스가 상징하는 공포는 나쁜 악령과 같이 퇴치해야 하는 대상이 아니라 국가의 단결을 유지해주고 전쟁에서 적들을 두려움에 빠뜨려 도망치게 만드는 신성한 힘을 의미했다.

현대 대중문화 속의 데이모스

데이모스는 소니비디오 게임 〈갓 오브 워〉 시리즈의 '고스트 오브 스파르타' 편에서 전쟁의 신 아레스의 아들로 등장한다. 여기서 데이모스는 포보스가 아니라 크라토스와 형제이며 죽음의 신 타나토스에게 살해당한다.

데이모스는 만화 영화 〈원더우먼〉에도 나오는데 여기서 그는 아레스의 명령으로 원더우먼을 살해하려다 오히려 그녀에게 제압당한다. 원더우먼은 데이모스를 진실을 말하게 하는 올가미로 묶고 아레스가 있는 곳을 말하게 하지만 데이모스는 자기 주인의 위치를 알려주느니 차라리 자살하려고 한다.

위성

포보스와 데이모스는 수성 주위를 도는 두 위성의 이름이기도 하다. 수성의 영문 이름 마르스(Mars)는 그리스 신화의 아레스와 동일시되는 로마 신화의 전쟁의 신 이름에서 따온 것이다.

데이아네이라 Deianeira

요약

그리스 신화에 나오는 헤라클레스의 두 번째 아내이다.

남편이 변심하면 히드라의 독이 스민 자신의 피를 옷에 발라서 입히라는 켄타우로스족 네소스의 거짓말을 곧이곧대로 믿고 그대로 하였다가 헤라클레스를 죽음에 이르게 하였다.

기본정보

구분	공주
상징	질투
외국어 표기	그리스어: Δηιάνειρα
별칭	데이아네이라(Deianira)
관련 신화	헤라클레스의 모험

인물관계

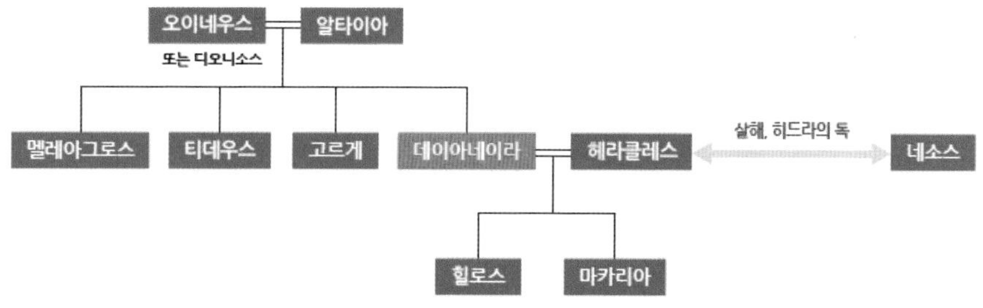

데이아네이라는 칼리돈의 왕 오이네우스와 알타이아 사이에서 난

딸로 멜레아그로스의 누이다. 일설에는 그녀의 아버지가 오이네우스가 아니라 그의 집을 잠시 방문했던 디오니소스라고도 한다. 데이아네이라는 헤라클레스와 결혼하여 힐로스와 마카리아 등을 낳았다.

신화이야기

헤라클레스와 데이아네이라의 결혼

헤라클레스가 미케네의 왕 에우리스테우스가 부과한 12과업 중 하나인 저승의 개 케르베로스를 지상으로 데려오기 위해 하데스의 나라(저승)로 갔을 때 데이아네이라의 오빠 멜레아그로스를 만났다. 멜레아그로스는 자신이 죽고 나서 슬픔에 잠겨 지내는 데이아네이라를 걱정하면서 헤라클레스에게 그녀와 결혼하여 돌봐달라고 부탁하였다.

헤라클레스와 데이아네이라, 그리고 켄타우로스 네소스
바르토로메우스 슈프랑거(Bartholomaus Spranger), 1580~1582년, 빈 미술사 박물관

멜레아그로스가 죽은 뒤 슬픔에 잠긴 그의 누이들은 모두 아르테미스 여신에 의해 뿔닭으로 변했지만('멜레아그로스' 참조), 디오니소스의 딸로 알려진 데이아네이라와 고르게는 디오니소스에 의해 곧 다시 인간으로 돌아왔다고 한다.

지상으로 돌아온 헤라클레스는 멜레아그로스의 청을 들어주기 위해 칼리돈으로 갔지만 그곳에는 이미 경쟁자가 있었다. 강의 신 아켈로오스였다.

헤라클레스와 아켈로오스는

레슬링 경기에서 승리하는 자가 아름다운 데이아네이라를 차지하기로 했다. 아켈로오스가 육중한 황소로 변신하며 거세게 달려들었지만 헤라클레스는 그의 뿔을 부러뜨리며 승리를 거두고 데이아네이라의 남편이 되었다.

네소스의 죽음

헤라클레스는 칼리돈에서 장인 오이네우스왕이 테스프로티아인들과 벌인 전쟁을 돕기도 하고 아내에게서 아들 힐로스도 얻으며 한동안 잘 살았다. 하지만 뜻하지 않게 오이네우스의 측근을 죽이게 되면서 헤라클레스는 칼리돈을 떠나야 했다.

데이아네이라
잠볼로냐(Giambologna), 1587년
루브르 박물관

그는 아내와 아들을 데리고 트라키스로 향했다. 헤라클레스 일행이 에우에노스 강에 이르렀을 때 켄타우로스족인 네소스가 나타나 물살이 거세니 자신이 데이아네이라를 등에 태워 건네주겠다고 했다.

헤라클레스는 예전에 네소스와 불화가 있었지만 호의를 받아들여 아내를 그의 등에 태웠다. 하지만 강을 건넌 네소스는 데이아네이라를 겁탈하려고 했다. 이를 본 헤라클레스가 건너편에서 네소스를 향해 활을 쏘았다. 그런데 헤라클레스의 활에는 히드라의 독이 발라져 있었으므로 활에 맞은 네소스는 죽음을 피할 수 없었다. 죽어가는 네소스는 데이아네이라에게 죄를 뉘우치는 척하면서 자신의 피에는 식어버린 사랑을 되살리는 힘이 있으니 남편이 변심했을 때 자신의 피를 옷에 발라서 남편에게 입히라는 말을 남기고는 숨을 거두었다. 데이아네이라는 네소스의 말을 그대로 믿고 그의 피를 병에 담아 보관하였다.

헤라클레스의 최후

트라키스에 도착한 헤라클레스 일행은 케익스왕의 환대를 받았다. 데이아네이라는 트라키스에서도 남편과 행복한 나날을 보냈다. 케익스왕이 드리오페스족과 전쟁을 벌였을 때는 뛰어난 여전사이기도 한 데이아네이라도 남편과 함께 전투에 참가하였다. 그러던 어느 날 헤라클레스가 오이칼리아로 쳐들어가 이올레라는 아름다운 공주를 데려왔다.

이올레는 데이아네이라와 결혼하기 전에 헤라클레스가 구혼했던 처

데이아네이라를 납치하는 네소스
루이 장 프랑수아 라그레네(Louis Jean Francois Lagrenee), 1755년, 루브르 박물관

녀인데 결혼 조건이었던 활쏘기 시합에서 헤라클레스가 승리하였는데도 이올레의 아버지 에우리토스왕이 딸을 내주지 않았다. 에우리토스왕은 헤라클레스가 미쳐서 전 부인 메가라와 자식들을 모두 죽인 것을 알고 딸을 그에게 시집보내기를 거부했던 것이다.

헤라클레스가 이올레를 빼앗아온 것은 자신의 권리를 되찾기 위한 것이었지만 남편의 사랑이 식었다고 생각한 데이아네이라는 보관해두었던 네소스의 피를 남편의 옷에 발랐다. 그러나 네소스의 피에는 헤라클레스의 화살에 묻어 있던 히드라의 독이 퍼져 있었다. 헤라클레스는 아내가 건네는 옷을 아무런 의심 없이 입었다. 옷이 살에 닿자 히드라의 독은 삽시간에 헤라클레스의 온몸에 퍼졌고, 헤라클레스가 깜짝 놀라며 옷을 벗으려 하였지만 이미 옷감이 살 속으로 파고들어 벗어버릴 수가 없었다. 옷을 몸에서 강제로 떼어내려 하자 살이 뜯겨져 나갔다.

헤라클레스는 극심한 고통을 견디지 못하고 오이타 산 위에 장작더미를 쌓고 누운 뒤 부하들에게 불을 붙이라고 했지만 아무도 감히 장작에 불을 붙이려 하지 않았다. 오직 필록테테스만이 나서서 헤라클레스의 지시를 따랐다. 헤라클레스는 감사의 표시로 그에게 자신의 활과 화살을 주었다.

이렇게 해서 그리스 최고의 영웅 헤라클레스는 지상에서의 삶을 끝마쳤다. 데이아네이라는 자신이 무슨 짓을 저질렀는지 깨닫고는 스스로 목숨을 끊었다.

데이오네우스 Deioneus

요약

그리스 신화에 나오는 테살리아 지방 마그네시아의 왕이다.

그의 딸 디아와 결혼하기 위해 라피타이족의 왕 익시온이 많은 결혼 선물을 약속했지만 결혼 뒤 이를 지키지 않았다. 데이오네우스가 약속 이행을 요구하자 익시온이 그를 뜨거운 숯구덩이에 빠뜨려 죽였다.

기본정보

구분	왕
원어 표기	그리스어: Δηιονεύς
별칭	에이오네우스
관련 신화	익시온

인물관계

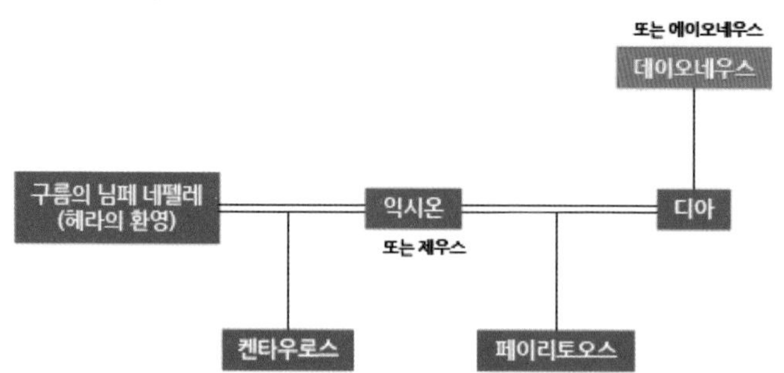

데이오네우스의 딸 디아는 라피타이족의 왕 익시온과 결혼하여 아들 페이리토오스를 낳았다. 하지만 페이리토오스는 제우스가 디아를 유혹하여 낳은 아들이라고도 한다. 페이리토오스는 페르세포네를 아내로 삼기 위해 테세우스와 함께 저승에 내려갔다가 돌아오지 못했다.

디아의 남편 익시온은 구름의 님페 네펠레가 변한 헤라의 환영과 사랑을 나누어 반인반마족 켄타우로스들을 낳았다.

신화이야기

사위에게 살해당한 데이오네우스

테살리아 지방 마그네시아의 왕 데이오네우스(혹은 에이오네우스)는 딸 디아를 이웃나라에서 라피타이족을 다스리는 익시온과 결혼시켰다. 익시온은 디아와 결혼하기 위해 데이오네우스에게 많은 결혼 선물을 약속하였으나 결혼 뒤에 이를 지키지 않았다. 데이오네우스는 익시온에게 약속 이행을 요구하며 그의 말들을 담보로 가져갔다. 그러자 익시온이 약속한 선물을 주겠다고 데이오네우스를 유인한 뒤 시뻘겋게 불타는 숯이 가득한 구덩이에 떨어뜨려 죽였다.

이 사건으로 익시온은 그리스 신화에서 최초로 친족 살해를 저지른 인물이 되었다. 신들에 의해 신성하게 결합된 가족의 일원을 살해하는 짓은 이전까지 한 번도 없었던 일이었기 때문이다. 가족은 같은 수호신을 섬기므로 가족 살해는 신성모독에 해당하였다.

헤라를 범하려 한 익시온

데이오네우스를 살해함으로써 신성모독을 저지른 익시온의 죄는 아무도 정화해주려 하지 않았다. 모든 신들 가운데 오로지 제우스만이 죄를 저지른 후 광기에 빠져 있던 익시온을 불쌍히 여겨 그의 죄를

익시온과 네펠레
페테르 파울 루벤스(Peter Paul Rubens), 1615년, 루브르 박물관

정화해주었다. 하지만 익시온은 배은망덕하게도 제우스의 아내인 헤라를 범하려 하였고, 이에 제우스는 구름의 님페 네펠레에게 헤라의 환영을 만들게 하여 익시온을 속였다. 익시온은 네펠레(구름)를 헤라로 믿고 사랑을 나누어 반인반마족인 켄타우로스들을 낳았다. 나중에 저승에 간 익시온은 불타는 수레바퀴에 묶인 채 영원히 고통을 당하는 벌을 받았다.

또 다른 데이오네우스

그리스 신화에는 그밖에도 몇 명의 데이오네우스가 더 등장한다.

1) 그리스인의 시조 헬렌의 아들 아이올로스와 에나레테 사이에서 태어난 포키스의 왕이다. 케팔로스, 악토르, 아이네토스, 필라코스, 니소스 등을 낳았다.

2) 오이칼리아 왕 에우리토스의 아들이다. 코린토스 지협에서 소나무를 휘어 나그네들을 살해하다 테세우스에게 똑같은 방식으로 죽임을 당한 강도 시니스의 딸 페리구네와 결혼하였다.('시니스' 참조)

3) 헤라클레스와 메가라 사이에서 태어난 아들이다.

데이포보스 Deiphobus

요약

데이포보스는 트로이의 마지막 왕 프리아모스와 왕비 헤카베의 아들이다.

그는 트로이의 용감한 전사로서 헥토르가 '가장 총애한' 형제이다. 파리스가 죽자 헬레네를 아내로 맞이하지만 헬레네의 배신으로 그녀의 전 남편 메넬라오스에게 처참하게 살해된다.

기본정보

구분	왕자
외국어 표기	그리스어: Δηίφοβος
관련 신화	트로이 전쟁

인물관계

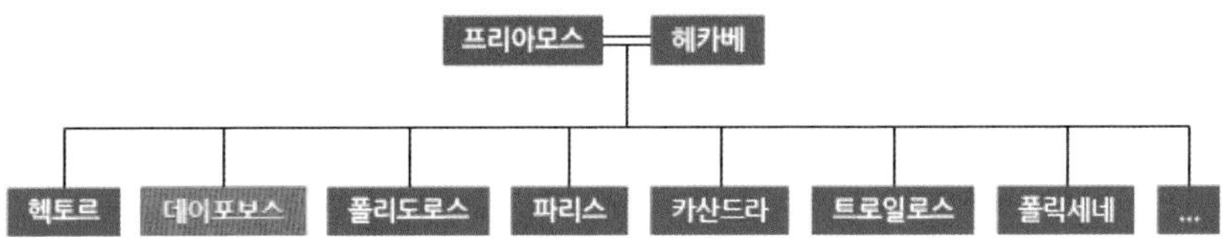

프리아모스와 헤카베의 아들로 헥토르, 파리스, 카산드라 등과 남매지간이다.

신화이야기

데이포보스와 파리스

트로이의 불행한 왕자 파리스는 그가 트로이를 멸망시킬 수 있다는 어머니 헤카베의 불길한 꿈 때문에 태어난 직후 이다 산에 버림받는다. 장성한 파리스가 이다 산에서 양치기 일을 하고 있던 어느 날 프리아모스는 자신의 죽은 아들 파리스를 추모하는 경기에 상으로 줄 황소를 구하기 위해 사람들을 이다 산으로 보낸다.

그들이 하필 파리스가 아끼는 황소를 선택하는 바람에 파리스는 자신의 황소를 되찾기 위해 프리아모스왕이 개최한 경주에 참가해서 우승을 한다. 파리스의 존재를 모르는 형제들은 그의 우승을 인정하지 못한다. 특히 데이포보스는 파리스를 죽이고자 칼을 뽑는다. 생명의 위협을 느낀 파리스는 데이포보스를 피해 제우스의 신전으로 도망간다. 마침 그곳에 있던 트로이의 공주이자 예언녀인 카산드라가 파리스가 바로 프리아모스와 헤카베가 버린 그 핏덩이라는 것을 알아차리고 파리스를 쫓아온 데이포보스에게 파리스의 신분을 밝힌다.

트로이 전쟁 중의 데이포보스

트로이 전쟁 중 그리스군이 그들의 함대 근처에 높은 방벽을 세우자 트로이는 그리스군의 방호벽을 돌파하기 위해 부대를 조직한다. 트로이군은 다섯 개의 부대로 나누어 각자 지휘관의 지휘 아래 그리스의 방호벽을 무너뜨리기도 한다. 그중 1부대는 헥토르와 폴리다마스, 케브리오네스가, 제 2부대는 파리스와 알카토오스와 아레노르가 지휘한다. 데이포보스는 동생 헬레노스, 아시오스와 함께 제 3부대를 진두지휘한다. 제 4부대는 안키세스의 아들 아이네이아스가 아르켈로코스와 아카마스와 함께 지휘하고 제 5부대의 지휘관은 사르페돈, 글라우코스, 아스테로파이오스이다.

한편 아이네이아스는 트로이 전쟁에 소극적인 자세를 취한다. 그는 프리아모스왕에게 섭섭함을 느끼고 있었다. 트로이 군인 중에서 자신이 아주 용감한 전사임에도 프리아모스왕이 자신을 인정하지 않았기 때문이다.

그런 와중에 안키세스의 사랑스런 딸의 남편이자 아이네이아스의 매부인 알카토오스가 크레타의 왕 이도메네우스의 창에 찔려 숨진다. 데이포보스는 그에게 도발하는 이도메네우스를 상대하기가 두려워 전투에 소극적인 아이네이아스를 설득한다. 데이포보스는 어린 시절 길러준 매부의 죽음을 그냥 보고 있을 것이냐고 아이네이아스를 독려한다. 데이포보스의 말에 자극받은 아이네이아스는 전의에 넘쳐 이도메네우스에게 달려간다. 데이포보스 역시 트로이의 여러 전사들과 함께 이도메네우스를 비롯한 그리스군의 전사들과 맞서 싸운다. 그는 그리스의 장군 아스칼라포스를 쓰러뜨리고 투구를 빼앗는다. 그때 그리스의 메리오네스가 데이포보스에게 투구를 뺏기지 않으려고 그의 어깻죽지를 창으로 찌른다. 데이포보스의 형제 폴리테스가 그를 싸움터에서 데리고 나온다.

아가멤논과의 불화로 트로이 전쟁에서 물러나 있던 아킬레우스는 그의 절친 파트로클로스의 죽음을 계기로 다시 트로이 전투에 참여하는데 그는 친구를 죽인 헥토르에 대한 복수심에 불탄다. 무서운 기세로 트로이 성으로 달려온 아킬레우스는 헥토르와 일전을 벌이고 헥토르는 아킬레우스의 기세에 눌려 달아난다. 그때 헥토르가 가장 사랑한 형제 데이포보스가 나타나 헥토르에게 달아나지 말고 아킬레우스와 맞서 싸우라고 격려한다. 헥토르는 동생 데이포보스의 출현에 힘을 얻어 아킬레우스와 맞서 싸운다. 헥토르가 아킬레우스에게 창을 던지자 창은 아킬레우스의 방패에 맞아 튕겨나간다. 헥토르가 데이포보스에게 다시 창을 달라고 하는데 그의 모습이 온데간데없이 보이지 않는다. 사실은 아테네 여신이 아킬레우스를 돕기 위해 데이포보스의 모습으로 변신하여 헥토르를 적극적으로 이 싸움에 끌어들인 것이다. 비로소 상황을 파악한 헥토르는 신들도 자신을 버렸다고 생각하고 절망한다. 그는 아킬레우스의 손에 죽는다.

헬레네와의 결혼

파리스가 필록테테스의 화살에 맞아 죽자 헬레노스와 데이포보스는 둘 중 누가 헬레네와 결혼할 것이냐를 놓고 서로 다툰다. 데이포보스가 헬레네의 차기 남편으로 선택되자 헬레노스는 트로이를 떠나 이다 산으로 간다.

트로이가 함락되던 날 밤에 데이포보스는 헬레네와 함께 그리스군이 놓고 간 목마를 신중히 둘러본다. 그리고 헬레네에게 그리스 군인들의 이름을 마치 그들의 아내인 듯 불러보라고 시킨다. 목마 안에 있던 안티클로스가 저도 모르게 헬레네에게 대답하려 하자 오디세우스가 재빨리 그의 입을 틀어막는다. 데이포보스는 아무 소리가 들리지 않자 목마 안에 아무도 없다고 확신한다.

데이포보스의 죽음

트로이군은 라오코온과 카산드라의 경고에도 불구하고 결국 목마를 트로이 성 안으로 끌어들이고 종전을 축하하며 밤새 잔치를 벌이고 곯아떨어진다. 밤이 깊어지자 그리스의 첩자 시논이 테네도스 섬 앞바다에 대기하고 있는 그리스군에게 신호를 보낸다. 이어 그는 목마 양 옆의 문을 열어 목마 속에 숨어 있던 그리스군을 나오게 한다. 깊은 잠에 빠져 있던 트로이는 그리스군의 기습에 크게 저항하지 못하고 함락된다.

한편 헬레네는 메넬라오스에게 잘 보이고자 데이포보스 집안의 무기들을 모두 치우고 데이포보스 머리맡의 큰 칼도 치워 버린다. 그리고 첫 남편 메넬라오스와 오디세우스에게 문을 열어준다. 신방에서 곯아

떨어져 있던 데이포보스는 무방비 상태에서 메넬라오스에게 전신을 난도질당한다. 그의 모습은 참혹함 자체였다. 얼굴과 두 손은 찢기고 귀와 코도 잘려 나갔다. 베르길리우스의 『아이네이스』에서 데이포보스가 저승에서 아이네이아스에게 망령으로 나타나는데, 아이네이아스는 참혹한 데이포보스의 모습을 겨우 알아본다. 그는 아이네이아스에게 자신이 어떻게 죽었는지 설명하며 신들에게 복수를 기원한다.

에우리피데스의 『트로이의 여인들』에서 헬레네가 데이포보스와 원하지 않는 결혼을 했다고 전 남편 메넬라오스에게 읍소하는 장면이 나온다. 그녀는 알렉산드로스가 죽었을 때 메넬라오스에게 가려고 몰래 밧줄을 타고 성벽을 내려오다 몇 번이나 발각되어 실패하고 말았다고 변명한다. 그녀는 원하지 않았으나 어쩔 수 없이 프리아모스의 아들 데이포보스와 다시 결혼을 하게 되었다고 말한다.

도로스 Doros

요약

그리스 신화에서 도리스족 최초의 왕 아이기미오스의 아버지로 알려진 인물로, 도리스족의 전설적인 시조이다.
아이기미오스는 헤라클레스의 아들 힐로스를 의붓아들로 삼아 도리스족을 헤라클레이다이(헤라클레스의 후손)의 일부로 만들었다.

기본정보

구분	시조
외국어 표기	그리스어: Δῶρος
어원	선물
관련 신화	헤라클레이다이의 펠레폰네소스 정복

인물관계

도로스는 대홍수 이후 최초의 인간 데우칼리온과 피라의 맏아들 헬렌이 산의 님페 오르세이스와 결합하여 낳은 아들로 아이올로스, 크수토스와 형제다. 도로스는 아이기미오스, 테크타모스 형제와 이프티메라는 딸을 두었다.
아이기미오스는 헤라클레스의 도움으로 라피테스족을 테살리아에서 몰아내고 그 지역의 지배자가 되었고, 테크타모스는 아이올로스인과 펠라스기아인을 이끌고 크레타 섬으로 가서 왕이 되었다.

딸 이프티메는 전령의 신 헤르메스와 관계를 맺어 페레스폰도스, 리코스, 프로노모스 등의 아들을 낳았다.

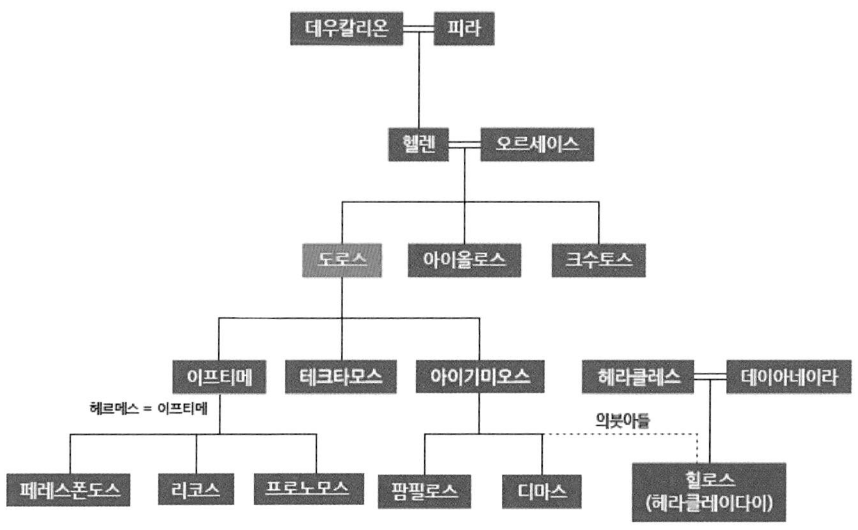

신화이야기

그리스를 구성하는 세 부족

도로스의 아버지 헬렌은 대홍수 이후 최초의 인간인 데우칼리온과 피라가 낳은 맏아들로 모든 그리스인들의 조상으로 통한다. 헬렌은 산의 님페 오르세이스와 결합하여 세 아들 아이올로스, 크수토스, 도로스를 낳았는데 이들 삼형제는 각각 그리스 주요 세 부족의 조상이 되었다. 아이올로스는 아이올리스인의 시조가 되었고 크수토스의 아들 이온과 아카이오스는 각각 이오니아인과 아카이아인의 시조가 되었으며 도로스는 도리스인의 시조가 되었다.

이들은 고대 그리스를 구성하는 주요 부족으로서 자신들이 헬렌의 후손이라는 뜻으로 '헬레네스'라고 불렀다. 헬레네스는 나중에 그리스인을 통칭하는 말이 되었다. 그리스 문화를 뜻하는 헬레니즘도 헬렌에서 유래한 말이다.

아이기미오스와 헤라클레스

도로스의 아들 아이기미오스는 도리스족이 테살리아 북부 페네이오스 골짜기에 살던 시절에 이들을 다스리며 부족의 법 체계를 세운 최초의 왕이다. 아이기미오스는 이웃나라 라피타이족의 왕 코로노스가 빈번히 국경을 침략하며 위협해오자 이를 물리치기 위해 헤라클레스에게 도움을 청했다. 그는 헤라클레스에게 라피타이족과의 전쟁을 승리로 이끌어주면 왕국의 삼분의 일을 주겠다고 약속했다. 헤라클레스는 라피타이족을 상대로 용맹하게 싸워 코로노스를 죽이고 그 나라를 정복하였다. 하지만 그는 아이기미오스가 제시한 보상을 사양하고 그 대신 약속한 땅을 나중에 자기 자손들(헤라클레이다이)에게 줄 것을 부탁했다. 이에 아이기미오스는 헤라클레스의 아들 힐로스를 자신의 의붓아들로 삼아 약속의 이행을 다짐했다.

헤라클레스의 후예가 된 도리스족

헤라클레스가 죽고 난 뒤 미케네의 왕 에우리스테우스에게 핍박받던 헤라클레스의 후손들(헤라클레이다이)은 아테네의 왕 테세우스(혹은 그의 자손들)의 도움으로 에우리스테우스를 물리친 뒤 펠로폰네소스에 대한 헤라클레스의 권리를 주장하며 이 지역의 정복에 나섰다. 헤라클레스는 원래 아버지 제우스의 뜻에 따라 펠로폰네소스 반도의 아르고스, 라코니아, 메세니아 등 광범위한 지역을 다스리게 될 예정이었지만 헤라 여신의 방해로 에우리스테우스왕에게 이 지역의 통치권을 빼앗겼던 것이다.

헤라클레이다이가 펠로폰네소스의 모든 도시들을 점령하고 나라를 세웠지만 1년 만에 온 나라에 역병이 창궐하였다. 신탁에 이유를 묻자 헤라클레스의 자손들이 운명의 신이 정한 시기보다 너무 빨리 펠로폰네소스로 돌아왔기 때문에 신들이 노하였다는 답이 돌아왔다. 이에 헤라클레이다이는 신들의 뜻을 존중하여 펠로폰네소스를 떠나 테살리아의 아이기미오스를 찾아갔다. 아이기미오스는 라피다이족과의 전쟁 때 자신을 도와주었던 헤라클레스의 은혜를 잊지 않고 약속대로 영토의 삼분의 일을 헤라클레이다이를 이끄는 의붓아들 힐로스에게 내주었다. 아이기미오스의 두 아들 팜필로스와 디마스도 자진해서 의붓형 힐로스에게 복종을 맹세하였다. 이렇게 해서 힐로스, 팜필로스, 디마스는 도리스족의 세 지파인 힐레이스족, 팜필로이족, 디마네스족의 시조가 되었다. 이로써 도리스인들은 헤라클레이다이의 일부가 되었고, 나중에 이를 근거로 자신들의 펠레폰네소스 반도 침략을 정당화하였다.

도리스 Doris

요약

그리스 신화에 나오는 바다의 여신이다.

바다의 님페들인 네레이데스의 어머니로 유명하며 바다에 대한 환유적 표현으로 여겨진다. 갈라테이아, 암피트리테, 테티스 등이 그녀의 딸이다.

기본정보

구분	바다의 신
상징	바다의 풍요로움
외국어 표기	그리스어: Δωρίς
어원	관대한
가족관계	헤라클레스의 딸, 테티스의 딸, 네레이데스의 어머니

인물관계

도리스는 대양의 신 오케아노스와 테티스 사이에서 태어난 여러 딸들(오케아니데스) 중 한 명이다. 제우스의 첫 번째 아내였던 메티스, 오디세우스를 사랑한 칼립소, 저승의 강 스틱스 등이 그녀와 자매지간이다.

도리스는 바다의 노인이라 불리는 해신(海神) 네레우스와 결혼하여 아들 네리테스와 50명의 딸 네레이데스를 낳았다.

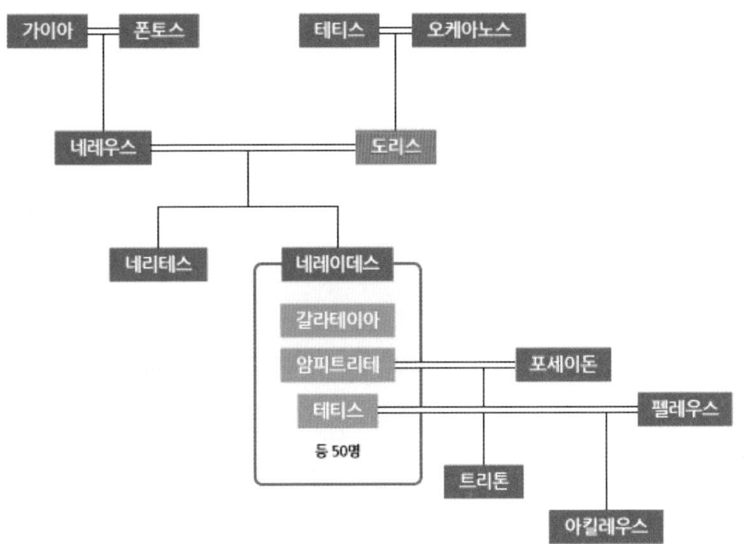

신화이야기

개요

그리스 신화에서 도리스는 네레이데스의 어머니로서 이름을 올릴 뿐 어떤 독자적인 역할이나 전해지는 이야기는 없다.

도리스의 이름은 바다의 환유적 표현으로 사용된다. 도리스의 딸들 중에서는 포세이돈의 아내가 된 암피트리테, 외눈박이 거인 폴리페모스와 미소년 아키스의 사랑을 받은 갈라테이아, 펠레우스와 결혼하여 트로이 전쟁의 영웅 아킬레우스를 낳은 테티스 등이 특히 유명하다.

네레이데스

네레우스와 도리스 사이에서 태어난 네레이데스는 50명 혹은 100명에 이르는 바다의 님페들인데 신화학자들은 바다의 수많은 물결을 의인화한 인물로 이들을 해석하였다.

해마 히포캄포스를 타고 양손에 횃불을 들고 포세이돈과 암피트리테의 결혼을 축하하는 도리스
고대 그리스 부조, 기원전 2세기, 뮌헨 글립토테크 미술관

네레이데스는 바다 깊은 곳에 있는 아버지 네레우스의 궁전에 살면서 돌고래를 타고 다니거나 파도가 이는 바다를 긴 머릿결을 너울거리며 헤엄쳐 다닌다고 한다.

네레이데스는 모두 빼어난 미모를 지닌 것으로 정평이 났는데 에티오피아의 왕비 카시오페이아가 자기 딸 안드로메다의 미모가 네레이데스를 모두 합친 것보다 더 아름답다고 뽐내다가 포세이돈의 진노를 산 적이 있다. 포세이돈이 네레이데스 중 하나인 암피트리테의 남편이었기 때문인데 그 바람에 안드로메다는 포세이돈이 보낸 바다괴물에게 제물로 바쳐지는 신세가 되어야 했다.

네레이데스는 신화에서 주연보다 주로 조연이나 관객으로 등장한다. 가령 그들은 아킬레우스가 죽었을 때 그의 어머니 테티스(그녀도 네레이데스의 한 명이다)와 함께 눈물을 흘려주거나 헤라클레스가 황금사과가 있는 헤스페리데스의 정원을 찾아갈 때 가는 길을 알려주는 등의 역할을 하였다.

돌론 Dolon

요약

그리스 신화에 등장하는 트로이군의 병사이다.

아킬레우스의 신마 크산토스와 발리오스를 얻는 조건으로 그리스군 정탐에 나섰다가 오디세우스와 디오메데스에게 붙잡혀 목숨을 잃었다.

기본정보

구분	신화 속 인물
상징	정탐꾼
외국어 표기	그리스어: **Δόλων**
관련 신화	트로이 전쟁

인물관계

트로이의 전령 에우메데스의 아들이다. 그는 외아들로 다섯 명의 누이가 있었다고 한다.

할아버지와 이름이 같은 돌론의 아들 에우메데스는 트로이가 패망한 뒤 아이네이아스와 함께 이탈리아로 갔다.

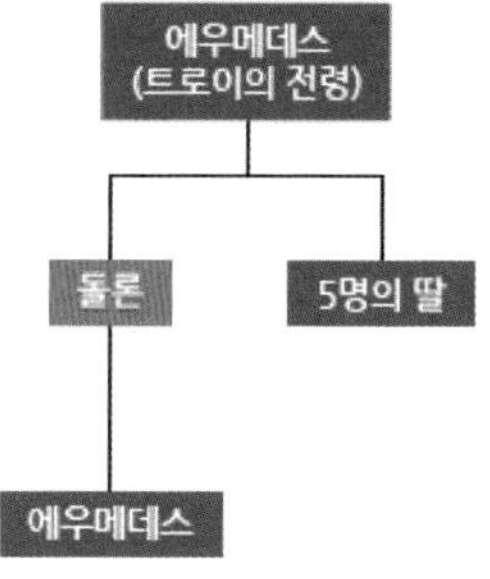

정탐꾼을 자원한 돌론

그리스군 최고의 영웅 아킬레우스가 총사령관 아가멤논과의 불화로 전쟁에서 발을 빼자 그리스군은 헥토르가 이끄는 트로이군과 맞서기를 두려워하여 요새에 틀어박힌 채 싸우려 하지 않았다. 그러자 헥토르가 상금을 내걸고 그리스군 진영을 정탐하고 올 사람을 구하였다. 이에 돌론이 나서며 아킬레우스의 신마 발리오스와 크산토스를 주겠다고 약속하면 자신이 그 일을 하겠다고 자원하였다. 돌론은 비록 외모는 추하고 왜소했지만 매우 민첩하고 발이 빠른 인물이었다. 헥토르는 기뻐하며 제우스의 이름을 걸고 약속을 했다. 이에 돌론은 늑대의 가죽을 뒤집어쓰고 한밤중에 그리스군 진영을 향해 출발하였다.

돌론
아티카 적색상 도기, 기원전 460년
루브르 박물관

오디세우스와 디오메데스에게 붙잡힌 돌론

같은 시각 그리스군에서도 오디세우스와 디오메데스가 트로이군의 동향을 정탐하기 위해 트로이군 진영 쪽으로 접근하고 있었다. 두 사람은 자기들 쪽으로 다가오는 돌론을 발견하고 수풀에 몸을 숨겼다가 그를 붙잡았다. 돌론은 두 그리스군 장수에게 목숨을 구걸하며 자기 아버지 에우메데스가 매우 부유한 사람이므로 자신을 살려주면 몸값을 두둑이 받을 수 있을 거라고 하였다. 그는 또 정탐에 성공하면 헥토르가 아킬레우스의 신마를 상으로 주기로 약속했다는 말도 했다. 그러자 오디세우스는 헥토르에게 속았다고 돌론을 조롱하면서 아킬레우스의 말은 오직 아킬레우스만이 몰 수 있다고 말했다. 그러자 돌론은 헥토르에게 속았다고 생각하고 두 그리스 장수가 요구한대로 그리스군 진영의 동태에 관한 모든 정보를 털어놓았다. 하지만 디오메데스는 적을 살려줄 수 없다며 돌론의 목을 베었다.

오디세우스와 디오메데스는 돌론이 말해준 정보를 토대로 트로이를 도우러 참전한 트라키아의 왕 레소스의 막사를 기습하여 왕을 죽이고 그가 포세이돈으로부터 받은 두 마리의 명마를 빼앗아 그리스 진영으로 돌아왔다.

돌론에게는 할아버지와 이름이 같은 에우메데스라는 아들이 있었는데 트로이가 패망한 뒤 아이네이아스를 따라 이탈리아로 건너갔다가 라티움에서 투르누스와 전쟁이 벌어졌을 때 전사하였다.('아스카니오스' 참조)

돌리오스 Dolius

요약

그리스 신화에 나오는 오디세우스의 충직한 하인으로, 오디세우스가 전쟁터에 나가 오랜 세월 집을 비운 사이 그의 연로한 부친을 돌보며 충성을 다하였다. 오디세우스가 귀향하여 아내 페넬로페를 괴롭히던 구혼자들을 몰살시킨 뒤 그들의 친족들로부터 공격을 받을 때 그를 도와 함께 싸웠다.

기본정보

구분	신화 속 인물
상징	충직한 하인
외국어 표기	그리스어: Δολίος
관련 신화	오디세우스

인물관계

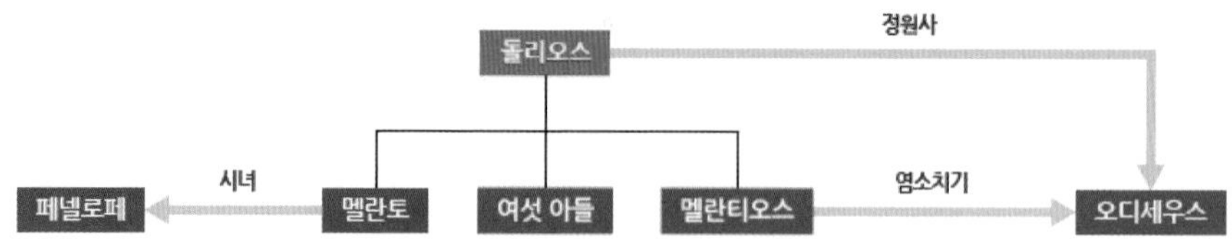

돌리오스는 슬하에 멜란티오스 외에 여섯 명의 아들과 딸 멜란토를 두었다.

신화이야기

개요

돌리오스는 페넬로페가 이타카의 오디세우스에게 시집올 때 그녀의 아버지 이카리오스가 함께 보낸 늙은 정원사이자 충직한 하인이다. 그는 오디세우스가 트로이 전쟁에 나간 뒤 그의 아버지 라에르테스가 시골로 내려가 은둔생활을 하자 그를 따라가 함께 농사를 지으며 살았다.

그에게는 일곱 아들과 딸이 하나 있었는데 딸 멜란토와 아들 멜란티오스는 오디세우스의 궁에 남아 각각 페넬로페의 시녀와 염소치기가 되었고 나머지 여섯 아들은 아버지와 함께 시골로 내려갔다.

멜란토와 멜란티오스

멜란토와 멜란티오스는 충직한 아버지와 달리 주인 페넬로페가 남편 오디세우스의 부재로 구혼자들에게 시달릴 때 구혼자들 편에 섰다. 멜란토는 페넬로페가 어릴 때부터 친딸처럼 길러주고 총애하였지만 구혼자들 중 한 사람인 에우리마코스의 정부가 되어 페넬로페를 곤경에 빠뜨렸다. 페넬로페가 남편이 돌아올 때까지 시간을 벌기 위해 구혼자들에게 연로한 시아버지의 수의를 다 짜면 새 남편을 선택하겠다고 말하고는 밤마다 낮에 짠 수의를 다시 풀며 지연시키고 있을 때 이를 에우리마코스에게 고자질했던 것이다.('페넬로페' 참조)

구혼자들의 편에 붙은 것은 그녀의 오빠 멜란티오스도 마찬가지였다. 멜란티오스는 오디세우스의 궁에서 허구한 날 잔치를 벌이며 그의 재산을 탕진하는 구혼자들을 위해 가장 좋은 염소를 잔칫상에 올리고 그들의 술잔에 포도주를 채워주었다. 또 이타카로 돌아온 거지 행색의 오디세우스와 길에서 마주쳤을 때 옛 주인을 몰라보고 심한 모욕을 주고 발길질까지 했다.

구혼자들을 죽이는 오디세우스
붉은 종 모양의 조각상, 기원전 330년, 루브르 박물관

이들 남매는 오디세우스가 궁으로 귀환하여 구혼자들을 몰살시킬 때 그들의 편에 붙은 다른 시종들과 함께 처형되었다.

충직한 돌리오스

오디세우스가 아내 페넬로페를 괴롭히며 그의 재산을 탕진하고 있던 구혼자들을 모두 살해하자 그들의 친족들이 복수하기 위해 몰려왔다. 오디세우스는 이들의 공격을 예상하고 아버지 라에르테스가 있는 시골로 내려가 싸움에 대비하였다.

돌리오스는 라에르테스와 함께 밭에서 일하는 중에 옛 주인의 도착 소식을 듣고는 달려나가 반갑게 맞이하였을 뿐만 아니라, 죽은 구혼자들의 친족들이 쳐들어왔을 때 나머지 아들들과 함께 오디세우스의 편에 서서 싸웠다. 하지만 양측의 싸움은 멘토르로 변신한 아테나 여신의 중재로 평화롭게 끝이 났다.

드리아데스 Dryades

요약

그리스 신화에 등장하는 나무의 님페이다.

본래 떡갈나무의 님페를 이르는 말이었지만 점차 모든 나무의 님페를 가리키는 개념이 되었다. 숲 속의 다른 님페와 마찬가지로 처녀신 아르테미스를 따라다니며 함께 사냥을 즐기는 아름다운 여성으로 묘사된다.

기본정보

구분	님페
상징	나무, 숲
외국어 표기	그리스어: **Δρυάδες**. 단수형 드리아스(**Δρυάς**)
어원	떡갈나무
별칭	드리아스(Dryads)
가족관계	가이아의 딸

신화이야기

개요

그리스 신화에 나오는 나무의 님페이다. 그중에서도 특히 떡갈나무의 님페를 이르는 말이다. 하지만 드리아데스는 점차 모든 나무의 님페들을 가리키는 개념이 되었다. '나무', '목재'를 뜻하는 인도게르만어족의 단어 'derew(o)'에 뿌리를 둔 그리스어 드리스(drys)는 주로 '떡갈나무'를 의미했으나 나무 일반을 가리키는 말로도 쓰였다.

그리스 신화에서 드리아데스는 숲 속의 다른 님페들과 마찬가지로 처녀신 아르테미스를 따라다니며 함께 사냥을 즐기는 아름다운 여성으로 묘사된다.

멜리아데스

드리아데스의 일종인 멜리아데스(단수형 멜리아스)는 물푸레나무의 님페들을 의미한다. 멜리아데스는 우라노스가 아들 크로노스의 낫에 성기가 잘렸을 때 흘린 핏방울이 대지 가이아에 떨어져 태어났다고 한다. 레아가 남편 크로노스를 피해 갓난 어린 제우스를 크레타의 동굴에 숨겼을 때 꿀을 먹이며 그를 돌봐준 님페 자매 멜리아데스도 이들과 동일인이다.(그리스어로 '멜리아'는 물푸레나무, '멜리'는 꿀이라는 뜻이다.)

드리아데스
에블린 드 모건(Evelyn De Morgan), 1885년
런던 모건 센터

하마드리아데스

드리아데스는 오래 살기는 하였으나 불사신은 아니었다. 예를 들면 독사에 물려 죽은 오르페우스의 아내 에우리디케도 드리아데스(혹은 물의 님페 나이아데스)의 하나였다.

그리스 신화에서 드리아데스는 시간이 흐르면서 나무와 직접적인 관련성이 점점 약해졌다. 하지만 또 다른 드리아데스의 일종인 하마드리아데스는 특정한 나무와 결합된 존재로 나무와 함께 태어나서 나무가 죽으면 함께 소멸된다고 여겨졌다. 그래서 나무를 함부로 베어낸 사람은 그 나무에 깃든 하마드리아스를 해친 것으로 간주되어 신들에게 벌을 받기도 했다.

드리아데스
가브리엘 가이(Gabriel Guay), 19세기
아우구스티누스 박물관

테살리아의 왕 에리시크톤은 신성한 숲의 나무를 함부로 베었다가 나무에 깃든 하마드리아데스를 죽인 죄로 데메테르 여신에게 벌을 받았다. 그는 영원히 채워지지 않는 허기에 시달리다 결국 자기 살을 뜯어먹으며 최후를 맞았다.('에리시크톤' 참조)

드리오페 Dryope

요약

에우보이아 섬에 있는 오이칼리아의 왕 에우리토스의 딸이다.

어느 날 어린 아들에게 주려고 몇 송이 꽃을 꺾었는데 그 꽃나무는 로티스라는 님페가 프리아포스를 피해 달아나 변신한 로토스나무였다. 꽃을 꺾은 죄로 드리오페는 나무로 변했다.

기본정보

구분	공주
상징	나무로 변신한 슬픈 운명
외국어 표기	그리스어: **Δρυόπη**
어원	나무의 목소리, 나무의 얼굴
관련 신화	로티스

인물관계

에우보이아 섬에 있는 오이칼리아의 왕 에우리토스의 딸로 아폴론과 사이에 아들 암피소스를 낳았다.

안드라이몬의 아내이다.

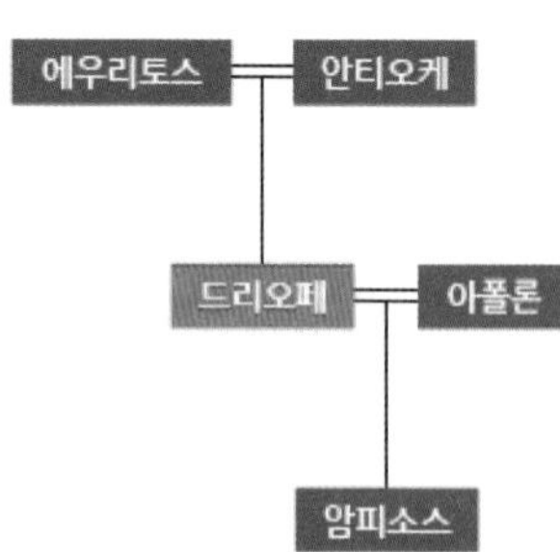

신화이야기

개요

오비디우스가 쓴 『변신이야기』는 드리오페에 관한 이야기를 이렇게 전하고 있다.

오이칼리아의 여자들 중에 가장 아름다운 드리오페는 아폴론의 사랑을 받아 암피소스를 낳았다. 그녀는 안드라이몬과도 결혼하여 행복한 삶을 누리고 있었다. 그러던 어느 날 그녀는 동생 이올레와 함께 님페들에게 바칠 화환을 만들기 위해 호숫가로 갔다. 도중에 자주색 꽃이 활짝 핀 나무 곁을 지나다 드리오페는 아들에게 주려고 몇 송이 꽃을 꺾었다. 그런데 꽃에서 핏방울이 떨어지며 가지들이 두려움에 떨고 있지 않는가! 알고 보니 이 나무는 로티스라는 님페가 '음탕한 프리아포스'를 피해 달아나다 변신한 로토스나무였던 것이다.('로티스' 참조)

드리오페는 너무나 늦게 그 사실을 알게 되었고 이제 그녀의 몸은 꽃송이를 꺾은 벌로 발에서부터 나무로 변해가고 있었다. 그녀는 너무 괴로워 머리를 움켜쥐려 했지만 머리카락은 이미 나뭇잎으로 변해 있었다. 간신히 목소리를 낼 수 있는 동안 드리오페는 탄식했다.

"불쌍한 운명의 인간이 하는 말도 듣는 사람이 있다면 신들의 이름으로 맹세합니다. 내가 이런 끔찍한 일을 당하는 것은 부당합니다. 나는 죄도 짓지 않고 벌을 받고 있어요. 나는 벌 받을 만한 짓을 하며 살지 않았습니다. 내가 거짓을 말한다면 나는 바싹 말라 잎은 모두 떨어지고 내 몸은 도끼에 베어져 태워지고 말겁니다! 이 아이를 엄마의 가지에서 내려놓고 유모에게 맡겨주세요. 그런 다음 이따금 나무 밑에 찾아와 젖을 먹여주고 나무 밑에서 놀게 해주세요. 그리고 말을 하게 되면 엄마에게 인사하게 해주세요. 그리고 '이 나무 밑에는 우리 엄마가 숨어 있어!'라고 슬픈 목소리로 말하게 해주세요!"

님페가 변신한 나무인지 아닌지를 누가 어떻게 알겠는가? 드리오페는 그 어떤 악의도 없이 자신도 모르게 '죄 아닌 죄'를 짓고 슬픈 운명을 맞아야 했다.

또 다른 이야기

또 다른 이야기에 의하면 드리오페는 오이칼리아왕의 딸이 아니라 드리옵스왕의 외동딸이라 한다. 드리오페는 그녀에게 신들이 좋아하는 노래와 춤을 가르쳐준 나무의 요정들 즉 하마드리아데스와 숲 속에서 놀곤 했는데, 어느 날 아폴론이 요정들과 놀고 있는 드리오페를 보고는 즉시 사랑에 빠졌다. 님페들은 거북이를 공처럼 던지며 놀고 있었는데 아폴론이 거북이로 변신해 그 무리 속으로 들어갔다. 그리고는 드리오페에게 다가가 갑자기 뱀으로 변신하여 그녀의 몸을 휘감고 그녀와 결합했다. 이 일이 있고 난 지 얼마 되지 않아 드리오페는 안드라이몬과 결혼해서 아폴론의 아들 암피소스를 낳고 행복한 삶을 누리고 있었다.

어느 날 드리오페가 님페들에게 제물을 바치기 위해 신전에 갔는데 님페들이 옛 친구 드리오페를 납치해서 예전에 그랬던 것처럼 함께 노래하고 춤추며 놀았다. 그녀가 사라진 자리에는 포플러나무 한 그루와 샘이 남아 있었다.

또 다른 드리오페

베르길리우스가 쓴 『아이네이스』에서 전하는 바에 의하면 파우누스 신이 사랑한 님페의 이름도 드리오페이다.

디도 Dido

요약

그리스 로마 신화에 나오는 카르타고의 여왕이다.

페니키아 티로스의 왕 무토의 딸로, 자신을 해치려는 오빠 피그말리온의 손길을 피해 아프리카로 도망가서 카르타고를 건설하고 여왕이 되었다. 트로이 유민을 이끌고 아프리카에 표착한 아이네이아스와 사랑에 빠졌으나 그가 이탈리아로 가기 위해 다시 카르타고를 떠나자 실의에 빠져 불길 속에 몸을 던졌다.

기본정보

구분	여왕
상징	버림받은 사랑
어원	방랑자
별칭	엘리사
관련 지명	카르타고
관련 신화	아이네이아스

인물관계

디도는 페니키아 티로스의 왕 무토의 딸로 피그말리온과 남매지간이다.(베르길리우스에 따르면 디도의 아버지 이름은 무토가 아니라 벨로스다.) 디도는 숙부 시카르바스와 결혼하였고 남편이 죽은 뒤 아이네이아스의 연인이 되었다.

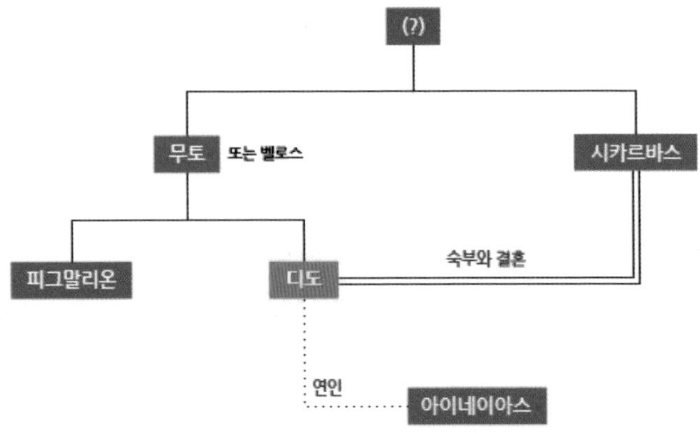

신화이야기

카르타고의 건국

페니키아 지방 티로스의 왕 무토는 슬하에 아들 피그말리온과 딸 엘리사(디도의 다른 이름. 디도는 로마 신화에서 사용된 이름으로 '방랑자'라는 뜻이다)가 있었다. 무토는 임종할 때가 되자 피그말리온과 디도 남매에게 공평하게 왕권을 나누어 가지라고 유언하였다. 하지만 아버지가 죽은 뒤 피그말리온이 왕권을 독차지하고 디도의 남편 시카르바스마저 죽였다. 시카르바스는 무토의 동생이자 헤라클레스 신전의 사제로 티로스에서 왕 다음 가는 권력자였다.

디도는 피그말리온을 따르지 않는 티로스의 귀족을 거느리고 티로스에서 도망쳐 아프리카의 튀니지 해안으로 갔다. 디도와 동행자들은 그곳에 정착하기로 결정하고 원주민의 왕 이아르바스에게 땅을 달라고 요청했다. 그러자 이아르바스가 '소 한 마리의 가죽으로 둘러쌀 수 있는 만큼의 땅'을 주겠다고 했다. 디도는 소가죽을 가는 실처럼 잘게 잘라서 만든 끈으로 상당히 넓은 땅을 둥그렇게 감쌌고 이아르바스는 약속을 지켜 그 땅을 디도 일행에게 주었다.

땅을 확보하는 디도
마티아스 메리안(Mathias Merian)의 『역사연대기』에 실린 삽화, 1630년

이렇게 확보한 땅에 디도는 성채를 짓고 도시를 건설하였다. 디도가 건설한 도시에는 '새 도시'라는 뜻의 카르타고라는 이름이 붙여졌고 성채는 비르사라고 불렸다. 비르사는 '가죽'이라는 뜻이다.

카르타고가 인근에서 새로운 이주민들을 받아들이며 활기찬 도시로 성장하자 이아르바스왕은 카르타고 원로들의 지지를 얻어낸 뒤 디도에게 자신과의 결혼을 강요했다. 하지만 첫 남편 시카르바스가 죽은 뒤 절대로 재혼하지 않겠다고 맹세한 디도는 이아르바스의 결혼 요구를 받아들이려 하지 않았다. 이아르바스는 디도가 계속해서 청혼을 거절할 경우 카르타고와 전쟁을 선포하겠다고 협박했고 디도는 결국 이아르바스와의 결혼을 피하기 위해 불 속에 뛰어들어 죽었다고 한다.

디도와 아이네이아스

베르길리우스는 서사시 『아이네이스』에서 디도의 이야기를 아이네이아스의 신화에 접목시켰다. 그에 따르면 카르타고의 여왕 디도가 이아르바스왕의 결혼 요구에 시달리고 있을 때 아이네이아스가 트로이 유민들을 이끌고 카르타고 해안에 표착한다. 아이네이아스 일행은 트로이에 적대적이었던 헤라 여신이 바람의 신 아이올로스에게 명하여

디도에게 트로이 전쟁 이야기를 들려주는 아이네이아스
피에르 나르시스 게랭((Pierre-Narcisse Guerin), 1815년, 보르도 미술관

일으킨 풍랑으로 바다에서 모진 고초를 겪다가 포세이돈의 도움으로 간신히 그곳에 도착할 수 있었던 것이다. 디도 여왕과 카르타고의 주민들은 아이네이아스 일행을 환대하고 그들이 편안히 휴식을 취하며 손상된 배를 수리할 수 있게 도와주었다.

아이네이아스는 디도가 베풀어준 연회에서 그녀에게 트로이의 패망과 그간의 모험담을 들려주었고 디도는 아이네이아스와 사랑에 빠지고 말았다. 결국 두 사람은 사냥대회 때 갑자기 쏟아진 소나기를 피하기 위해 들어간 동굴에서 사랑을 나누고 연인이 되었다. 디도는 헤라와 아프로디테의 부추김을 받아 아이네이아스를 더욱 열렬히 사랑하게 되었고 아이네이아스도 차츰 그녀의 남편이 되어 카르타고에 정착할 마음을 품기 시작했다.

하지만 아이네이아스가 장차 로마를 건설할 운명임을 알고 있었던 제우스는 헤르메스를 보내 아이네이아스에게 디도와의 인연을 끊고 이탈리아로 떠날 것을 명했다. 결국 아이네이아스는 자신에게 주어진 운명을 받아들이기로 하고 디도에게 알렸다. 디도는 자신을 떠나겠다는 아이네이아스를 크게 나무라며 만류하였지만 아이네이아스는 이미 마음을 굳힌 뒤였다. 아이네이아스는 결사적으로 만류하는 디도에게 작별의 인사도 없이 배를 출발시켰고 자신이 버림받았다는 걸 안 디도는 장작을 쌓아 아이네이아스와의 추억이 담긴 물건들을 불길 속에 던진 뒤 자신도 불 속으로 뛰어들었다.

디도의 상처받은 마음은 죽은 뒤에도 풀리지 않았다. 아이네이아스가 쿠마이의 무녀 시빌레와 함께 아버지 안키세스의 망령을 만나기 위해 저승에 내려갔을 때 디도의 망령과도 마주쳤는데, 디도의 망령은 그가 묻는 말에 대답도 하지 않고 그를 외면했다.

디도의 죽음
구에르치노(Guercino), 1631년, 로마 스파다 미술관

디르케 Dirce

요약

그리스 신화에 나오는 테바이 섭정 리코스의 아내이다.

아름다운 질녀 안티오페를 시기하여 학대하다가 그녀의 쌍둥이 아들들 손에 목숨을 잃었다.

기본정보

구분	왕비
상징	시기, 질투, 학대
외국어 표기	그리스어: **Δίρκη**
어원	쪼개진, 갈라진 틈

인물관계

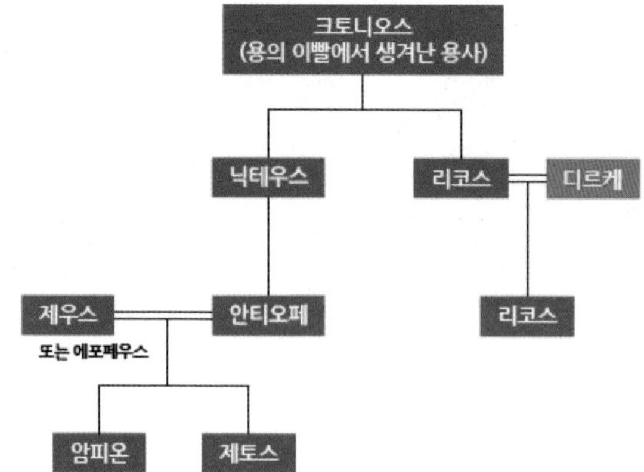

디르케는 테바이 섭정 리코스의 아내이며 두 사람 사이에서는 아버지와 이름이 같은 리코스라는 아들이 태어났다.

신화이야기

제우스의 아이를 임신한 처녀 안티오페

디르케의 남편 리코스는 테바이의 섭정 닉테우스와 형제지간이었다. 닉테우스에게는 안티오페라는 어여쁜 딸이 있었는데 어느 날 닉테우스는 딸이 임신한 사실을 알게 되었다. 안티오페가 사티로스로 변신한 제우스와 정을 통하여 쌍둥이를 임신했던 것이다. 안티오페는 아버지의 진노가 두려워 시키온의 에포페우스에게로 도망쳤고 닉테우스는 딸을 임신시킨 자가 시키온의 왕 에포페우스라고 여겨 군대를 이끌고 시키온으로 쳐들어갔다. 하지만 닉테우스는 딸을 찾기는커녕 에포페우스와의 결투에서 큰 부상을 입고 돌아왔다. 닉테우스는 죽어가면서 동생 리코스에게 복수를 당부하였다.('에포페우스' 참조)

하지만 다른 이야기에 따르면 닉테우스는 분을 참지 못하고 스스로 목숨을 끊었다고도 한다.

닉테우스에 이어 테바이의 섭정이 된 리코스는 형의 유지를 받들어 시키온으로 쳐들어가서 에포페우스를 죽이고 안티오페를 빼앗아왔다.

리코스는 질녀 안티오페가 테바이로 돌아오는 길에 쌍둥이를 출산하자 아이들을 카이론 산에 내다 버리게 하고 안티오페는 자신의 집으로 데려와서 아내 디르케의 노예로 삼았다. 하지만 쌍둥이는 산에서 죽지 않았다. 갓난아기 둘이 산에 버려지는 것을 본 목동이 이들을 자기 집으로 데려가 길러주었던 것이다.

디르케의 학대와 죽음

노예가 된 안티오페는 그녀의 미모를 시기한 디르케에게 모진 학대를 당했다. 디르케는 안티오페를 지하에 가두고 손발에 사슬을 채우고 차가운 돌 위에서 자게 하였다. 그녀는 또 불에 달군 쇠꼬챙이로 안티오페의 아름다운 머리카락을 지지고 주먹으로 얼굴을 마구 때리기도 했다. 안티오페를 고통에서 벗어나게 해준 것은 제우스였다.

제우스는 그녀를 묶고 있는 쇠사슬을 저절로 풀리게 하고 성문도 열어주었다. 안티오페는 산으로 도망쳐 어느 오두막에 묵게 되었는데 그곳은 그녀의 쌍둥이 아들을 거두어 키운 목동의 집이었다.

두 아들은 이미 건장한 청년으로 자라나 있었다. 하지만 그녀는 자신이 낳은 아들들을 알아보지 못했고 이것은 두 아들도 마찬가지였다. 그때 도망친 안티오페를 뒤쫓던 디르케가 오두막으로 들이닥쳤다. 그녀는 쌍둥이에게 자신의 신분을 밝히고 안티오페가 나쁜 짓을 저지르고 도망친 노예이니 황소 뿔에 묶어 사형에 처해야 한다고 말했

처형당하는 디르케
폼페이 베티 저택의 벽화, 1세기

다. 쌍둥이는 왕비의 명령에 따라 안티오페를 황소 뿔에 묶으려 하였다. 하지만 바로 그때 쌍둥이를 길러준 목동이 나타나 안티오페가 그들의 어머니란 사실을 밝혀 그녀를 위기에서 구해낸다.

분노한 쌍둥이는 안티오페 대신 사악한 디르케를 황소 뿔에 묶어 바위투성이의 언덕을 끌고 다니며 갈가리 찢겨져 죽게 만들었다.

디르케는 디오니소스의 열렬한 추종자였다고 한다. 그래서 디오니소스는 디르케를 죽음에 이르게 한 안티오페를 벌하여 미치게 만들고 디르케가 죽은 자리에서는 샘물이 솟아나게 하였다.

파르네제의 황소(디르케의 죽음)
헬레니즘 초기 그리스 조각을 모사한 3세기초 로마 시대 작품, 나폴리 국립고고학 박물관

디아 Dia

요약

그리스 신화에 나오는 테살리아 왕 익시온의 아내이다.

디아의 남편 익시온은 헤라 여신을 범하려다 제우스가 구름의 님페 네펠레에게 지시하여 만든 헤라의 환영과 정을 통하여 반인반마족인 켄타우로스들을 낳았다. 디아도 남편 익시온과 사이에서 아들 페이리토오스를 낳았지만 아이의 실제 아버지는 제우스였다고 한다.

기본정보

구분	왕비
외국어 표기	그리스어: Δῖα, 또는 Δία
어원	천상의, 신적인, 제우스의 여성형

인물관계

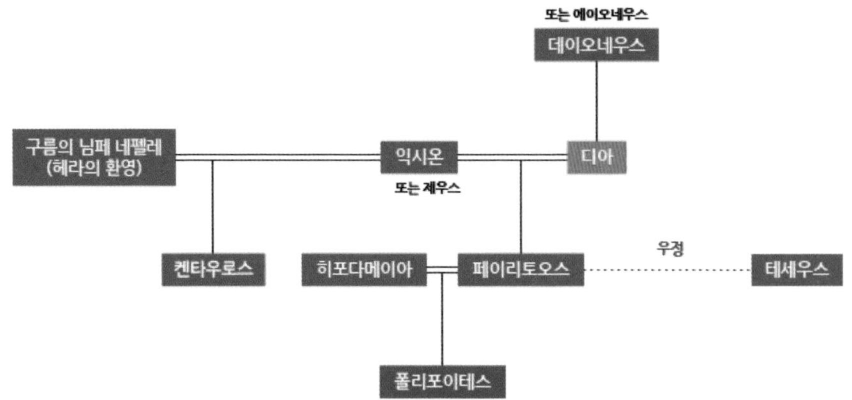

디아는 마그네시아의 왕 데이오네우스의 딸로 익시온과 결혼하여 아들 페이리토오스를 낳았다. 하지만 페이리토오스는 제우스가 디아를 유혹하여 낳은 아들이라고도 한다. 디아의 남편 익시온은 구름의 님페 네펠레가 변한 헤라의 환영과 정을 통하여 켄타우로스들을 낳았다.

신화이야기

사위에게 살해당한 디아의 아버지 데이오네우스

테살리아 지방 마그네시아의 왕 데이오네우스(혹은 에이오네우스)의 딸 디아는 이웃나라에서 라피테스족을 다스리는 익시온과 결혼하였다. 익시온은 디아와 결혼하기 위해 데이오네우스에게 많은 결혼선물을 약속하였으나 결혼 후에 데이오네우스가 약속한 선물을 요구하자 약속을 지키지 않으려고 비열하게도 뜨거운 숯이 가득한 구덩이에 떨어뜨려 죽였다.

익시온과 네펠레
페테르 파울 루벤스(Peter Paul Rubens), 1615년, 루브르 박물관

하지만 신들에 의해 신성하게 결합된 가족의 일원을 살해하는 것은 이전까지 한 번도 없었던 일이다. 가족은 같은 수호신을 섬기기 때문이다. 이로 인해 익시온은 그리스 신화에서 최초로 친족 살해를 저지른 인물로 간주된다.

헤라를 범하려 한 익시온

친족 살해는 신성모독에 해당하는 중죄였기 때문에 아무도 익시온을 정화해주려 하지 않았다. 모든 신들 가운데 오로지 제우스만이 죄를 저지른 후 광기에 빠져 있던 익시온을 불쌍히 여겨 그의 죄를 정화해주었다. 하지만 익시온은 배은망덕하게도 제우스의 아내인 헤라를 범하려 하였고 이에 제우스는 구름의 님페 네펠레에게 헤라의 환영을 만들게 하여 익시온을 속였다. 익시온은 네펠레(구름)를 헤라로 믿고 정을 통하여 반인반마족인 켄타우로스들을 낳았다. 익시온은 이 죄로 나중에 불타는 수레바퀴에 묶인 채 영원히 고통을 당하는 벌을 받았다.

페이리토오스와 켄타우로스

디아와 익시온 사이에서는 테세우스의 친구로 유명한 페이리토오스가 태어났다. 하지만 실제로 페이리토오스는 익시온의 짓을 괘씸하게 여긴 제우스가 그의 아내 디아를 유혹하여 낳게 한 아들이었다고 한다. 페이리토오스가 성장하여 익시온에 뒤이어 테살리아의 왕위에 오르자 켄타우로스들은 자신들도 익시온의 아들이므로 영토를 나누어 달라고 요구하였다. 이 분쟁은 결국 켄타우로스들이 펠리온 산을 차지하면서 해결되었다.

하지만 이복형제들의 싸움은 여기서 그치지 않았다. 페이리토오스가 부테스의 딸 히포다메이아와 결혼할 때 켄타우로스들도 친척으로 결혼식에 참석했다. 그런데 술을 잘 마시지 못하는 켄타우로스들이

잔칫상의 포도주를 너무 많이 마시는 바람에 몹시 취하여 신부와 라피타이족의 처녀들을 겁탈하려 하였다. 그러자 페이리토오스와 라피타이인들이 켄타우로스들을 공격하면서 둘 사이에 큰 싸움이 벌어졌다. 싸움에는 결혼식 하객으로 그 자리에 있던 페이리토오스의 친구 테세우스도 가담하여 결국 수많은 켄타우로스들이 이들의 손에 목숨을 잃고 말았다. 이 일로 켄타우로스들은 테살리아에서 추방되어 펠로폰네소스로 가게 된다.

라피타이족과 켄타우로스족의 싸움
세바스티아노 리치(Sebastiano Ricci), 1715년

디아의 아들 페이리토오스는 나중에 테세우스와 함께 하계에 내려가서 페르세포네를 납치하려다 영원히 그곳에 갇히는 신세가 되었다.

헤베 여신의 다른 이름

디아는 청춘의 여신 헤베의 또 다른 이름이기도 하다. 스트라본의 『지리지』에 따르면 시키온과 플레이우스 지방에서는 헤베 여신이 디아라는 이름으로 숭배되었다고 한다.

디오네 Dione

요약

그리스 신화에서 티탄 신족에 속하는 여신으로 제우스와 사이에서 미의 여신 아프로디테를 낳았다.(하지만 아프로디테는 우라노스의 잘린 성기가 바다에 떨어져 생겨난 거품에서 태어났다는 이야기가 있다.)

주화에 새겨진 제우스와 디오네

기본정보

구분	티탄 신족
어원	Dio는 제우스를 뜻하고 ne는 여성형 어미이다. Dione는 여자 제우스라는 뜻으로 "여신"을 의미한다.
외국어 표기	그리스어: **Διώνη** 라틴어: 디오나(Diona)
가족관계	우라노스의 딸, 가이아의 딸, 아프로디테의 어머니

인물관계

아폴로도로스의 『비블리오테케』를 보면 디오네는 우라노스와 가이아를 부모로 두고 있고 테티스, 레아, 테미스 등 티탄 신족들과 자매이다.

호메로스는 『일리아스』에 디오네를 제우스의 아내이자 아프로디테의 어머니로 기록하고 있다.

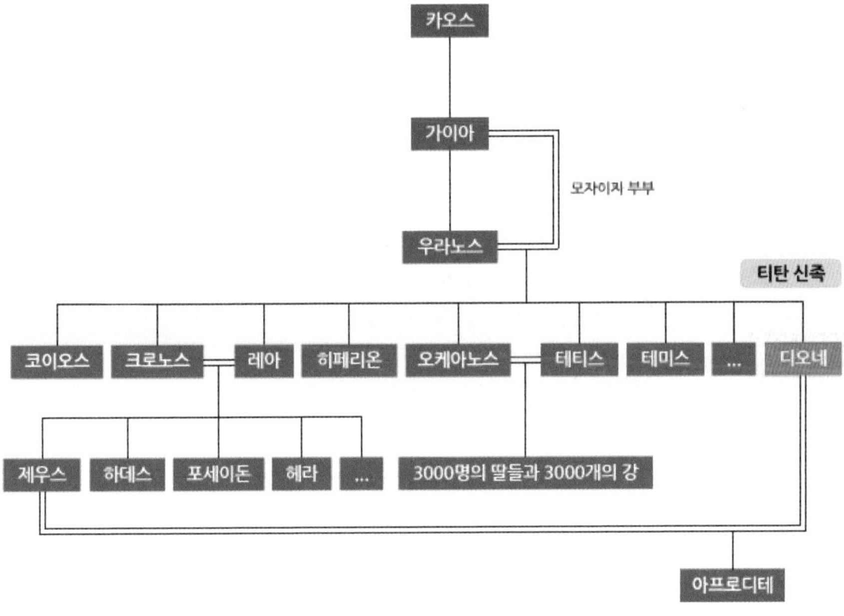

신화이야기

제우스의 여성형 디오네

디오네가 누구인지 전승에 따라 이야기가 분분한데 우선 디오네라는 이름에서 그 정체를 밝혀보자. 디오네라는 이름은 제우스를 뜻하는 그리스어 Dio에 여성형 접미사 ne가 붙어서 만들어진 이름이라고 한다. 따라서 디오네는 여자 제우스 곧 제우스의 여성형으로 '여신'이라고 할 수 있다.

도도나 고대 유적지
제우스와 디오네 신전 사진
©Jean Housen@Wikimedia(CC BY-SA)

디오네는 지금은 도도니로 불리는 그리스 북서쪽에 위치한 도도나 지방의 여신이다. 이곳은 제우스와 디오네의 성지로서 델포이 이전의 신탁 장소로 알려져 있다. 도도나 사람들은 디오네를 제우스와 함께 숭배했다. 디오네의 세 명의 여사제들은 성스러운 떡갈나무 잎이 바람에 살랑거리는 소리와 비둘기들의 비행에서 미래의 예언을 해석했다고 한다.

아프로디테의 어머니

헤시오도스의 『신들의 계보』에는 미의 여신 아프로디테의 탄생 스토리가 극적으로 기록되어 있다. 사랑과 미의 여신의 탄생은 신들의 한 세대를 마감하는 큰 사건과 연관되어 있다.

우라노스에 반기를 든 크로노스는 아버지의 생식기를 낫으로 베어 내 바다에 던져 버린다. 그러자 생식기 주변에 하얀 거품(아프로스)이 생겨나고 바로 그 거품 속에서 성숙한 여인의 모습으로 아프로디테가 태어난다. 보티첼리는 진주조개 위에서 실오라기 하나 걸치지 않은 채 긴 머리로 중요한 부위를 감추고 있는 성숙한 여신의 모습을 화폭에 담고 있다. 이렇게 보면 미의 여신 아프로디테는 어머니 없이 아버지에게서만 태어난 것이다.

하지만 호메로스는 헤시오도스와는 달리 아프로디테의 탄생 스토리에 신화적인 의미보다 인간적인 측면을 더 많이 부여한다. 호메로스는 『일리아스』 5권에서 티탄 신족의 여신 디오네와 제우스가 아프로디테의 부모임을 밝히고 있다.

트로이 전쟁에서 디오메데스는 아테나 여신의 도움으로 트로이 진영을 유린한다. 아테나 여신이 보호해주는 인간 디오메데스와 여신의 아들 아이네이아스의 싸움이 벌어진다. 그 싸움의 승자는 전쟁의 여신의 지원을 받고 있는 티데우스의 아들 디오메데스였다. 그는 아이네이아스를 공격해 큰 부상을 입힌다. 아들 아이네이아스의 부상을 보고만 있을 수 없었던 아프로디테는 흰 팔로 그를 안고 자신의 옷으로 주변을 감싼 다음 싸움터에서 빠져 나온다. 디오메데스는 아프로디테가 연약한 신이라는 것을 알고 있었기 때문에 그녀의 뒤를 쫓아간다.

헤스티아, 디오네 그리고 아프로디테
페이디아스(Pheidias]), 기원전 447~433년경, 영국 박물관

그리고 창으로 여신의 손목을 찌른다. 놀란 아프로디테가 아들을 떨어뜨리자 아폴론이 아이네이아스를 받아 구름으로 가린다. 아프로디테는 아레스에게 아버지 제우스가 있는 올림포스로 데려다 달라고 요청한다. 아프로디테는 어머니 디오네의 무릎에 쓰러진다. 디오네는 아프로디테를 품에 안고 위로하며 디오메데스를 저주한다. 불사신과 싸우는 인간은 결국 오래 가지 못할 것이고 전쟁에서 귀환하더라도 자식들에게 "아빠"라는 말을 듣지 못할 것이고 불행한 일을 당할 것임을 예언한다.

과학 이야기

프랑스의 천문학자인 조반니 도메니코 카시니(1625~1712)가 1684년 발견한 토성의 제 4위성을 디오네라고 부른다.

또 다른 디오네

『비블리오테케』에서 네레우스(바다의 노인)와 도리스가 50명의 딸 낳았으며 모두 미모가 뛰어난 바다 님페들인데 그중 한 명이 디오네라고 한다. 『신들의 계보』를 보면 디오네는 오케아노스(대양의 신)와 테티스의 딸로 물의 님페이다.

디오니소스 Dionysus

요약

디오니소스는 포도나무와 포도주의 신이며 풍요의 신이자 황홀경의 신이다. 로마 신화의 바쿠스(Bacchus)에 해당한다.

카드모스와 하르모니아 여신의 딸 세멜레와 제우스의 아들이다.

기본정보

구분	개념이 의인화된 신
상징	포도의 신, 포도주의 신, 다산과 풍요의 신, 기쁨과 광란, 황홀경의 신
외국어 표기	그리스어: **Διόνυσος**
로마 신화	바쿠스(Bacchus)
어원	니사의 제우스
상징	표범, 호랑이, 포도, 포도넝쿨, 지팡이 티르소스(Thyrsos), 탬버린처럼 생긴 악기 팀파논(Tympanon), 마이나데스(Mainades, 광란의 여자), 바카이(bacchae, 바코스의 신녀)
별칭	디메토르(Dimetor, 어머니가 둘인 자) 트리고노스(Trigonos, 세 번 태어난 자) 폴리고노스(Polygonos, 거듭 태어난 자) 브로미오스(Bromios, 소란스러운 자) 리아에우스(Lyäus, 근심을 덜어주는 자) 니세우스(Nýseus, 니사에서 자란 자) 이아코스(Iakchos, 부르짖는 자) 바쿠스(Bacchos, 부르짖는 자) 자그레우스(Zagreus, 위대한 사냥꾼)
가족관계	제우스의 아들, 세멜레의 아들

인물관계

세멜레 외에 디오니소스의 어머니로 여러 명이 언급되는데 데메테르, 이오, 페르세포네, 레테 등이다.

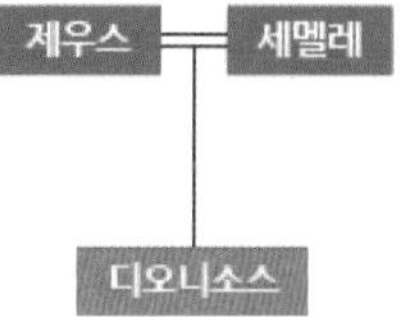

신화이야기

디오니소스의 이름

디오니소스는 포도의 신이자 포도주의 신이고 다산과 풍요의 신이다. 또한 기쁨의 신이자 광란과 황홀경의 신이다.

그는 죽었다 다시 살아난 신으로써 부활의 신이자 잔인함과 즐거움이 공존하는 도취와 쾌락의 신이다. 그는 식물의 성장을 관장하는 리베르라고도 불린다.

바쿠스
미켈란젤로 메리시 다 카라바조(Michelangelo Merisi da Caravaggio), 1598년경
우피치 박물관

그 외에도 디오니소스를 부르는 여러 가지 별칭이 있다. 디메토르(어머니가 둘인자), 트리고노스(세 번 태어난 자), 폴리고노스(거듭 태어난 자), 브로미오스(소란스러운 자), 리아에우스(근심을 덜어주는 자), 니세우스(니사에서 자란 자), 이아코스(부르짖는 자), 바쿠스(부르짖는 자), 자그레우스(위대한 사냥꾼) 등이 있다.

디오니소스의 탄생: 어머니가 둘인 자

그리스 신화에서 제우스의 사랑 이야기를 빼면 다 만든 음식에 소금을 안 넣은 것처럼 신화가 밍밍해진다. 제우스는 여신들은 물론 아름다운 인간 여인과 끊임없이 사랑하고 그 결과 헤라클레스, 디오니소스, 알피온, 아이오코스 같은 영웅이 탄생한다. 이 중 디오니소스가 어떻게 탄생하여 인간 사회에 중요한 문화를 형성했는지 알아보자

디오니소스의 어머니가 누구인지는 여러 가지 이야기가 있다. 그의 어머니로 데메테르, 이오, 페르세포네, 레테 및 인간 여인인 세멜레가 언급된다.

티르소스를 들고 표범 등에 탄 디오니소스

기원전 4세기말, 펠라고고학 박물관, 그리스

제우스의 탄생을 가장 극적으로 만든 어머니는 그중 인간 여인 세멜레이다. 신들 중의 최고의 신인 제우스와 인간 여인의 사랑은 풍부한 이야깃거리를 만들어낸다.

제우스의 정실 헤라 여신은 가정과 결혼의 여신답게 남편이 한눈 파는 것을 두고 보지 않는다. 흥미롭게도 그녀의 보복은 제우스에게 향하지 않고 제우스의 연인에게 분출된다.

제우스는 카드모스와 하르모니아 여신의 딸 세멜레를 사랑하고 세멜레는 디오니소스를 잉태한다. 헤라는 뒤늦게 그들의 관계를 눈치 챈다. 헤라 여신은 세멜레를 응징하기 위해 출동한다. 그녀는 세멜레의 어린 시절 유모인 베로에로 변신하여 세멜레를 찾아간다.

오랜만에 어린 시절의 유모를 만난 세멜레는 반가움에 그녀와 많은 이야기를 나눈다. 재채기와 사랑은 숨길 수가 없다고 했던가. 사랑에 빠진 사람은 귀뿐만 아니라 입도 가벼워진다. 세멜레는 자신이 사랑

에 빠졌음을 유모에게 고백하고 자신이 사랑하는 이는 바로 제우스라고 자랑스럽게 말한다. 헤라 여신은 순진하게도 자신에게 제우스와의 사랑 이야기를 늘어놓는 세멜레 때문에 속이 부글부글 끓는다. 여신은 세멜레를 걱정하는 척하면서 그가 제우스인지 아니면 제우스를 사칭한 사기꾼인지 어떻게 알 수 있냐며 서서히 불신의 마음을 불어넣는다. 세멜레는 헤라의 부추김에 귀가 솔깃해진다. 프시케처럼 세멜레 역시 자신의 사랑이 어떤 파국을 맞을지 전혀 예상하지 못하고 마음이 흔들리기 시작한다. 생각해보면 제우스의 말만 믿고 그가 제우스라 생각했지 실제 제우스의 본모습을 본 적은 없었다. 제우스 자신이 제우스임을 증명하는 신분증명서를 보여준 것도 아니지 않는가.

그렇다면 제우스는 왜 항상 변장한 모습으로 세멜레를 찾아올까. 헤라의 질투가 두려워서일까? 그 이유는 제우스의 속성과 관련이 있다. 제우스는 밝음과 광명과 광채를 관장하고 번개를 사용하는 신이다. 그런 신을 유한한 생명을 가진 인간이 직접 볼 수는 없다. 아니 보아서는 안 된다. 제우스를 직접 보는 순간 열기에 타 죽을 수 있기 때문이다. 헤라 여신은 이 사실을 누구보다 잘 알고 있었기 때문에 세멜레가 사랑하는 이의 손에 직접 죽도록 하는 잔인한 복수 방법을 택한 것이다.

신화 속에서 인간의 호기심은 혹은 금기를 깨는 사람은 비참한 종말을 맞는다. 신들은 뭔가를 알아내려고 하는 인간들을 용납할 수 없었는지도 모른다. 인간의 이런 행동은 그들에게 도전하는 작은 움직임으로 보였을 수도 있다. 그래서 인간의 호기심은 신화에서 좋은 결과를 얻지 못한다. 어쨌든 세멜레의 절박한 호기심은 그녀를 죽음으로 이끈다.

헤라가 돌아간 후 생각에 잠겨있던 세멜레는 제우스가 오자 그에게 부탁 한 가지만 들어달라고 말한다. 사랑하는 여자의 부탁을 그것도 자신의 아이를 가진 여자의 부탁을 들어주지 않을 남자가 어디 있겠는가. 제우스는 호기롭게 아니 경솔하게도 스틱스 강에 걸고 부탁을 들어주겠노라고 약속한다. 그런데 그 부탁은 인간으로서 절대 하지 말아야 할 것이었다.

제우스는 신으로서의 자신의 모습을 보여 달라는 세멜레의 말에 신음을 뱉어낸다. 그러나 이미 스틱스 강에 맹세까지 했으니 세멜레가 어떻게 죽게 될 지 명백하지만 다시 물릴 수도 없었다. 결국 제우스는 인간의 눈으로 볼 수 없는 아니 보아서는 안 될 영광스런 신의 모습을 찬란하게 드러낸다. 안타깝게도 세멜레는 사랑하는 이의 모습을 처음으로 확인한 바로 그 순간 그의 광채에 불타 죽고 만다. 누가 세멜레에게 불신의 마음 때문에 죽음을 자초했다고 말할 수 있을까. 보통 사람들에게는 너무나 당연한 것이 세멜레에게는 목숨까지 바쳐야 하는 과한 소원이 된 것이다.

이미 세멜레의 태중에는 제우스의 자식이 자라고 있었다. 자식마저 죽어야 할 이유는 없었다. 그래서 제우스는 세멜레의 태중에서 아이를 꺼내어 자신의 허벅지에 넣고 꿰맸다. 제우스의 허벅지는 일종의 인큐베이터와 같은 역할을 하였고 디오니소스는 제우스의 허벅지에서 남은 산달을 채우고 태어난다. 디오니소스에게 '어머니가 둘인 자'라는 별명은 여기에서 생긴 것이다. 자신을 잉태해준 세멜레와 자신을 낳은 제우스를 말한다.

아폴로도로스의 『비블리오테케』를 보면 디오니소스는 저승으로 내려가 어머니 세멜레를 데리고 올라와 그녀와 함께 하늘로 올라간다.

디오니소스가 태어난 후 헤르메스는 제우스의 명을 받고 아이를 인도의 니사 산의 님페에게 데리고 간다. 그곳에서 이모인 이노와 니사의 님페들이 헤라의 눈을 피해 디오니소스를 키운다.

또 다른 탄생 이야기

오르페우스교에서 디오니소스는 세멜레의 아들이 아니라 페르세포네의 아들이라고도 한다. 페르세포네는 제우스와 데메테르의 딸이다. 제우스가 자신의 딸에게 뱀의 모습으로 접근해 디오니소스 자그레우스(위대한 사냥꾼)를 낳는다. 제우스는 그의 아들을 극진히 사랑한다. 이것이 헤라의 질투심을 자극하고 헤라는 티탄을 꾀어서 디오니소스를 죽이라고 한다. 티탄은 디오니소스를 일곱 조각으로 갈가리 찢어서 요리를 해서 먹어버린다. 크게 분노한 제우스는 티탄에게 번개를 내리친다. 자그레우스와 티탄은 재가 되고 그 재에서 인류가 탄생했다고도 한다. 그래서 인간성 속에는 신성과 야성이 동시에 존재한다고 한다. 혹자는 자그레우스의 불탄 재에서 첫 번째 포도나무가 자라났다고 한다.

레아가 자그레우스의 뼈를 모아 조합해 그를 다시 살려서 페르세포네에게 돌려주었다는 이야기도 있다. 또 다른 이야기는 아테네가 디오니소스의 심장을 치워놓았고 제우스는 그것을 세멜레에게 먹도록 했다. 이렇게 세멜레는 디오니소스를 다시 잉태한다. 그래서 디오니소스 자그레우스는 '부활'을 상징하기도 한다.

실레노스와 미다스왕

디오니소스의 스승 실레노스는 딸기코를 하고 있고 머리에는 포도덩굴과 포도를 이고 있고 배는 불룩 튀어나온 우스꽝스런 모습으로 주로 등장한다. 그는 반인반수의 사티로스로 표현되기도 한다. 실레노스는 지혜로운 노인이었지만 항상 고주망태로 술에 취해 있다.

술주정뱅이 실레노스와 황금 손의 대명사인 미다스왕은 어떻게 만났을까. 그리고 디오니소스가 어떻게 미다스왕의 나라에 갔을까.

디오니소스는 오르페우스를 잔인하게 죽인 트라키아 여자들에게 분노하여 모든 트라키아 여인들을 나무로 만들어버린다. 그러고도 그는 분이 풀리지 않자 트라키아 땅을 떠나 티몰루스 산의 포도밭과 팍톨로스 강을 찾아간다. 그를 따르던 디오니소스 교도들과 사티로스들이 그의 주위에 모였지만 늘 함께 하는 디오니소스의 스승 실레노스가 보이지 않았다. 사연은 이렇다.

술취한 실레노스
페테르 파울 루벤스(Peter Paul Rubens), 1617~1618년, 알테 피나코테크

실레노스가 술에 흠뻑 취해 온 마을을 휩쓸고 다니자 보다 못한 농부들이 실레노스를 붙잡아 미다스에게 데려간다. 미다스왕은 한때 디오니소스 비교에 심취한 적이 있기 때문에 디오니소스의 스승인 실레노스를 한눈에 알아본다. 그리고 그를 정중히 모시고 열흘 낮밤을 연회를 베푼다. 열 하루째 되는 날 미다스가 실레노스를 디오니소스에게 데려다 준다. 걱정하던 스승이 눈앞에 나타나자 디오니소스는 반가운 마음에 미다스에게 스승을 잘 돌보아준 은혜를 갚고 싶으니 무슨 소원이든 말하라고 한다. 그러나 미다스는 비록 왕이지만 좋은 운명은 타고 나지는 못한 듯하다. 그는 기회를 잡지 못하고 오히려 그것을 위기로 바꿔버리는 기막힌 팔자를 타고 난 것이다. 아니 팔자라기보다는 어쩌면 그의 욕심, 그의 성격이 만든 운명이라고 할 수 있다.

미다스가 그의 소원을 말하자 디오니소스는 안타까운 마음을 금치 못한다. 과연 그의 소원은 무엇이었을까? 어이없게도 그는 자신의 손에 닿는 것은 무엇이든 황금이 되기를 소망한다. 이 소원을 들은 디오니소스는 차마 말은 하지 못하지만 그의 어리석음을 안타까워한다.

미다스는 앞으로 그에게 어떤 재앙이 닥칠지는 생각하지도 못하고 천하의 부자가 될 수 있다는 생각에 희색이 만연하여 궁전으로 돌아간다. 그가 시험 삼아 참나무 가지 하나를 꺾자 믿을 수 없는 일이 벌어진다. 참나무 가지가 즉시 황금가지로 변한 것이다. 그의 손길이 닿는 것은 하나같이 모두 금으로 변한다. 그는 서둘러 궁전으로 돌아온다. 그는 즉시 궁전의 기둥을 만져본다. 그것도 역시 황금으로 변한다. 미다스는 이제 욕심껏 황금을 가질 수 있다는 희망에 숨이 막힐 지경이었다. 그가 이렇게 황홀한 꿈에 빠져 있을 때 저녁식사가 차려진다.

아뿔사! 그러나 성대하게 차려진 식탁은 그에게 잡을 수 없는 신기루가 되고 만다. 그의 손에 닿은 빵은 먹기도 전에 황금으로 변하고 포도주도 그 맛을 음미하기도 전에 황금술로 변한다. 미다스는 세상에서 최고의 부자가 될 수는 있으나 어이없게도 한 조각의 빵과 한모금의 물도 마시지 못하고 굶어죽을 처지에 이른 것이다. 이 무슨 아이러니인가. 그토록 원하던 황금이 이제 진저리나는 고통이 된 것이다. 황금의 '황' 자만 들어도 몸서리가 쳐진 그는 디오니소스 신에게 제발 번쩍이는 황금 재앙에서 벗어나게 해달라고 간절히 기도한다.

사람의 지나친 욕심이 번쩍이는 황금을 재앙으로 만든 것이다. 용서를 청하는 미다스의 간절한 기도를 들은 디오니소스는 사르데스에 인접해 있는 강의 발원지로 가서 머리와 몸을 담가 죄를 씻어내라고 말

미다스와 바쿠스

니콜라 푸생(Nicolas Poussin), 1624년, 님펜부르크궁

: 디오니소스가 스승 실레노스를 환대한 미다스에게 소원을 말해보라고 한다

한다. 미다스는 디오니소스 신의 말대로 즉시 행한다. 그러자 모든 것을 황금으로 만드는 그의 능력은 강물로 옮겨가서 강물 빛이 황금빛으로 물든다. 그가 손을 씻은 강물에는 금 조각들이 가득 들어있어 그때부터 사람들은 그곳에서 금을 채취했다고 한다. 고대 그리스인들이 신비한 자연현상인 사금을 미다스 신화를 통해서 설명하려고 한 것이다.

디오니소스와 펜테우스

펜테우스는 카드모스의 손자로 에키온과 아가우에의 아들이다. 카드모스가 디오니소스의 어머니 세멜레의 아버지인 것을 생각하면 펜테우스와 디오니소스는 사촌지간이다. 그러나 외할아버지에게 왕위를 계승받아 테바이의 왕이 된 펜테우스는 디오니소스와 잔인한 악연에 얽혀든다. 오비디우스는 『변신이야기』에 그들의 악연과 펜테우스의 끔찍한 죽음을 상세하게 그리고 있다.

디오니소스가 고향 테바이로 돌아오지만 그의 사촌 펜테우스왕은 새로운 종교 즉 디오니소스의 종교를 인정하지 않는다. 하지만 디오니소스의 귀환이 알려지자 남녀노소 모두가 뛰어나와 그를 환영한다. 특히 여자들이 그에게 열광한다. 예언자 테이레시아스는 펜테우스에게 디오니소스 신을 경배하지 않는다면 그의 몸이 갈기갈기 찢기고 어머니와 이모의 손에 피를 묻히는 끔찍한 일을 당하게 될 것이라고 경고하지만 그는 그의 예언을 완전히 무시한다.

펜테우스는 테이레시아스의 간곡한 예언뿐만 아니라 외조부 카드모스와 이모부 아타마스(그는 카드모스의 딸 이노와 재혼한다)의 진실한 충고도 귓등으로 흘려버린다. 물론 절친한 친구들과 슬기로운 신하들의 간언에도 귀를 기울이지 않는다. 주변 사람들이 디오니소스 신을 홀대하지 말라고 간언하면 간언할수록 펜테우스는 더 완고해진다.

뿐만 아니라 펜테우스는 디오니스소스스의 기적 같은 위력을 직접 경험한 항법사 아코이테스의 증언도 완전히 무시하고 그를 튼튼한 감옥에 가둔 후 죽이라고 명령한다. 아코이테스는 펜테우스 명령에 따라 감옥에 갇힌다. 그러나 형리들이 사형 도구를 준비하는 사이에 옥문이 저절로 열리고 그의 손발을 묶은 사슬 또한 저절로 풀린다. 형리들이 사형을 집행하기 위해 감옥으로 들어왔을 때 아코이테스는 이미 사라진 후였다. 이런 기적을 직접 목격했음에도 펜테우스의 고집은 꺾이지 않았다.

갖은 충고와 간언을 무시한 펜테우스는 결국 자신이 죽을 장소를 스스로 찾아간다. 그는 신하를 보내는 대신 자신이 직접 디오니소스 여신도들이 신성한 의식을 행하는 키타이론 산으로 갈 결심을 한 것이다. 그곳에서 그는 절정에 이른 디오니소스의 신성한 의식을 엿본다. 광란 상태에 빠진 여자들 중 하필이면 그의 어머니가 아들 펜테우스를 제일 먼저 발견한다. 다른 사람도 아닌 어머니가 선두에 서서 아들의 죽음을 지휘하는 천륜을 어기는 사건이 벌어진다. 광기에 빠진 그녀는 언니들에게 외친다. "들판을 헤매는 엄청나게 큰 멧돼지를 같이 잡아 죽입시다. 저기 저 멧돼지 말이에요." 광란에 빠진 어머니에게 아들은 벌판을 헤집고 다니는 거대한 멧돼지로 보인 것이다. 그러자 광란 상태에 빠진 무리 전체가 펜테우스에게 몰려들면서 그를 추격한다. 공포에 질린 펜테우스는 디오니소스 신을 홀대한 자신의 죄를 뉘우친다고 다급하게 외치지만 이미 때는 늦었다. 두 명의 이모들이 그의 오른팔과 왼팔을 잡아 뜯자 속수무책의 고통 속에서 펜테우스는 애타게 어머니를 부른다. 하지만 이미 그의 어머니 눈에 펜테우스는 자신의 귀한 아들이 아니라 잡아 죽여야 할 멧돼지로 밖에 보이지 않는다. 어머니는 몸통만 남은 아들의 애타는 구원의 요청을 무시하고 아들의 머리를 뒤로 젖혀 잡아 뽑은 후 자신이 한 일을 보라고 주변의 여인들에게 목청껏 외친다.

그 이후 이스메노스 여인들은 디오니소스 신을 경배하지 않으면 부

펜테우스를 잡아 뜯는 아가우에와 이노
아티카 적색상 도기, 기원전 450~425년, 루브르 박물관

모 자식 사이라 해도 갈갈이 찢겨 죽는 끔찍한 벌을 받을 수 있나는 것을 마음 깊이 새기고 디오니소스 신을 열심히 경배했다고 한다.

디오니소스는 자신을 믿지 않는 사람들에게는 정말 가혹한 벌을 내린다. 『비블리오테케』에는 펜테우스 외에 디오니소스의 저주를 받은 아르고스의 여인들이 나온다. 그는 아르고스인들이 그를 숭배하지 않자 그곳의 여자들을 미치게 한다. 디오니소스로 인해 광기에 빠진 여인들은 자신의 젖먹이들을 산으로 데려가 먹어치웠다고 한다.

돌고래의 탄생

펜테우스의 신하들에게 잡혀온 항법사 아코이테스의 입을 통해 디오니소스가 선원들을 어떻게 돌고래로 만들었는지를 알 수 있다.

디오니소스를 잡으러 간 펜테우스왕의 신하들이 돌아온다. 그들은 디오니소스 신자들에게서 쫓겨오는 와중에 용케 항법사 한 명을 잡아온다. 항법사 아코이테스는 디오니소스라면 치를 떠는 펜테우스에게 차분히 자신의 신분을 밝힌다. 이어 디오니소스가 얼마나 위대한 신인지 설명한다. 여기서 그의 진술을 정리해서 들어보자.

"델로스 섬으로 배를 몰고 가는 도중 키오스 섬 해안에 정박하게 되었습니다. 나는 다음 날 선원들을 보내어 신선한 물을 길어 오라고 했지요. 그리고 언덕에 올라가 바람의 방향을 살펴보았습니다. 그런데 선원들이 미소년 한 명을 데리고 오더군요. 소년은 술과 잠에 취해 비틀비틀 겨우 쫓아오고 있는 듯 보였습니다. 하지만 나는 소년의 옷차림과 얼굴, 걸음걸이에서 인간에게는 도저히 느낄 수 없는 신의 기품 같은 것을 느낄 수가 있었지요. 나는 선원들에게 이 소년은 신과 같다고 말했습니다. 안타깝게도 선원들은 나의 말을 들은 척도 하지 않았지요. 그들의 관심사는 오로지 소년의 몸값이었습니다.

나는 이 범상치 않은 소년을 아니 신성한 분을 싣고 항해하려니 두려웠습니다. 나는 이 배가 신성을 모독할지도 몰라 걱정되어 그들을 말리다가 큰 싸움이 일어났습니다. 이 소란의 와중에 소년이 깨어났습니다. 선원들이 소년에게 어디로 가고 싶은지 묻자 낙소스로 방향을 잡으라고 말하고 그들이 낙소스에서 환대를 받을 것이라고도 말씀하셨습니다. 선원들은 디오니소스 신에게 그렇게 하겠다고 약속했습니다. 그리고 저에게 키를 낙소스로 돌리라고 말했습니다.

낙소스로 가자면 오른쪽 뱃길을 택해야 했기에 나는 그쪽으로 방향을 잡고 돛을 올렸습니다. 아, 그랬더니 어떤 녀석은 눈알을 부라렸고 어떤 녀석은 제 귀에다 뭐라뭐라 말했습니다. 저더러 배를 반대 방향으로 몰고 가라고 말하는 것이었습니다. 어처구니없게도 선원들 대부분은 그 말에 동조하며 자신들의 속마음을 드러냈습니다. 하지만 내가 어찌 그들의 범죄에 동참하겠습니까. 나는 키를 놓아버렸고 다른 선원이 키를 잡았습니다.

디오니소스 신은 모든 것을 알고 계셨습니다. 그 분은 선원들의 속셈을 알아차리고 바다를 바라보고 짐짓 눈물을 흘리는 체하며 말씀하셨습니다. '이곳은 내가 원하던 곳이 아닙니다. 내가 대체 무슨 잘못을 했다고 이렇듯 날 속이는 것입니까? 소년 한 명을 속여서 대체 무슨 영광을 얻으려고 합니까?' 하지만 선원들은 디오니소스 신을 비웃으며 가던 방향으로 항해했습니다. 그때였습니다. 눈으로 보고도 믿을 수 없는 광경이 펼쳐졌습니다. 배가 바다 한가운데에 우뚝 서 버린 것입니다. 선원들은 당황하여 쉴 새 없이 노를 젓고 돛을 펼치며 계속 앞으로 나가려고 법석을 떨었지만 배는 요지부동이었습니다.

세상에! 그럴 만한 이유가 있었습니다. 포도덩굴이 노를 촘촘히 감고 있어서 노를 움직일 수 없었습니다. 굵직굵직한 포도송이가 돛을 뒤덮고 있어 돛도 움직일 수 없었습니다. 놀랍게도 디오니소스 주변에 호랑이들과 살쾡이들 그리고 사나운 표범의 환영들이 자리 잡고 있었습니다. 선원들은 공포에 질렸고 몇몇 선원들은 미쳐서 바다에 뛰어들었습니다. 그러자 선원들의 모습이 변하기 시작했습니다. 전신이 검어지며 척추가 눈에 띄게 활처럼 굽기 시작했습니다. 입은 쭉 찢어지고 코가 구부러지고 살갗은 딱딱해지며 비늘로 덮였습니다. 배에 남아있던 한 선원이 공포에 질려 노를 저으려고 했는데 그의 양손은 어느새 지느러미 크기로 줄어들었습니다. 다른 선원은 밧줄을 잡으려 했는데

돌고래로 변하는 선원들
2세기 북아프리카 로마 모자이크, 튀니스 바르도 국립 박물관

팔이 없어지자 사지 없는 몸통을 솟구치더니 바다로 뛰어들더군요. 다리가 있던 곳에서는 초승달 모양의 꼬리가 나왔습니다. 선원들은 하나도 남김없이 돌고래가 되어 버린 것입니다. 그들은 배 주위로 떠오르면서 세차게 물보라를 일으키거나 물 위로 떠올랐다가 다시 물밑으로 들어갔습니다. 큰 콧구멍으로는 물을 뿜어댔습니다.

디오니소스 신께서는 저를 위로하며 두려워 말고 배를 낙소스로 돌리라고 말씀하셨습니다. 저는 그 분 말씀대로 했고 낙소스(낙소스는 디오니소스 신앙의 발원지가 된다)에 도착하자마자 바로 디오니소스 신의 추종자가 되었습니다."

디오니소스와 리쿠르고스

트라키아의 왕 리쿠르고스도 펜테우스처럼 디오니소스를 박해하다 파탄에 빠진 인물이다. 디오니소스와 리쿠르고스의 이야기는 아폴로도로스의 『비블리오테케』와 호메로스의 『일리아스』에서 엿볼 수 있다.

아폴로도로스와 호메로스는 디오니소스를 위협한 대가로 잔인하게 보복당하는 리쿠르고스의 모습을 짧지만 강력하게 묘사하고 있다. 황홀경의 신이자 복수를 서슴지 않는 공포의 신다운 디오니소스의 모습이 이 일화에서도 여실히 드러난다.

『일리아스』를 보면 리쿠르고스가 니사 산에서 디오니소스와 그의 유모들을 목동의 막대기로 위협한다. 그러자 위험을 느낀 디오니소스가 바다로 뛰어든다. 바다의 여신 테티스가 헤라가 집어 던진 헤파이토스를 살려준 것처럼 디오니소스를 구해준다. 제우스는 자신의 아들을 위협한 리쿠르고스에게 노해서 그를 장님으로 만들어 버린다.

『비블리오테케』에서는 리쿠르고스의 죽음이 좀더 잔인하다.

드리아스의 아들로 스트리몬 강변에 살던 에도네스족(트라케와 경계를 이루고 있는 마테도니아의 북동 지방에 있다)을 다스리던 리쿠르고스는 디오니소스를 모욕하고 배척한다. 디오니소스는 바다의 여신 테티스에게 피신을 하고 그의 여신도들과 사티로스들은 포로가 된다. 그러나 디오니소스의 벌을 받아 미쳐버린 리쿠르고스는 자신의 아들을 알아보지 못한다. 그는 아들을 포도나무 가지로 착각하고 도끼를 휘둘러 죽이고 그것도 모자라 아들들의 사지를 절단하고서야 정신을 차린다.

디오니소스는 자식들을 애비의 손으로 능지처참하게 하는 잔인한 벌을 내렸지만 광기의 신답게 리쿠르고스를 더 극한 상황으로 몰고 간다. 그는 리쿠르고스의 땅에 저주를 내려 땅에서 어떤 수확도 거두지 못하게 한다. 농부들은 농작물을 수확하지 못하자 시름에 젖는다. 이때를 놓치지 않고 디오니소스는 그들이 자신들의 왕 리쿠르고스를 죽여야 대지는 다시 활기를 띠고 농작물을 수확하게 될 것이라고 말한다. 안 그러면 굶어죽을 처지에 놓인 백성들에게 다른 선택의 여지는 없는 듯하다. 그들은 자신들의 왕을 붙잡아 팡가이이온 산으로 끌고 가 그를 꽁꽁 묶어놓는다. 그곳에서 리쿠르고스는 디오니소스 뜻대로 사나운 야생마들에 찢겨 죽는다.

디오니소스와 아리아드네

디오니소스와 미노스의 딸 아리아드네의 만남과 결혼에 대해서는 작가마다 약간씩 다르다.

『변신이야기』를 보면 아이게우스의 아들 테세우스는 마침내 괴물을 죽이고 무사히 미로를 탈출한다. 아리아드네의 도움으로 미로에서 빠져 나온 아이게우스의 아들은 아리아드네를 데리고 디아 섬(낙소스 섬의 옛 이름)을 향하여 출발한다. 그러나 그는 자신을 위해 모든 영광과 안락함을 버린 아리아드네를 디아 섬의 해안에 냉정하게 버리고 떠나버린다. 아리아드네는 자신의 조국과 아버지를 배신하고 오로지 사랑만을 택했는데 그 사랑의 대가를 이토록 쓰디쓰게 받아야 하는 자신의 신세에 하염없이 눈물을 흘린다. 그러나 죽으라는 법은 없는지 디

디오니소스와 아리아드네
티치아노 베첼리오(Tiziano Vecellio), 1520~1523년경, 런던 내셔널갤러리

오니소스 신이 나타나 그녀를 구원한다. 완벽하게 버림받고 고통과 좌절 속에 넋을 놓고 있는 그녀의 모습에 디오니소스가 반한 것이다.

디오니소스는 절망에 빠진 아리아드네를 따뜻하게 안아준다. 그리고 그녀가 별들 사이에서 영원히 빛날 수 있게 그녀가 쓰고 있던 왕관을 벗겨 하늘로 던지자 왕관은 대기를 날아가 하늘에 박힌다. 아리아드네의 왕관은 아직도 왕관 모양을 간직한 채 헤라클레스 자리와 뱀주인 자리 사이에 자리잡고 있다고 한다.(북쪽 하늘의 왕관자리)

아폴로도로스는 『비블리오테케』에서 "납치"라는 단어를 쓰면서 디오니소스와 아리아드네의 만남을 짧지만 강렬하게 묘사하고 있다.

낙소스 섬에 도착한 아리아드네는 마침 그 섬에 있던 디오니소스의 눈에 띈다. 디오니소스는 아리아드네를 납치하고 그녀를 아내로 맞이한 후 토아스, 스타필로스, 오이노피온과 페파레토스를 낳는다.

호메로스는 『오디세이아』에 디오니소스 때문에 아리아드네가 죽었다고 기술한다. 호메로스의 디오니소스는 어딘가 비겁해 보인다. 왜냐하면 낙소스 섬에서 디오니소스가 아르테미스에게 무엇인가를 일러바친 후 여신이 아리아드네를 죽이기 때문이다. 호메로스의 묘사는 아주 짧아서 디오니소스가 대체 무슨 말을 했는지 구체적으로 알 수는 없다. 다만 아리아드네와 테세우스가 아르테미스의 신성한 숲에서 사랑을 나눈 것을 디오니소스가 귀띔했을 것이라는 추측이 있다. 만약에 그랬다면 신성한 숲을 더럽힌 아리아드네는 여신의 징벌을 피할 수 없었을 것이다.

살펴보았듯이 디오니소스와 아리아드네의 만남은 대부분 짧게 묘사되어 있다. 그러나 오비디우스는 『사랑의 기술』에서 디오니소스와 아리아드네의 만남에 극적인 요소를 많이 붙어 넣는다.

테세우스는 아리아드네의 도움으로 괴물 미노타우로스를 죽이고 아무도 빠져나오지 못한 미로를 빠져 나온다. 그는 항구에 정박해 있는 모든 배의 밑바닥에 구멍을 뚫고 아리아드네를 데리고 크레타를 탈출

아리아드네
존 윌리엄 워터하우스(John William Waterhouse), 1898년
: 아리아드네 발치의 표범은 디오니소스를 상징한다

한다. 그러나 식수를 조달하기 위해 잠시 낙소스 섬에 들린 테세우스는 그녀가 잠이 들자 미련 없이 그녀를 섬에 버려두고 떠나버리고, 잠에서 깬 아리아드네는 현실을 깨닫고 넋이 나간 채 낯선 해변을 헤매며 울부짖는다. 산발한 모습에 신발도 신지 않았지만 모든 것을 잃어버린 한 여인의 완벽한 슬픔은 그녀를 더욱 아름답게 한다.

그때 디오니소스가 요란한 음악 소리를 내며 여신도들과 술에 만취한 스승 실레노스와 함께 나타난다. 디오니소스는 포도덩굴로 뒤덮인 수레를 끄는 표범에게 채찍질을 하면서 등장한다. 그 모습을 보면 누군들 놀라지 않겠는가. 아리아드네 역시 위협적인 디오니소스 신의 모습에 그 자리에서 얼음이 된다. 그녀는 공포에 질려 도망가려 했으나 발이 땅에 붙은 듯 꼼짝도 하지 못한다. 그때 디오니소스 신이 아리아드네를 급하게 부른다. 그리고 그가 그녀를 아내로 삼을 것이며 절대로 버리는 일도 없을 것이고 끝까지 그녀를 보호할 것이라고 말한다. 그리고 결혼 선물로 줄 황금관으로 하늘에 별자리도 만들어 줄 것이며 그 별자리가 길 잃은 배들에게 이정표가 될 것이라고 말한다. 디오니소스는 마차에서 뛰어내려 아리아드네를 성큼 안고서 순식간에 숲속으로 사라진다. 그녀는 저항했지만 아무 소용이 없었다.

사랑하는 남자 때문에 아버지와 조국을 배신한 여인, 모든 것을 버리고 택한 남자에게 버림받은 여인, 그러나 마지막에는 신의 아내가 되어 밤하늘의 빛나는 별자리가 되는 영광을 누리는 반전드라마 속의 여주인공이 된 여인, 그가 바로 아리아드네이다. 아리아드네와 디오니소스의 일화는 예술가들의 영감을 자극하여 훌륭한 예술 작품을 남겼다.

디오메데스 Diomedes

요약

디오메데스는 오디세우스와 함께 호메로스의 『일리아스』에 등장하는 위대한 영웅 중 한 명이다.

아테나 여신의 도움을 받으며 트로이 전쟁에서 많은 무공을 세우고 아레스 및 아프로디테에게 상처를 입힌다. 그러나 귀국 후에는 아내 아이기알레이아의 배반을 경험한다.

기본정보

구분	영웅
외국어 표기	그리스어: Διομήδης
관련 신화	트로이 전쟁

인물관계

테바이 공략 7장군 중 한 명인 티데우스의 아들이다.

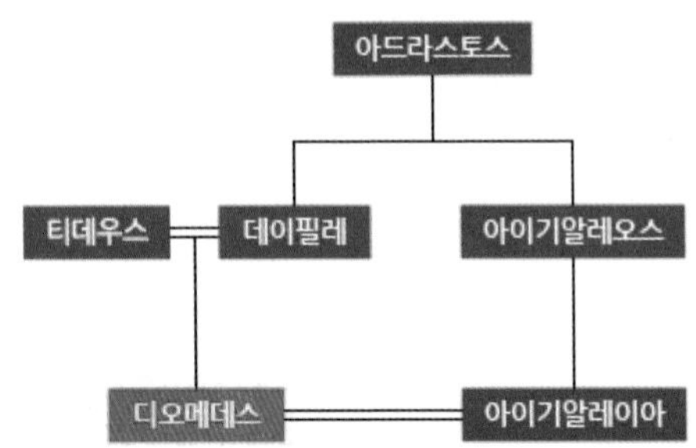

신화이야기

개요

디오메데스는 티데우스와 데이필레의 아들이다.

아버지 티데우스는 테바이 공략 7장군 중 한 명이고 테바이에서 싸우다 전사한다. 그의 어머니는 테바이 공략 7장군을 이끈 아르고스 왕 아드라스토스의 딸이다.

테바이 공략 7장군은 테바이와의 전투에서 아드라스토스를 제외하고 모두 전사한다. 아드라스토스는 7장군의 아들들이 성인이 되자 그들을 이끌고 테바이를 2차 공격한다. 1차 공략 때와는 달리 이번에는 승리를 거둔다. 그러나 아드라스토스의 아들 아이기알레오스가 전사한다. 아드라스토스는 아들을 잃은 슬픔에 아르고스로 돌아오는 도중 메가라에서 세상을 떠나고 아드라스토스의 외손자 디오메데스가 아르고스의 왕이 된다. 그는 아드라스토스의 아들 아이기알레오스의 딸이자 사촌인 아이기알레이아와 결혼한다.(일설에 의하면 아이기알레이아는 아르고스의 왕 아드라스토스가 암피테아와 사이에서 낳은 딸이다.)

트로이 전쟁 중의 디오메데스

디오메데스는 『일리아스』에서 오디세우스와 함께 트로이 전쟁의 위대한 영웅이다. 트로이 전쟁이 막바지를 향해 치닫고 있을 때 그리스의 예언자 칼카스는 렘노스 섬에 버리고 온 필록테테스를 데려와야 한다고 말한다. 그가 헤라클레스의 활과 화살을 갖고 있는데 이 활과 화살이 트로이 성의 함락에 꼭 필요하다고 한다. 이에 오디세우스와 디오메데스는 렘노스 섬으로 가서 필록테테스를 데리고 와 치료한다. 그리고 필록테테스는 헤라클레스의 무기로 파리스를 쏘아 죽인다.

파리스가 죽은 뒤 프리아모스의 아들들인 헬레노스와 데이포보스가 헬레네를 놓고 다투고 데이포보스가 헬레네를 차지하게 되자 헬레노스는 트로이를 떠나 이다 산으로 간다. 그리스의 예언자 칼카스는 헬레노스가 트로이를 지켜주는 신탁을 알고 있다고 말하는데 이 말은 역으로 헬레노스에게서 트로이를 멸망시킬 수 있는 방법을 알 수 있다는 뜻이기도 하다. 영리한 오디세우스는 그를 잡아 그리스 진영으로 데리고 온다.

헬레노스는 트로이 성 안에 아테나 여신상 팔라디온이 있는 한 트로이는 멸망하지 않을 것이라고 주장하고 이 말을 들은 오디세우스와 디오메데스는 야음을 틈타 트로이 성 안으로 잠입한다. 오디세우스는 거지처럼 흉하게 변장하여 잠입해 팔라디온을 빼돌린 후 많은 군인들을 죽이고 디오메네스와 함께 그리스 진영으로 돌아온다.

디오메데스와 아이네이아스의 일대일 대결

『일리아스』에서 디오메데스와 아이네이아스의 대결도 중요한 장면이다. 그들의 대결은 여신들의 대결이기도 하다. 디오메데스의 편에 선 아테네와 아들 아이네이아스를 돕는 아프로디테 여신의 막후 싸움이기도 하다.

아이네이아스는 디오메데스가 트로이 진영을 유린하고 다니자 활의 명수 판다로스로 하여금 디오메데스에게 화살을 쏘라고 주문한다. 판다로스는 활 대신 창을 들고 아이네이아스의 전차에 탄다. 아이네이아스의 전차가 디오메데스를 향해 질주하자 그리스의 스테넬로스는 판다로스와 아프로디테 여신의 아들 아이네이아스의 기세에 눌린다. 그는 디오메데스에게 빨리 자신의 전차에 타라고 말하지만 디오메데스는 그들과 맞서 싸우는 것을 선택한다.

어느새 아이네이아스의 전차가 가까이 다가온다. 판다로스가 디오메데스에게 창을 날리고 그 창은 방패를 뚫었으나 디오메데스에게 상처를 입히지는 못한다. 이번에는 디오메데스가 판다로스에게 반격의 창을 날린다. 창은 판다로스를 명중시키고 그는 전차에서 떨어진다.

아이네이아스가 황급히 전차에서 뛰어내려 판다로스의 시신을 수습하려 한다. 그러자 디오메데스가 큰 돌을 들어 아이네이아스를 향해 던진다. 아이네이아스는 비틀거리며 몸을 가누지 못한다. 아이네이아스의 어머니 아프로디테는 아들의 고통을 보고 아들을 감싸 안은 후 싸움터 밖으로 데려 나온다.

아르고스의 왕 디오메데스
미상, 기원전 440~430년
뮌헨 글립토텍 박물관

디오메데스는 사기가 충천하여 아프로디테 여신을 추격한다. 그는 아프로디테가 약한 여신임을 알고 있었다. 디오메데스가 창으로 아프로디테 여신의 손목을 찌르자 아프로디테는 고통스런 나머지 비명을 지르고 아들을 떨어뜨리고 만다. 그러자 아폴론이 아이네이아스를 두 손으로 받은 다음 구름으로 가려 아무도 해치지 못하게 한다.

아폴론과 아프로디테의 연인 아레스가 트로이군을 돕자 그리스군의 상황은 어려워진다. 이를 지켜보던 헤라는 아테나에게 다시 그리스군을 도우라고 한다.

디오메데스는 아테나의 힘을 믿고 아레스와 맞붙는다. 아레스는 아버지인 제우스도 밤낮 전쟁과 싸움질이나 한다고 나무랄 만큼 난폭한 신이다. 연인 아프로디테가 트로이를 지원하자 아레스도 트로이 편에 섰다. 그러나 아테나를 등에 업은 용감한 디오메데스가 던진 창에 아랫배를 맞고 비명을 지르며 올림포스로 도망치고 만다.

호메로스는 이처럼 디오메데스를 신들에게 즉 아레스와 아프로디테에게 상처를 입힐 만큼 용감한 영웅으로 묘사하고 있다.

트로이 전쟁 후의 디오메데스

트로이 전쟁 후 고향으로 돌아온 그리스 군인은 많지 않다. 디오메데스는 아테나 여신의 도움으로 무사히 그리스로 돌아온다. 그러나 그 사이에 아프로디테는 디오메데스에게 당한 일을 복수하려고 벼르고 있었다. 아프로디테는 디오메데스의 아내 아이기알레이아의 마음을 흔들어 다른 남자를 사랑하게 하고, 그녀는 스테넬로스의 아들 코메테스의 여자가 된다.

일설에 의하면 아이기알레이아를 포함한 다른 그리스 여인들의 외도는 나우플리오스의 보복이라고 한다. 그는 오디세우스가 자신의 아들 팔라메데스를 죽인 보복으로 그리스 여인들을 부추겨 남편들을 배신하게 했다고 한다.('나우플리오스-클리토네오스의 아들' 참조)

오디세우스가 왜 팔라메데스를 죽였는지 그 이유에 대해서는 작가마다 약간 차이가 있다. 오디세우스는 가족을 떠나 트로이 전쟁에 참가하는 게 싫어 미친 척하는데, 멍에 하나에 소와 말을 함께 묶고 밭을 갈고 씨앗 대신 소금을 밭고랑에 뿌린다. 그러나 나우플리오스의 아들 팔라메데스는 오디세우스가 연기를 하고 있다는 것을 눈치 채고 오디세우스의 갓난 아들을 밭 한가운데에 놓는다. 아들을 다치게 할 수 없어 결국 그의 거짓 연기가 들통나고, 오디세우스는 팔라메데스에게 원한을 품고 트로이에서 그의 복수를 실현한다. 팔라메데스는 적과 내통했다는 그의 무고로 돌에 맞아 죽는다. 나우플리오스는 교활한 오디세우스에게 앙심을 품고 고국의 여인들에게 그리스 장군들이 트로이에서 그곳 여자들과 바람이 났다는 소문을 퍼뜨리고, 이에 자극을 받은 그리스군의 아내들 역시 다른 남자와 바람이 난다.

반면 아폴로도로스는 팔라메데스가 오디세우스의 광기가 거짓임을 밝히기 위해 그의 어린 아들 텔레마코스를 이용했다고 한다. 그는 오디세우스의 아내 페넬로페의 품에서 텔레마코스를 빼앗아 칼로 찌르려고 했고, 이에 놀란 오디세우스가 자신이 미치지 않았음을 밝힌다.

디오스 Dios

요약

그리스 신화에 등장하는 엘리스의 왕이다.

헤라클레이다이의 펠로폰네소스 정복을 도운 대가로 엘리스 왕국의 통치권을 약속받은 옥실로스에 의해 엘리스의 왕좌에서 쫓겨났지만, 후에 엘레이오스왕에 뒤이어 엘리스의 왕위에 올랐다.

기본정보

구분	엘리스의 왕
외국어 표기	그리스어: Δῖος
관련 신화	헤라클레이다이의 펠로폰네소스 정복

인물관계

신화이야기

헤라클레이다이의 펠로폰네소스 정복

헤라클레스가 죽고 난 뒤 그의 후손들(헤라클레이다이)은 아테네 왕 테세우스(혹은 그의 자손들)의 도움으로 미케네 왕 에우리스테우스를 죽인 뒤 펠로폰네소스에 대한 헤라클레스의 권리를 주장하며 이 지역의 정복에 나섰다. 헤라클레스는 원래 아버지 제우스의 뜻에 따라 펠로폰네소스 반도의 아르고스, 라코니아, 메세니아 등 광범위한 지역을 다스리게 될 예정이었지만 헤라 여신의 방해로 에우리스테우스왕에게 이 지역의 통치권을 빼앗겼던 것이다.

헤라클레이다이는 여러 세대에 걸쳐 공략한 끝에 마침내 펠로폰네소스 반도를 손에 넣는 데 성공한 뒤 이 지역을 나누어 가졌는데 그들은 당시 디오스가 다스리고 있던 엘리스의 통치권을 아이톨리아 출신의 옥실로스에게 약속하였다. 헤라클레이다이가 펠로폰네소스의 비옥한 땅 엘리스를 헤라클레스의 후손도 아닌 옥실로스에게 약속해 준 연유는 다음과 같다.

길 안내의 대가로 엘리스 땅을 요구한 옥실로스

옥실로스의 조상 아이톨로스는 엘리스의 왕 엔디미온의 아들로 부친에 뒤이어 엘리스의 왕위에 올랐지만 실수로 살인을 저지른 뒤 추방되었다. 그 뒤 아이톨로스는 코린토스 북안에 나라를 건설하고 자신의 이름을 따서 아이톨리아라고 명명했다. 하지만 전설에 따르면 이곳에 사는 아이톨리아의 후손들은 언젠가 다시 엘리스로 돌아가게 될 거라고 했다.

헤라클레이다이가 펠로폰네소스의 정복에 나설 무렵 옥실로스는 원반을 던지다 실수로 형제인 테르미오스를 죽이고 고향 아이톨리아에서 쫓겨나 엘리스에서 1년 동안 유배생활을 하고 있었다. 유배를 마치고 아이톨리아로 돌아가는 길에 그는 헤라클레이다이 일행과 마주쳤다. 헤라클레이다이는 신탁에 따라 자신들을 펠로폰네소스로 데려다 줄 눈이 세 개 달린 안내인을 찾고 있었는데 옥실로스를 보자 그가 신탁이 말하는 안내인이라고 믿었다. 화살에 한쪽 눈을 잃은 애꾸

눈으로 말 위에 올라탄 모습이 바로 세 개의 눈을 지닌 사내였던 것이다. 헤라클레이다이가 펠로폰네소스로 가는 길 안내를 부탁하자 옥실로스는 그들의 청을 받아들이면서 그 보상으로 자기 선조들의 땅이었던 엘리스를 요구하였다.

일대일 대결로 판가름 난 엘리스의 왕권

헤라클레이다이가 옥실로스의 길 안내를 받으며 펠로폰네소스 정복에 성공한 뒤 디오스왕은 옥실로스가 이끄는 아이톨리아군의 공격을 받았다. 하지만 디오스와 엘리스군의 저항도 만만치 않아서 싸움은 좀처럼 끝날 기미가 보이지 않았다. 그러자 디오스와 옥실로스는 각각 자신들의 가장 용맹한 병사를 선발하여 일대일 대결로 승부를 내기로 합의했다. 디오스는 엘리스의 명궁 데그메노스를 대표로 내세웠고 옥실로스는 투석의 명수 피라이크메스를 내세웠다. 나라의 명운을 건 이 싸움은 데그메노스의 패배로 끝이 났고 디오스는 엘리스의 왕위를 옥실로스에게 넘겨줘야 했다.

엘리스의 새 왕이 된 옥실로스는 원주민들을 내쫓지 않고 자기 땅에서 계속 살면서 이주해온 아이톨리아 사람들과 자연스럽게 섞이도록 하였다. 그는 이 고장의 종교와 전통을 보존하고 엘리스 초기 왕 펠롭스의 자손 아고리오스와 통치권을 나누어 갖는 등 현명한 통치로 칭송을 받았다.

또 다른 디오스

트로이의 마지막 왕 프리아모스의 서자, 판도로스의 아들, 아폴론의 아들, 안테돈의 아버지인 안토스의 아들 등도 디오스라고 불리었지만 이름 외에 특별히 알려진 이야기는 없다.

디온 Dion

요약

그리스 신화에 등장하는 라코니아의 왕이다.

자신을 정성껏 섬긴 보답으로 아폴론이 그의 세 딸에게 예언 능력을 선물하였다. 하지만 디온의 딸들은 신들의 일에 함부로 관여하지 말라는 경고를 무시하고 디오니소스의 밀애를 염탐하다가 벌을 받았다.

기본정보

구분	라코니아의 왕
외국어 표기	그리스어: **Δίων**
관련 상징	호두나무
가족관계	암피테아의 남편, 오르페의 아버지, 리코의 아버지, 카리아의 아버지

인물관계

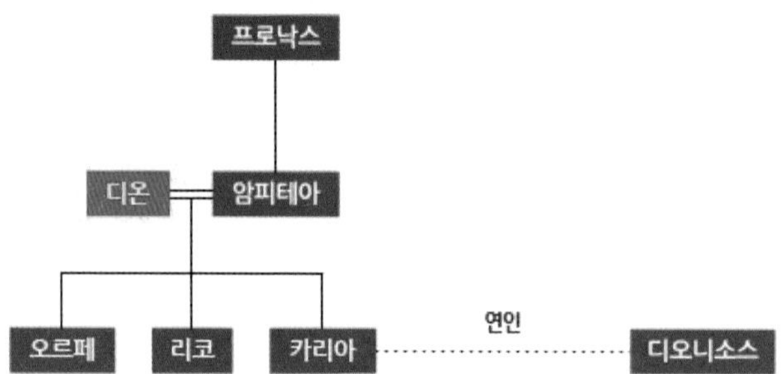

디온은 프로낙스의 딸 암피테아(또는 이피테아)와 결혼하여 세 딸 오르페, 리코, 카리아를 낳았다. 카리아는 디오니소스의 사랑을 받았다.

신화이야기

아폴론의 선물

디온과 암피테아는 라코니아를 여행하던 중에 그들의 궁에 들른 아폴론을 융숭하게 대접하였다. 아폴론은 그 보답으로 그들의 세 딸 오르페, 리코, 카리아에게 예언 능력을 주었다. 하지만 아폴론은 그녀들에게 절대로 신들을 속이는 일이 없어야 하며 금지된 것을 알아내려 해서도 안 된다고 경고하였다.

디오니소스와 카리아의 사랑

디온은 또 디오니소스에게도 신전을 만들어 바치며 정성껏 대접하였다. 디오니소스는 디온이 만들어준 자신의 집을 방문하였다가 그의 딸 카리아와 서로 사랑하게 되었다. 디오니소스는 디온의 궁을 떠났다가 곧 돌아와서는 자신을 위해 세운 신전 때문에 다시 왔다고 둘러댔다. 하지만 오르페와 리코가 둘을 염탐하며 밀애를 방해하였다.

디오니소스가 아폴론의 경고를 상기시키며 주의를 주었지만 소용이 없었다. 화가 난 디오니소스는 리코와 오르페를 미치게 만들어 타이게토스 산 절벽에서 뛰어내리게 하였고, 리코와 오르페는 바위로 카리아는 딱딱한 견과(堅果)가 열리는 호두나무로 변했다.

라코니아 사람들은 카리아를 기리기 위해 신전을 세우고 그녀를 '아르테미스 카리아티스'라는 이름으로 숭배하였다. 그래서 라코니아에서는 카리아티스가 아르테미스 여신의 다른 이름으로 쓰이기도 했다고 한다.

디케 Dike

요약

그리스 신화에 나오는 정의의 여신으로 율법의 여신 테미스와 제우스 사이에서 태어난 계절의 여신들인 호라이 가운데 한 명이다.

정의의 여신 디케와 질서의 여신 에우노미아 그리고 평화의 여신 에이레네가 호라이이다. 디케는 정의가 훼손된 곳에 재앙을 내린다.

기본정보

구분	여신
상징	정의, 저울
외국어 표기	그리스어: Δίκη
어원	정의
별자리	처녀자리
관련 신화	테미스, 에우노미아, 에이레네
가족관계	제우스의 딸, 테미스의 딸

인물관계

이치의 여신 테미스와 제우스 사이에 태어난 딸로 계절의 여신들 중 한 명이다. 운명의 여신들인 모라이와는 자매간이다.

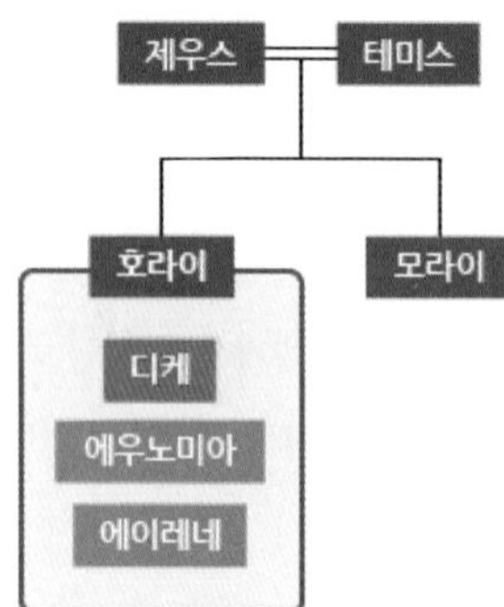

신화이야기

계절의 여신들 호라이

정의의 여신 디케는 계절의 여신들인 호라이 가운데 한 명인데 『신들의 계보』는 이에 대해 다음과 같이 전한다.

> "두 번째는 제우스께서 영민한 테미스와 결혼하셨고, 테미스는 호라이 여신들 에우노미아, 디케, 그리고 번영하는 에이레네를 낳으니 이 여신들은 필멸의 인간사를 주관하며 보살핀다."

언급한 바와 같이 정의의 여신 디케, 질서의 여신 에우노미아, 평화의 여신 에이레네 이 세 명의 호라이는 인간의 삶을 관장하는 여신들로 기술되어 있는데, 이 여신들은 원래는 식물의 생장을 주관하는 여신들인 것으로 추측된다. 예를 들면 고대 아테나 사람들은 호라이 여신들을 탈로, 아욱소, 타르포로 부르는데 이 이름들은 각각 싹틈(봄), 생장(여름), 수확(가을)을 의미한다.

이처럼 호라이 여신들은 한 편으로는 식물의 생장을 주관하는 자연의 여신들이다. 그러나 다른 한 편으로는 인간의 삶 즉 사회적 질서를 주관하는 사회적이고 도덕적인 의미를 지닌다.

정의의 여신 디케

디케의 어머니인 테미스는 계율의 여신, 혹은 이치의 여신, 절대적 법의 여신이라 불리우며 신들 사이에서 옳고 그름을 관장한다. 이와 관련하여 호라이 여신들 중의 한 명인 디케는 인간의 삶 속에서 정의의 문제를 관장하는 역할을 한다. 인간의 세상에서 잘못된 판결에 의해 정의가 훼손되면 디케가 그에 대한 복수로 재앙을 내린다고 한다. 이에 대해 헤시오도스가 쓴 『일과 날』은 다음과 같이 전한다.

"뇌물을 받은 사람들이 잘못된 판결로 옳고 그름을 가려 자기들 마음대로 정의를 끌고 가면 성난 소리들이 생기는 법이오. 그러면 정의는 안개에 몸을 가린 채 울부짖으며 그들의 도시와 나라로 가서 자신을 추방하고 공정하게 나누어주지 않는 사람들에게 재앙을 줍니다."

『일과 날』에 의하면 정의의 실현은 신과 인간들의 왕인 제우스의 의지이다. 제우스는 의로움에서 벗어나지 않은 사람들에게는 복을 내려주고 사악한 행동을 하는 사람들에게는 벌을 내린다. 이런 제우스의 뜻에 따라 인간의 삶 속에서 정의를 관장하는 신이 바로 디케인 것이다.

앞에서 언급한 바와 같이 디케는 정의가 훼손된 곳에서 자신이 직접 응징을 하기도 하지만 때로는 아버지인 제우스에게 알리기도 한다.

"그리고 제우스의 따님인 정숙한 처녀신 정의의 여신이 계신데 그분은 올림포스에 사는 신들께서도 존중하는 여신입니다. 정의의 여신은 자기에게 부당한 짓을 하거나 음모를 꾸며 모욕을 주면 곧바로 아버님이신 크로노스의 아드님 제우스 곁에 앉아 인간들의 불의한 마음을 고하지요. 그러면 악한 마음에서 부당한 판결을 내려 정의를 왜곡하는 왕들이 범행을 저지르면 백성들이 그 대가를 지불하게 되지요."

디케는 "별의 여신"이라는 의미를 가진 아스트라이아라는 별칭으로 불리우기도 한다. 오비디우스의 『변신이야기』에 의하면 아스트라이아는 황금 시대로부터 은의 시대를 거쳐 청동 시대까지는 이 세상에서 인간들과 함께 살았으나 철기 시대에 들어오면서 인간의 타락과 악행을 더 이상 참을 수 없어 이 세상을 떠나갔다고 한다. 그리고는 하늘로 올라가 처녀자리가 되었다고 한다.

디케는 로마 시대에는 유스티치아라고 불리우기도 한다.

딕티스 Dictys

요약

그리스 신화에서 궤짝에 담겨 바다에 버려진 다나에와 페르세우스 모자를 구해준 세리포스 섬의 어부로, 청년으로 성장한 페르세우스에 의해 세리포스 섬의 왕이 되었다.

기본정보

구분	왕
외국어 표기	그리스어: Δίκτυς
어원	그물
관련 신화	페르세우스의 모험
가족관계	폴리덱테스의 형제, 마그네스의 아들, 나이아스의 아들

인물관계

딕티스는 마그네스와 물의 요정 나이아스 사이에서 혹은 페레스테네스와 안드로토에 사이에서 태어난 아들로 폴리덱테스와 형제지간이다.

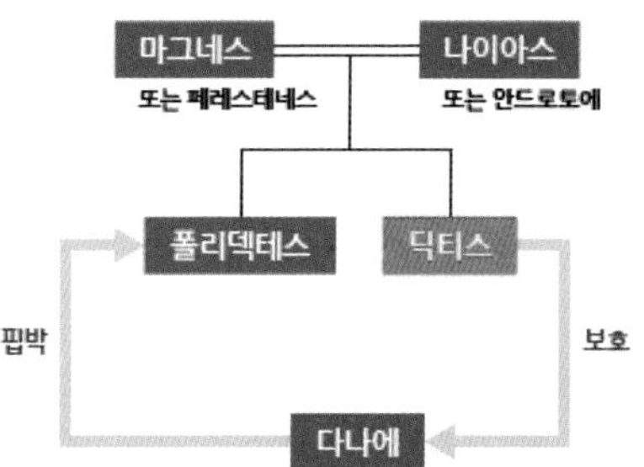

신화이야기

궤짝에 갇혀 바다에 던져진 다나에와 페르세우스

아르고스의 왕 아크리시오스는 아들은 없고 다나에라는 딸만 하나 있었다. 아들을 얻고 싶었던 아크리시오스가 신탁에 그 여부를 물었고, 신탁은 그에게 아들은 없고 딸 다나에의 몸에서 손자를 얻게 될 터인데 그 손자의 손에 목숨을 잃게 될 것이라고 말했다. 이에 아크리시오스는 신탁의 예언을 피해보려고 다나에를 높은 성탑에 가두었지만 소용이 없었다. 다나에의 미모에 빈한 제우스가 황금 빗물로 변신하여 지붕 틈으로 스며들어 다나에를 임신시켰던 것이다.(다른 이야기에 의하면 다나에를 임신시킨 사람은 제우스가 아니라 아크리시오스와 왕권 다툼을 벌이고 있던 그녀의 숙부 프로이토스라고 한다. 아크리시오스가 자기 손자의 손에 죽게 될 운명이라는 신탁의 예언을 전해 듣고 프로이토스가 의도적으로 다나에를 유혹하여 페르세우스를 낳게 하였다는 것이다.)

다나에
얀 마뷰즈(Jan Mabuse), 1527년
알테 피나코테크

얼마 뒤 다나에는 아들을 낳았는데 이 아이가 바로 메두사를 죽인 영웅 페르세우스였다. 분노한 아크리시오스는 그녀와 함께 있던 유모를 죽이고 다나에를 제우스의 제단으로 데려가 아이 아버지의 이름을 대라고 다그쳤다. 다나에는 제우스라고 말했지만 아크리시오스는 딸의 말을 믿으려 하지 않았다. 그는 다나에와 그녀가 낳은 어린 페르세우스를 궤짝에 넣어 바다에 던져버렸다.

그러자 제우스는 포세이돈에게 부탁하여 모자를 돌보게 하였고 포세이돈은 모자가 든 궤짝을 세리포스 섬으로 흘려보내 어부 딕티스에게 발견되게 하였다. 이때부터 페르세우스 모자는 어부 딕티스의 집에서 살게 된다.

폴리덱테스를 물리치고 딕티스를 왕위에 앉힌 페르세우스

그 당시 세리포스 섬은 딕티스의 형 폴리덱테스왕이 다스리고 있었다. 폴리덱테스는 동생의 집에 기거하는 다나에를 보고 첫눈에 반하여 자신의 여자로 만들고 싶었지만 그 사이 용맹한 청년으로 자라난 페르세우스 때문에 쉽사리 접근할 수가 없었다. 이에 폴리덱테스는 계략을 써서 페르세우스로 하여금 사람들이 보는 앞에서 자신에게 메두사의 머리를 가져오겠다는 약속을 하게 만들었다. 메두사는 알려진 바와 같이 누구든 그 모습을 쳐다보는 이를 모두 돌로 변하게 만드는 무서운 괴물이었다. 하지만 페르세우스는 신들의 도움으로 수많은 난관을 이겨내고 결국 메두사의 머리를 잘라 폴리덱테스의 궁으로 가져왔다.

다나에와 페르세우스
존 윌리엄 워터하우스(J. W. Waterhouse), 1892년, 개인 소장

폴리덱테스는 페르세우스가 없는 사이에 다나에를 겁탈하려 했지만 다나에는 딕티스의 도움으로 제우스의 제단으로 피신하여 간신히 화를 면할 수 있었다. 이 사실을 전해들은 페르세우스는 폴리덱테스 앞에서 메두사의 머리를 꺼내 그를 돌로 만들어버렸다. 그리고는 자신이 없는 동안 폴리덱테스의 겁박으로부터 어머니를 보호해준 딕티스를 세리포스 섬의 왕으로 삼았다.

실현된 신탁의 예언

페르세우스는 메두사의 머리를 아테네 여신에게 바친 뒤 어머니와 함께 고향 아르고스로 돌아가고자 하였다. 이 소식을 들은 노왕 아크리시오스는 손자를 피해 멀리 테살리아의 라리사로 피신하였다. 그런데 마침 라리사의 왕 테우타미도스가 사망하여 장례 경기가 열렸고 페르세우스도 지나는 길에 이 장례 경기에 참가하였다.

원반던지기 경기에 나선 페르세우스가 원반을 힘껏 던졌는데 원반은 바람을 타고 관중석으로 날아가 경기를 구경하던 아크리시오스의 머리를 정통으로 맞혔다. 이렇게 해서 아크리시오스는 신탁의 예언대로 손자의 손에 죽고 말았다.

•참고문헌•

게롤트 돔머무트 구드리히; 〈신화〉

게르하르트 핑크; 〈그리스 로마 신화 속 인물들〉

괴테; 〈파우스트 II〉, 〈가니메드〉

논노스; 〈디오니소스 이야기〉, 〈디오니시아카〉

단테; 〈신곡 지옥편〉

디오니시오스; 〈로마사〉

디오도로스 시켈로스; 〈역사 총서〉

레싱; 〈라오코온〉

로버트 그레이브스; 〈그리스 신화〉

루키아노스; 〈대화〉

리비우스 안드로니쿠스; 〈오디세이아〉

리코프론; 〈알렉산드라〉

마르쿠스 바로; 〈농업론〉, 〈라틴어에 관하여〉

마리 셸리; 〈프랑켄슈타인〉

마이어스 백과사전, '바실리스크'

마이클 그랜트; 〈그리스 로마 신화사전〉

마크로비우스; 〈사투르날리아〉

몸젠; 〈라틴 명문 전집〉

밀턴; 〈실락원〉, 〈코머스〉

베르길리우스; 〈농경시〉, 〈목가〉, 〈아이네이스〉

보카치오; 〈데카메론〉

비오 2세; 〈비망록〉

세네카; 〈파에드라〉

세르비우스; 〈베르길리우스 주석〉

셰익스피어; 〈한여름 밤의 꿈〉

소포클레스; 〈오이디푸스 왕〉, 〈콜로노스의 오이디푸스〉, 〈안티고네〉, 〈수다(Suda) 백과사전〉, 〈에피고노이〉, 〈트라키아의 여인〉, 〈텔레포스 3부작〉, 〈필록테테스〉, 〈테레우스〉, 〈엘렉트라〉, 〈아이아스〉

솔리누스; 〈세계의 불가사의〉
수에토니우스; 〈베스파시아누스〉
스테파누스 비잔티누스; 〈에트니카〉
스트라본; 〈지리지〉
실리우스 이탈리쿠스; 〈포에니 전쟁〉
아라토스; 〈천문〉
아르노비우스; 〈이교도들에 대해서〉
아리스타르코스; 〈호메로스의 일리아스 주석〉
아리스토파네스; 〈개구리〉, 〈여자의 축제〉, 〈정치학〉, 〈벌〉, 〈아카르나이 사람들〉, 〈여자들의 평화〉
아리안; 〈알렉산더 원정〉
아엘리안; 〈동물 이야기〉
아우구스투스; 〈아우구스투스 업적록〉
아우구스티누스; 〈신국〉
아이소푸스; 〈우화〉
아이스킬로스; 〈아가멤논〉, 〈자비로운 여신들〉, 〈결박된 프로메테우스〉, 〈오레스테스 3부작〉, 〈자비로운 여신들〉, 〈제주를 바치는 여인들〉, 〈탄원하는 여인들〉, 〈테바이 공략 7장군〉, 〈오이디푸스 3부작〉, 〈페르시아 여인들〉
아테나이오스: 〈현자들의 식탁〉〈현자들의 연회〉
아폴로니오스 로디오스; 〈아르고나우티카〉, 〈아르고호의 모험〉, 〈황금양피를 찾아 떠난 그리스 신화의 영웅 55인〉
아폴로도로스; 〈비블리오테케〉, 〈원전으로 읽는 그리스 신화〉, 〈아폴로도로스 신화집〉
아풀레이우스; 〈황금의 당나귀〉
안토니누스 리베랄리스; 〈변신이야기 모음집〉
안티클레이데스; 〈노스토이(귀향 서사시)〉
알베르트 카뮈; 〈시시포스의 신화〉

에리토스테네스; 〈별자리〉

에우리피데스; 〈레수스〉, 〈안드로마케〉, 〈크레스폰테스〉, 〈안티오페〉, 〈크레스폰테스〉, 〈알케스티스〉, 〈메데이아〉, 〈감금된 멜라니페〉, 〈현명한 멜라니페〉, 〈이피게네이아〉, 〈헤리클레스의 후손들〉, 〈오레스테스〉, 〈힙시필레〉, 〈박코스 여신도들〉, 〈트로이 여인들〉, 〈멜레아그로스〉, 〈키클롭스〉, 〈페니키아 여인들〉, 〈헬레네〉, 〈화관을 바치는 히폴리토스〉

에우세비우스; 〈복음의 준비〉

에우스타티우스 〈호메로스 주석집〉

오비디우스; 〈변신이야기〉, 〈헤로이데스〉, 〈달력〉, 〈로마의 축제일〉, 〈사랑의 기술〉

요한 요하임 빙켈만; 〈박물지〉

월터 카우프만; 〈비극과 철학〉

이시도루스; 〈어원지〉

이진성; 〈그리스 신화의 이해〉

임철규; 〈그리스 비극, 인간과 역사에 바치는 애도의 노래〉

작자 미상; 〈아르고나우티카 오르피카〉

작자 미상; 〈호메로스의 찬가〉

제프리 초서; 〈캔터베리 이야기〉

존 드라이든; 〈돌아온 아스트라이아〉

존 키츠; 〈라미아〉

최복현; 〈신화, 사랑을 이야기하다〉

카를 케레니; 〈그리스 신화〉

카시우스 디오; 〈로마사〉

칼리마코스; 〈데메테르 찬가〉, 〈제우스 찬가〉

퀸투스 스미르네우스; 〈호메로스 후속편〉

크리스토퍼 말로; 〈포스터스 박사의 비극〉

크세노폰; 〈헬레니카〉, 〈테로크리토스에 대한 주석집〉

클라우디우스 아에리아누스; 〈다채로운 역사(varia historia)〉

키케로; 〈신에 관하여〉, 〈의무론〉

토마스 불핀치; 〈그리스 로마 신화〉

투키디데스; 〈펠로폰네소스 전쟁사〉, 〈역사〉

트제트제스; 〈리코프론 주석집〉
티투스 리비우스; 〈로마건국사〉
파르테니오스; 〈사랑의 비애〉
파우사니아스; 〈그리스 안내〉
파테르쿨루스; 〈로마사〉
포티우스(콘스탄티노플); 〈비블리오테카〉
폴리아이누스; 〈전략〉
프로페르티우스; 〈애가〉
플라톤; 〈국가론〉, 〈향연〉, 〈고르기아스〉, 〈프로타고라스〉, 〈파이드로스〉, 〈티마이오스〉, 〈파이돈〉
플루타르코스; 〈모랄리아〉, 〈사랑에 관한 대화〉, 〈로물루스〉, 〈사랑에 관한 대화〉, 〈영웅전-로물루스편〉, 〈영웅전-테세우스편〉, 〈강에 대하여〉
플리니우스; 〈박물지〉
피에르 그리말; 〈그리스 로마 신화사전〉
핀다로스; 〈네메이아 찬가〉, 〈올림피아 찬가〉, 〈피티아 찬가〉
필로스트라토스; 〈아폴로니오스의 생애〉
헤라클레이토스; 〈단편〉
헤로도토스; 〈역사〉
헤시오도스; 〈신들의 계보〉, 〈여인들의 목록〉, 〈헤라클레스의 방패〉, 〈일과 날〉
헤시키오스; 〈사전〉
호라티우스; 〈서간문〉
호메로스; 〈일리아스〉
히기누스; 〈이야기〉, 〈천문학〉
히에로니무스; 〈요비니아누스 반박〉

그리스 로마 신화 인물사전 1

1판 1쇄 인쇄 2020년 9월 10일
1판 1쇄 발행 2020년 9월 25일

지은이 박규호, 성현숙, 이민수, 김형민

디자인 씨오디
지류 상산페이퍼
인쇄 다다프린팅

발행처 한국인문고전연구소 발행인 조옥임
출판등록 2012년 2월 1일(제406－251002012000027호)
주소 경기 파주시 미래로 562 (901－1304)
전화 02－323－3635 팩스 02－6442－3634 이메일 books@huclassic.com
ISBN 978－89－97970－56－8 04160
978－89－97970－55－1 (set)

• 이 책은 네이버(NAVER) 지식백과 '그리스로마신화 인물백과'로 온라인 서비스중입니다.
• 잘못 만들어진 책은 구입하신 서점에서 바꾸어 드립니다.
• 이 도서의 국립중앙도서관 출판예정도서목록(CIP)은 서지정보유통지원시스템 홈페이지(http://seoji.nl.go.kr)와 국가자료종합목록 구축시스템(http://kolis-net.nl.go.kr)에서 이용하실 수 있습니다.(CIP제어번호 : CIP2020035926)